大 学 问

始 于 问 而 终 于 明

守 望 学 术 的 视 界

FROM THE EASTERN QUESTION
TO THE CENTRAL ASIAN QUESTION

从东方到中亚

19世纪的英俄"冷战"
（1821—1907）

The Anglo-Russia
"Cold War"
in the 19th Century
1821-1907

傅正 - 著

GUANGXI NORMAL UNIVERSITY PRESS
广西师范大学出版社
·桂林·

从东方到中亚：19世纪的英俄"冷战"（1821—1907）
CONG DONGFANG DAO ZHONGYA: 19 SHIJI DE YING-E "LENGZHAN"（1821—1907）

图书在版编目（CIP）数据

从东方到中亚：19世纪的英俄"冷战"：1821—1907 / 傅正著. -- 桂林：广西师范大学出版社，2024.8（2024.11重印）
ISBN 978-7-5598-7032-2

Ⅰ.①从… Ⅱ.①傅… Ⅲ.①世界史－近代史－1821-1907 Ⅳ.①K14

中国国家版本馆 CIP 数据核字（2024）第 109542 号

广西师范大学出版社出版发行
（广西桂林市五里店路9号　邮政编码：541004）
　网址：http://www.bbtpress.com
出版人：黄轩庄
全国新华书店经销
广西民族印刷包装集团有限公司印刷
（南宁市高新区高新三路1号　邮政编码：530007）
开本：880 mm ×1 240 mm　1/32
印张：13　　字数：273千
2024 年 8 月第 1 版　2024 年 11 月第 2 次印刷
印数：5 001~8 000 册　定价：79.00 元
如发现印装质量问题，影响阅读，请与出版社发行部门联系调换。

目　录

导论 *1*
 一、东西帝国，两大"病夫" *1*
 二、"维多利亚时代的冷战" *5*
 三、理论框架与前人研究 *8*

上半场

第一章　东方问题与中亚问题的起源（1798—1829） *21*
 第一节　东方问题和波斯问题的开端（1798—1813） *22*
 第二节　19世纪英俄对抗的起源（1821—1829） *41*

第二章　英俄冷战的正式展开（1829—1842） *59*
 第一节　英国中亚政策的出台（1829—1842） *60*
 第二节　"大博弈"中场休息与英国确立海峡政策（1839—1842） *80*

对历史的反思 *93*

下半场

第三章 两次革命之间的东方问题与中亚问题(1853—1874) *105*
    第一节 克里米亚战争与英国在亚洲的麻烦(1853—1860) *106*
    第二节 俄国在中亚的全面扩张(1861—1868) *130*

第四章 英国东方政策与中亚政策的转变(1874—1880) *159*
    第一节 迪斯累利的东方政策(1874—1878) *160*
    第二节 英国中亚政策的演变(1863—1880) *177*
    第三节 英国对清政府军事、外交的渗透(1874—1878) *193*

第五章 新的战争危机(1879—1889) *222*
    第一节 征服土库曼与平狄危机(1879—1885) *223*
    第二节 新外交政策与"新地理学"(1886—1889) *247*

第六章 英国的外交转型与俄国的远东扩张(1889—1904) *267*
    第一节 《地中海协定》的终结(1889—1897) *268*
    第二节 俄国的远东扩张与英日同盟的建立(1897—1902) *280*

对历史的反思 *311*

落　幕

第七章 英俄和解与从未终结的冷战(1904—1907) *325*
    第一节 英俄和解与分割亚洲势力范围(1904—1907) *326*
    第二节 未曾终结的冷战 *334*

简短的结论 *346*

附论:马克思、恩格斯论"东方问题"与中国革命 *348*
参考文献 *385*
后　记 *402*

导　论

一、东西帝国，两大"病夫"

在英俄冷战行将中止的岁月里，流亡海外的康有为突然宣称，早在1898年6月"百日维新"伊始，他就给光绪帝上呈了《突厥守旧削弱记》，希望皇上能够以土耳其为鉴，自强图存，否则瓜分豆剖，势所难免。康有为说道，昔日奥斯曼帝国兵强马壮，所向披靡，几乎要灭掉整个欧洲，"当明之中叶，其苏丹索立曼（今译为"苏莱曼"）拥马队兵百万，以压全欧，玉节金幢，铁马鸣镝，鞭棰所指，指日灭欧"。西方基督教文明得能苟延残喘，纯粹是机运所致，"幸霖雨泥泞，疫病大起，仅乃得解，否则诸欧咸为吞并矣"。①

然而就是这样一个曾经打遍天下无敌手的庞大帝国却冥顽不

---

① 康有为：《进呈〈突厥削弱记〉序》，《康有为全集》第4集，姜义华、张荣华编校，北京：中国人民大学出版社，2007年，第311页。按，出于精简注释计，本书以每章为单位，凡该章之内再次引用者，皆略去出版信息等项，只保留作者、篇名和页码。

化,自甘堕落。短短百年之间,攻守易位,曾经弱小之欧洲由变法而强,曾经强大之土耳其因守旧而弱。康有为接着说道:

> 及夫欧势内膨,兵力外挺,眈眈逐逐,惟此地兼三海三洲之神皋腴壤,始因种争教争,借扶其民,于是埃及、希腊自立,罗马尼亚、塞维(按,塞尔维亚)继之。及布加利牙(按,保加利亚)教案之起,俄人借口仗义兴师,于是可萨克(按,哥萨克)数十万兵,立马巴达坎岳(按,巴尔干山脉)之巅,以俯瞰君士但丁那部(按,君士坦丁堡)矣。①

以土耳其当日之强大,尚且如此,何况大清乎?

需要指出,康有为《我史》中所说他戊戌时期进呈的书籍中,未有《突厥守旧削弱记》条目,清宫档册中亦不见相关记录,或许此《突厥守旧削弱记》世无其书,系康氏编造而来。② 但无论如何,他对于土耳其的评说就反映了彼时维新志士的普遍看法。

清代中国人对于土耳其的介绍初见于乾隆平定回疆之后,至道咸年间边疆史地学兴起,亦散见于学者著述。然有识之士真正开始关注土耳其,要等到甲午战争以后。③ 例如1898年2月11日,梁启超在《时务报》上发表文章,开头就称:"西欧人恒言曰:'东

---

① 康有为:《进呈〈突厥削弱记〉序》,《康有为全集》第4集,第311页。按,本书不只将字数较多的引文独立成段,也将较为重要但字数不多的文字独立成段,以让它更加醒目。
② 参见康有为:《进呈〈突厥削弱记〉序》,《康有为全集》第4集,第311页注释。
③ 参见陈鹏:《近代中国人土耳其观的再认识》,《近代史研究》2018年第1期,第56—67页。

方有病夫之国二,中国与土耳其是也。'"①此话一下子就拉近了中国与那遥远西亚帝国之间的距离。

土耳其之为"病夫",其故有二:"一曰内治不修,纲纪废弛,官吏贪黩,鱼肉其民,因循成法,莫肯少更,束缚驰骤,激成民变。二曰外交不慎,妄自尊大,不守公法,屡起教案,授人口实,取怨各国,合而谋之。"这更让人感到梁氏不是在说土耳其,而是借土之名暗讽中国。按照他的说法,"西方论者,以为若在十年前,则土其必亡矣,今者欧洲诸雄,方并心注力于中国,无暇以余力及区区之土,而土遂获全焉。呜呼!与土同病者,其危可知矣"。言下之意,要不是中国分担了西方列强的注意力,土耳其早就被瓜分殆尽了。"呜呼!其与今日中国之情实何相类也!"②

谭嗣同更是别出心裁,主张中国、土耳其这对远东、近东"病夫",应该合力自保,修筑一条"东起朝鲜,贯中国、阿富汗、波斯、东土耳其,梁君士但丁峡,达西土耳其"的大铁路,将此"同在北纬三十度至四十度之间"的大大小小各个"病夫""穿为一贯"。"诸病夫戢戢相依,托余生于铁路,不致为大力者负之而走,其病亦自向苏,而各国所获铁路之利,抑孔厚矣。"③不论此等主张如何天马行空,另类出奇,中国与土耳其同为"病夫",同病相怜,却是当时人的一般感受。

---

① 梁启超:《〈俄土战纪〉叙》,《梁启超全集》第1集"论著一",汤志钧、汤仁泽编,北京:中国人民大学出版社,2018年,第417页。
② 梁启超:《〈俄土战纪〉叙》,《梁启超全集》第1集,第417页。
③ 谭嗣同:《仁学》四十四,《仁学——谭嗣同集》,加润国选注,沈阳:辽宁人民出版社,1994年,第100页。引文中的"君士但丁峡",今之译法当为"君士坦丁堡峡",即博斯普鲁斯海峡。

值得一提,康有为故意将"土耳其"翻译成"突厥",实是要让大清与之建立血缘关系:"突厥出自匈奴,盖殷人淳维之后,而吾同种也。"①至1908年7月,他撰写《突厥游记》时,开篇就痛骂土耳其青年党人别的不学,偏偏学习法国大革命那一套"人人平等自由"之说,正所谓"乱国之人,不学治术,徒愤激于旧弊而妄行革变,未有不危亡其国者也"。②准此,不仅土耳其的国运与大清的国运紧密相连,土耳其的人种与大清的人种同出一源,就连土耳其的革命党与大清的革命党都殊无二致。

与这种立场针锋相对,在清季革命派看来,土耳其帝国境内的历次民族独立运动,才是真正值得效法的对象。章太炎在《哀焚书》中称:

> 今夫血气心知之类,惟人能合群。群之大者,在建国家、辨种族。其条列所系,曰言语、风俗、历史。三者丧一,其萌不植。俄罗斯灭波兰而易其言语。突厥灭东罗马而变其风俗。满洲灭支那而毁其历史。自历史毁,明之遗绪、满洲之秽德,后世不闻。③

"突厥灭东罗马而变其风俗"岂不等同于清军入关剃发易服?中国与土耳其的关系有了另一种说法,仿佛中国不像土耳其帝国,而像

---

① 康有为:《进呈〈突厥削弱记〉序》,《康有为全集》第4集,第311页。
② 康有为:《突厥游记》,《康有为全集》第8集,姜义华、张荣华编校,北京:中国人民大学出版社,2007年,第436页。
③ 章太炎:《訄书·哀焚书》(重订本),《章太炎全集》第3册,本社编,朱维铮点校,上海:上海人民出版社,1984年,第324页。

土耳其治下的巴尔干民族。由此,土耳其非但不值得相怜相结,反倒应该被一并尽力攘除。

上述说法各不相同,要皆一也,即大清与奥斯曼帝国本来各处亚洲之东西两端,风马牛不相及,此时却同处于西方帝国主义的枪炮之下。说得更确切一些,奥斯曼帝国与俄国的欧洲部分相接壤,又跟英国本土相去不远;大清与俄国的亚洲部分相接壤,又跟英属印度相去不远。奥斯曼帝国毗邻俄国的部分涉及欧洲近代史上著名的"东方问题"(the Eastern Question),而大清毗邻俄国的部分涉及英俄外交史上著名的"中亚问题"(the Central Asian Question)。大英帝国和俄罗斯帝国,这两个横跨欧亚大陆的世界性帝国,通过"东方问题"和"中亚问题"把中国与土耳其的命运拴到了一起。①

二、"维多利亚时代的冷战"

米歇尔·埃德沃兹(Michael Edwardes)曾把19世纪的英俄对抗(Anglo-Russia Rivalry)称为"维多利亚时代的冷战"(a Victorian Cold War),它起源于19世纪前期,结束于20世纪初期,经历了将近一个世纪。

这场冷战的范围从波罗的海到巴尔干半岛,从小亚细亚到东北亚,几乎涵盖了大半个地球。除了1853—1856年的克里米亚战

---

① 需要指出,"the Eastern Question"不等于"the Oriental Question",它所说的"东方"不是指东亚或者东洋,而是指欧洲基督教文明的东部边界,更确切地说,就是指土耳其人统治下的欧洲部分。为了保持术语风格的统一,本书后文所称的"东方""东方政策""东方危机"中的"东方"都指欧洲人眼里的近东,另以"东亚"指称远东或者我们习惯说法上的"东方"。

争,这两个横跨欧亚大陆的近代帝国之间并没有爆发直接战争,但直接战争的"达摩克利斯之剑"始终悬挂在它们头上,用一位俄国大臣的话说,双方是在进行一场"影子比武"(Tournament of Shadows)。①

其中,英俄冷战的一个重要战场在中亚。关于两国在中亚地区的较量,埃德沃兹在其专著《玩转大博弈》(Playing the Great Game)的开篇,就这样说道:

> 19世纪的帝国历史学家约翰·威廉·凯伊(John William Kaye)在亚瑟·康诺利(Arthur Conolly)的论文中,发现了这一表述。康诺利是"大博弈"最热心的玩家之一,他于1842年在布哈拉被杀害。在所有以体育比赛作为隐喻的政治中,"大博弈"占据了恰如其分的位置——"玩起来,玩起来,玩转大博弈""博弈本身比参与博弈的玩家更加伟大"——不列颠人喜欢用这样的隐喻来掩盖他们的商业帝国的残酷现实。"大博弈"囊括了一个多世纪以来的公共戏剧和私人悲剧,囊括了废墟中代价高昂的政策、不必要的战争、散布在荒野中的游魂。它是一个经过无情编辑的剧本,非常符合维多利亚时代"帝国的浪漫"(the romance of empire)。②

---

① 〔英〕彼得·霍普柯克:《大博弈:英俄帝国中亚争霸战》,张望、岸青译,北京:中国青年出版社,2015年,第28页。
② Michael Edwardes: "Introduction: The Great Game", in Playing the Great Game, A Victorian Cold War, London: Hamish Hamilton Ltd, 1975, p. vii.

英国军官亚瑟·康诺利为这场明争暗斗创造了一个具有冒险主义色彩的浪漫名词——"大博弈"。从此以后,"大博弈"逐渐成了英俄中亚冷战的代名词。

"大博弈"之所以重要,往往不在于双方在中亚地区的对抗有多么激烈,而在于中亚地区是一个地理上的中枢,一头连着奥斯曼土耳其的东部省份,另一头连着中国的新疆和西藏,不仅位于英俄两大帝国之间,而且同样位于奥斯曼帝国和大清之间。"中亚问题"的一边是"东方问题",另一边则是中国近代史上的边疆危机。因此,它不仅是英俄冷战的战场,更是大清与土耳其帝国命运的缩影。

1907年,英俄冷战结束。四十年后,美国杜鲁门政府跟着当年英国的脚步,再一次挑起了长达半个世纪的美苏冷战。当今美国冷战史研究权威约翰·加迪斯(John Lewis Gaddis)便指出:

> 英国人比他们的盟友美国人更早得出与苏联合作将不再可能的结论;在整个1946年和1947年初他们无疑欢迎,有时还试图补充杜鲁门政府日益释放出的认可这一观点的更多迹象。……的确,如果有什么区别的话,伦敦的态度是,美国人做得还不够:……①

从这个角度来看,20世纪的美苏冷战实乃19世纪英俄冷战的升级版。我们都会承认,不理解美苏冷战的背景就不足以谈改革

---

① 〔美〕约翰·刘易斯·加迪斯:《长和平——冷战史考察》,潘亚玲译,上海:上海人民出版社,2011年,第44—45页。

开放以前的中华人民共和国史,但英俄冷战之于晚清中国的巨大影响,是否得到了我们应有的重视呢?

又,"东方问题"和"中亚问题"之间的关联具体是怎样的?"中亚问题"又如何转化为中国近代的边疆危机?边疆危机又对中国近代的政治改革造成了什么影响?这些影响是如何促使中国由一个传统帝制国家转向现代民族国家的?

对于上述问题,需要做全局性的思考。解答这些宏大的问题,则意味着必须把中国近代史放到国际关系史中去理解。徐国琦教授曾呼吁:"要理解'一战'对中国的意义,学者必须打破藩篱,对内政外交以及社会与国际关系都要涉猎,否则即有'不识庐山真面目,只缘身在此山中'之误。"[①]不只对于北洋史应当如此,对于晚清史也应当如此。不理解边疆危机则不足以理解晚清中国的政治改革,不理解19世纪英俄冷战则不足以理解中国近代的边疆危机。

本书正拟在这个方面做出尝试。其着力之处不在于对具体事件的辨析考证,而在于尝试提出理解近代中国与世界的宏观框架,把内政史与边疆史联系起来,把中国史置于世界史之中。

三、理论框架与前人研究

1995年春,美籍土耳其裔学者德里克(Arif Dirlik)在香港的《中国社会科学季刊》发表了一篇题为《革命之后的史学:中国近代

[①] 徐国琦:《第一次世界大战在中国历史上的地位及影响》,载金光耀、王建朗主编:《北洋时期的中国外交》,上海:复旦大学出版社,2006年,第33页。

史研究中的当代危机》的论文。文中借用托马斯·库恩(Thomas S. Kuhn)的术语指出,中国的史学界正在面临一场"范式危机",过去的革命史范式正在遭到抛弃,现代化范式取而代之。①

德里克的话引起了罗荣渠教授的关注。作为现代化研究的得力干将,罗教授在1997年出版的遗著《现代化新论续篇——东亚与中国的现代化进程》中回应了德里克的说法:"现在还谈不上这个新范式已经取代了传统范式,只能说是出现了两种范式并存的局面,目前主导范式仍然是革命史范式。"②罗荣渠这样说显然是为了避免不必要的争端,减少推进现代化研究的阻力。但他没有想到,自己的批评反而给德里克打了广告。一石激起千层浪,两个范式对立的说法,迅速成为学术界的时髦,甚至"现代化范式"或"去革命化"一度成为学者"有思想"的标志。

所谓"现代化范式""现代化史观"对学术研究的推进诚不可非,但久而久之,这让人形成了一种思维定式。大抵我们在讨论近代某人的政治思想时,往往先将他的观点分类罗列,再以今天人的思维标准逐条裁断之——凡是接近于今人的便取而褒扬,凡是有违于今人的便弃而贬斥。

例如我们谈到李鸿章、郭嵩焘时,便举出许多例子说明他们已经具备了"平等交往""遵守条约"等现代外交意识,因此对他们无限拔高,捧之上天。此举反而忽略了"人的本质是社会关系的总

---

① 〔美〕阿里夫·德里克:《革命之后的史学:中国近代史研究中的当代危机》,吴静研译,《中国社会科学季刊》(香港)1995年春季卷,总第10期,第135—141页。
② 罗荣渠:《现代化新论续篇——东亚与中国的现代化进程》,北京:北京大学出版社,1997年,第99页。

和",忽略了只有在政治关系中才能准确认识政治人物,以至于我们没有办法解释:为什么按照今天人的标准,李鸿章、郭嵩焘们的外交主张时而无比精明,时而幼稚可笑?

于是乎我们又会简单地得出结论:李鸿章等人是现代化的先驱,但他们受到的封建糟粕束缚还很重,现代化程度还不够。这样千篇一律的评判不可能如实反映纷繁复杂的历史实相。事实上,"精明的李鸿章""现代的郭嵩焘"在很大程度上是英国人暗中教导的结果,当失去了英国人的教导或中英利益不一致时,"精明的李鸿章"就突然变得鲁钝不堪,"现代的郭嵩焘"就迅速对现代几无所知了。

人物研究如此,国家研究亦复如是。我们常常用"工业化指标""民主化程度"等抽象的标准去衡量一个国家、一项政策有多少现代性,而恰恰忽略了对国家政策的评判同样需要将其置于国际关系当中。约翰·伯顿(John W. Burton)在他的政治学名著《全球冲突:国际危机的国内根源》中曾提及:

> 越南战争和伊朗事件的震撼,美国在控制以色列在黎巴嫩的行动上以及在控制中美洲和其他地区富于压迫性的权贵的行为上所表现的无能,都使得这种观点更具说服力。权力是有限的,当有其自身的利益要追求时,当大国又很重视与这些小国的关系时,大国就成了软弱无力的巨人。[①]

[①] 〔澳〕约翰·W. 伯顿:《全球冲突:国际危机的国内根源》,马学印、谭朝洁译,北京:中国人民公安大学出版社,1991年,第4页。

类似的例子在历史上不胜枚举,所谓"现代的国家""强大的民族"常常在特定的国际关系中反而被"落后的国家""弱小的民族"牵着鼻子走,甚至不自觉地成为弱小民族国家实现自身目的的工具。可见强弱程度、现代与否并不依赖于抽象的标准,它往往取决于具体的国际关系。

不只如此,国家毕竟不同于个人,它的内部从来都不是铁板一块,而是由不同取向的利益集团组成的。国内各个集团的博弈斗争完全可能反过来制约国家实力的运用,甚至引发国际冲突。伯顿接着指出:

> 这种被忽略的东西就是国内政治与国际政治的关系。最初的那种传统设想是虚妄的。它认为国际关系可以作为一门孤立的学科加以研究,国内政治则属于国内司法问题。①

我们常常能在历史中看到,一项看似现代化的改革很可能招致无休止的纷争,甚至引发国际冲突,一项看似保守落后的举措反而行之有效,并带来周边国际环境的稳定。国家政策不只需要考虑国与国的关系,也要考虑国内与国际的关系。

总之,上述理论提醒我们,在研究政治事件时应该摒弃那些抽象教条的标准,而把它置于国内、国际等多个层面加以比对分析。事实上,伯顿的观点在历史学研究中早就被自觉或不自觉地运用了,近代奥斯曼帝国就是一个很好的样本。

---

① 〔澳〕约翰·W. 伯顿:《全球冲突:国际危机的国内根源》,第4—5页。

(一)东方问题的相关研究

例如马里奥特(J. A. R. Marriott)在1917年出版的《东方问题:欧洲外交史研究》,"是第一部整体研究东方问题的主要专著。直到现在,它仍然是综合和理论方面唯一详尽的著述"①。该书把"东方问题"划分为三个层次:巴尔干半岛的各个民族是相关纷争的当事人,奥地利哈布斯堡王朝、奥斯曼土耳其帝国和沙皇俄国是相关纷争的外部参与者,英、法、德等其他欧洲列强则是相关纷争的积极介入者。"东方问题"既不只是巴尔干民族的问题,也不只是土耳其和俄罗斯、奥地利的问题,更不只是其他欧洲列强的问题。巴尔干民族矛盾既是奥斯曼帝国的内政,又是欧洲国际冲突或大国协调的目标。奥斯曼帝国的现代化改革很可能挑起巴尔干民族的纷争,巴尔干民族的纷争又会引发欧洲列强的介入,欧洲列强的介入又反过来刺激奥斯曼帝国的现代化改革。"东方问题"的复杂性就在于它能够把这些截然不同的层次勾连到一起,从中折射出欧洲政治最复杂的一面。

马里奥特由此概括了"东方问题"的六个核心议题:一、奥斯曼帝国的欧洲部分;二、巴尔干半岛的分离主义;三、土耳其海峡;四、俄国对地中海的渴望;五、奥地利哈布斯堡王朝对于东南欧的兴趣;六、欧洲列强,特别是英国对这个问题的态度。② 这六个议题详

---

① Lucien J. Frary and Mara Kozelsky: "Introduction: The Eastern Question Reconsidered", in *Russian-Ottoman Borderlands*: *The Eastern Question Reconsidered*, edited by Frary and Kozelsky, Madison: The University of Wisconsin Press, 2014, p.4.
② 参见 J. A. Marriott: *The Eastern Question*: *An Historical Study in European Diplomacy*, Oxford: Oxford University Press, 1947.

尽地展示了"东方问题"的不同面向。正如西方学者所言,该书分析角度的层次性与核心问题的明晰性,使得它成为"这个时代最重要的通史性著述,今天对该主题进行通史性研究的基础。……因为马里奥特的丰富著述为后来大多数对东方问题的解释,建立了模型"。①

在此基础之上,"安德森(M. S. Anderson)的后续研究《东方问题(1774—1923):国际关系研究》(1966),更新了马里奥特全面综合学院研究者的方法。"但马里奥特和安德森仍然存在一个共同的缺陷,即他们受到许多现实条件的限制,对于"东方问题"的研究主要依赖英文材料,使用的俄文材料少之又少,更不用说巴尔干各民族的资料了。"尽管马里奥特和安德森都融入了一些本土和俄国的声音,但他们都主要是从英国外交和政治的角度来分析东方问题的。他们的作品很少涉及那些生活在俄罗斯—奥斯曼边疆广阔空间中的人们的经历,从巴尔干到高加索,在这里提出的问题解决方案最令人印象深刻。"②

简言之,马里奥特、安德森等人的研究属于传统西方外交史的范畴,既不属于俄罗斯东南欧问题研究,也不属于巴尔干、外高加索的地区研究。后两者恰恰是当今西方学界对于"东方问题"的研究重点。例如约翰·戴利(John Daly)就在他的著作《俄罗斯海上力量和"东方问题"》中特别选取从1827年第八次俄土战争前夜到

---

① Lucien J. Frary and Mara Kozelsky:"Introduction: The Eastern Question Reconsidered", in *Russian-Ottoman Borderlands: The Eastern Question Reconsidered*, p.13.
② Lucien J. Frary and Mara Kozelsky:"Introduction: The Eastern Question Reconsidered", in *Russian-Ottoman Borderlands: The Eastern Question Reconsidered*, pp.4-5.

1841年《伦敦海峡公约》签订这个时间段,考察俄国海军政策对于东方问题的影响。

按照戴利的思路,1828年的第八次俄土战争起源于1821年的希腊民族独立战争,正是巴尔干半岛的民族独立运动刺激了俄国海军扩张的野心,这种野心又转化为俄土两国的战争,最终各方通过欧洲大国协调机制确定了土耳其海峡的封闭原则。这个原则又为后来的克里米亚战争埋下了伏笔。① 可以说,戴利延续了马里奥特多层次的优点,并以某个特定时间段的俄国海军建设为切入点,部分地补足了马里奥特等人俄国方面材料不足的缺陷。

可以说,几乎所有的"东方问题"研究,都必然会以英俄对抗为背景,并涉及"中亚问题"。对于绝大多数研究来说,"东方问题"和"中亚问题"是通过英俄对抗联系起来的,但它们本来属于两个不同的领域。然而唐纳德·布洛克汉姆(Donald Bloxham)研究的对象,既是"东方问题",又是"中亚问题"。

奥斯曼土耳其是一个伊斯兰教逊尼派帝国,其境内的亚美尼亚人却信奉基督教。这个民族既心向欧洲,又具有浓厚的中亚特点。换句话说,沙俄帝国既通过亚美尼亚人挑起奥斯曼的内部纷争,又通过亚美尼亚人渗透中亚。布洛克汉姆关注的是,土耳其人在历史上曾对亚美尼亚人有过多次大规模的屠杀,这种屠杀行为又成为欧洲国际关系的议题。一方面,英俄两国从道义和宗教情感上都同情惨遭杀戮的亚美尼亚人;另一方面,它们在"东方问题"和"中亚问题"上的现实斗争又限制了这种同情。这本题为《种族

---

① John Daly: *Russian Seapower and "the Eastern Question", 1827–1841*, London: Macmillan Academic and Professional Ltd, 1991.

灭绝的大博弈：帝国主义、民族主义与奥斯曼亚美尼亚人的毁灭》的著作，既是对奥斯曼帝国境内民族的民族史研究，又为人们提供了一个研究欧洲国际关系史的重要视角。①

　　西方学者的相关研究汗牛充栋，数不胜数。相比较之下，国内对于"东方问题"的研究则显得颇为稀少，主要方向也集中在马里奥特等人关注的西方外交史层面上。相较于马里奥特的通史性研究，国内的讨论主要围绕着某些具体事件展开，主要涉及以下两个方面：一、中世纪和近代早期"东方问题"的起源②；二、19世纪英国、俄国、德国围绕"东方问题"的外交史③。除此之外，亦有少数

---

① Donald Bloxham: *The Great Game of Genocide: Imperialism, Nationalism, and the Destruction of the Ottoman Armenians*, Oxford: Oxford University Press, 2005.
② 例如王新：《"东方问题"的产生与俄国的黑海－巴尔干政策》，《历史研究》1980年第2期，第179—192页；黄淑桢：《"东方问题"产生的浅析》，《史学月刊》1984年第5期，第84—89页；赵爱伦：《俄国与"东方问题"的形成》，《西伯利亚研究》2001年第5期，第43—46页。
③ 相关专题论文，例如孙炳辉、赵星铁：《俾斯麦在东方问题上的"现实政策"》，《世界历史》1986年第1期，第36—41页；王在邦：《维也纳会议后50年间的东方问题与欧陆政治》，《齐鲁学刊》1990年第3期，第25—30页；洪邮生：《东方问题和坎宁的"外交革命"》，《南京大学学报（哲学社会科学版）》1994年第2期，第98—107页；任羽中、陈斌：《试析19世纪上半期围绕"东方问题"所产生的大国关系模式》，《四川师范大学学报（社会科学版）》2001年第4期，第69—74页；刘锦涛：《克里米亚战前俄英在东方问题上的冷战》，《贵州师范大学学报（社会科学版）》2002年第2期，第85—88页；赵明杰：《克里米亚战前英俄在东方问题上的政策》，《长江大学学报（社会科学版）》2004年第6期，第22—23页；孙兴杰：《柏林会议与"东方问题"巴尔干化的起源》，《吉林大学社会科学学报》2019年第1期，第209—218页。相关专著，例如朱瀛泉：《近东危机与柏林会议》，南京：南京大学出版社，1995年；赵军秀：《英国对土耳其海峡政策的演变：18世纪末至20世纪初》，北京：中国社会科学出版社，2007年。

学者探讨过"东方问题"在20世纪的延伸和结局。① 尽管如此,这些为数不多的讨论仍然为本书提供了很大的帮助。

不过,有别于国内的既有成果,本书恰恰要回到马里奥特"综合研究和理论分析"的道路上去,但重点考察的不是欧洲国际关系史,而是欧洲国际冲突和大国协调如何通过"东方问题"作用到"中亚问题",进而影响中国边疆。可以说,本书需要综合和提升的地方不是欧洲内部的列强关系,而是欧洲边缘与亚洲腹地的关系。显然,这种关系是通过英俄冷战建立起来的。

(二)中亚"大博弈"的相关研究

不同于"东方问题",英俄两国在中亚的"大博弈"(the Great Game)一开始并不是以国家面貌进行的。"中亚问题"首先是探险家和基层军官的事情,直到克里米亚战争以后,整体性的国家意志才直接介入进来。因此学术界对于英俄中亚对抗的研究也具有两种不同的路径,要么侧重探险家和基层军官,要么侧重国家意志。这两种研究对于"中亚问题"的起点也有不同的看法。

英国军官亚瑟·康诺利中尉曾在1829年秋天第八次俄土战争结束的时候,从莫斯科出发,沿途秘密考察了高加索地区、波斯、阿富汗,历尽艰辛,于次年底返回印度。英美学者关于"大博弈"的讨论,多以这次考察作为起点。他们或是往上溯源至拿破仑战争时期的英俄关系,或是干脆不往上追溯。例如2015年翻译成中文

---

① 例如潘光:《试论"东方问题"的后遗症及其对中东的影响》,《史林》1989年第4期,第73—80页;王三义:《"东方问题"的延续与终结》,《南京师大学报(社会科学版)》2006年第2期,第64—68页。

出版的霍普柯克(Peter Hopkirk)《大博弈:英俄帝国中亚争霸战》一书,就以康诺利为起点,再将背景溯及拿破仑战争时期。①

然而康诺利考察之时,英俄两国还是名义上的盟友,这次考察虽然目的是了解俄国的军事动向,但还不能被称为英俄对抗。俄国人首次就英国人渗透中亚表示不满,要等到1834年伯恩斯(Alexander Burnes)秘密出访阿富汗和布哈拉汗国,也正是这次出访对后来英印政府的中亚政策产生了深远的影响。是故万伯里(Arminius Vambery)认定伯恩斯的访问,才是英俄中亚对抗的起点。②

无论是康诺利还是伯恩斯,其研究都是以参与"大博弈"的探险家作为研究英俄中亚竞争的考察对象的。与这个视角不同,谢尔盖耶夫(Evgeny Sergeev)则把英俄"大博弈"的起点定在了1856年,即克里米亚战争结束的那一年。他的理由也很明确:自1856年起,俄国正式开启了兼并中亚的进程,英俄两国在中亚的对抗因此迅速上升到中央决策层面。③

相较于上述两种不同的看法,埃德沃兹的观点较为折中,他把"大博弈"(the Great Game,亦即"大比赛")分为上、下半场。上半场从1829年康诺利的调查正式开始,结束于1842年英国第一次入侵阿富汗战争失败;1842—1856年为"中场休息";下半场从1856

---

① 〔英〕彼得·霍普柯克:《大博弈:英俄帝国中亚争霸战》。
② 〔匈牙利〕万伯里:《布哈拉史》,英文版,第380页,转引自王治来:《中亚通史·近代卷》,乌鲁木齐:新疆人民出版社,2004年,第211页。
③ Evgeny Sergeev: *The Great Game 1856-1907: Russo-British Relations in Central and East Asia*, Washington, DC: Woodrow Wilson Center Press, 2013.

年开始,全场结束于1907年《英俄协约》签订。① 本书也基本采纳了埃德沃兹的划分。

马里奥特曾说:"欧洲面临着一个'东方问题',从本质上说,这个难题未曾变过。它是产生于东南欧大陆上的,东、西双方文明围绕习俗、观念和前见的冲突。"②"中亚问题"同样具有这些冲突,这些冲突可以表现为中亚汗国之间的矛盾,也可以表现为清朝与中亚汗国之间的矛盾。它们的存在又以英俄对抗为背景,或以清王朝内地行省和边疆藩部不同治理模式间的矛盾为背景。因此我们可以像马里奥特研究"东方问题"那样,把"中亚问题"划分为三个层次:浩罕、布哈拉、希瓦等汗国和波斯、阿富汗为当事人,清朝和沙俄帝国为外部参与者,大英帝国则为积极介入者。

并且我们还要考虑到,"中亚问题"在某些方面可能比"东方问题"更加复杂,因为这三个层次的相关者可能会随着时间的推移而变化。例如清朝在18世纪后期还是"中亚问题"最重要的外部参与者,但在19世纪后半叶一度沦为看客。与之相反,沙俄帝国在19世纪前期还是积极介入者,在克里米亚战争后却成了直接参与者。这种变化正是"中亚问题"值得特别玩味的地方。

上述三个层次的相互作用和位置变化产生了四个核心议题:一、波斯势力范围;二、赫拉特之争;三、俄国吞并中亚与阿富汗北部边界划分;四、印度防务与亚洲同盟体系。它们共同构成了"大博弈"的主轴。

---

① Michael Edwardes: *Playing the Great Game*, *A Victorian Cold War*.
② J. A. Marriott: "Preface", in *The Eastern Question: An Historical Study in European Diplomacy*, p.iii.

上半场

第一章　东方问题与中亚问题的起源
　　　　（1798—1829）

　　对个人之间的法律、契约、协定来讲,守信是有用的。但是在掌权者之间,是否维持信义,则仅仅依据各方的力量对比来看了。

　　——〔意〕马基雅维利:《关于资金援助提案的若干绪论与必须考虑的事项》。〔日〕盐野七生编:《马基雅维利语录》,万翔译,北京:中信出版社,2016年,第6页

　　大英帝国从这个暴徒(拿破仑)那里得到的恩惠比从地球上其他人那里得到的都要多,因为正是通过他酿成的事件,英格兰才得以变得更为伟大、繁荣而富有。她是海洋的情妇,无论在海洋领域,还是在世界贸易领域,她现在已经无可匹敌。

　　——冯·格奈森瑙将军"评论"。转引自〔英〕保罗·肯尼迪:《英国海上主导权的兴衰》,沈志雄译,北京:人民出版社,2014年,第134页

第一节　东方问题和波斯问题的开端(1798—1813)

马里奥特指出,相对于欧洲基督教文明而言,奥斯曼土耳其本是"一种外来物质",却"镶嵌在欧洲的血肉之中"。① 1453 年 5 月 29 日,穆罕默德二世(Fatih Sultan Mehmet)率领土耳其军队攻克君士坦丁堡,欧洲为之震动。英国学者克劳利(Roger Crowley)说:"君士坦丁堡的陷落对西方来说是个巨大的伤痛,它不仅挫伤了基督教世界的自信,还被认为是古典世界的悲剧性终结,'荷马和柏拉图的第二次死亡'。"②

尽管土耳其军队深入东南欧已经不是一天两天的事情了,但达达尼尔海峡和博斯普鲁斯海峡仍然构成了欧洲人心理上的一道屏障。有了这道屏障,西方人就能感到凶猛的异教徒仍被挡在欧洲的大门之外。如今屏障不复存在了。二十年后,土耳其人彻底关闭了海峡,禁止一切西方军舰和商船通过,把黑海变成了自己的内湖。

---

① J. A. Marriott: *The Eastern Question: An Historical Study in European Diplomacy*, Oxford: Oxford University Press, 1947, p.3.
② 参见〔英〕罗杰·克劳利:《1453:君士坦丁堡的陷落》,陆大鹏译,台北:马可孛罗文化,2017 年,第 341 页。

第一章　东方问题与中亚问题的起源(1798—1829)

一、"东方问题"的由来

不过,土耳其人在欧洲还是遇到了对手,下一个世纪恰恰是哈布斯堡家族(House of Habsburg)的鼎盛时期。哈布斯堡王朝在查理五世(Charles Ⅴ,1500—1558)统治时期达到了顶峰,他不仅当选为神圣罗马帝国的皇帝,还成了西班牙的国王、尼德兰的君主,并建立了拉丁美洲的殖民帝国。这位强悍的欧洲霸主挡住了土耳其人在欧洲的前进步伐,又在1525年的战争中俘虏了法兰西瓦卢瓦王朝(the Valois Dynasty)的国王弗朗索瓦一世(François Ⅰ,1494—1547)。总之,"16世纪那个无所不在的君主是查理五世,他总是在旅途上奔波,他的领地遍及好几个大陆和大洋。但是法国是他特别棘手、特别强悍的对手"①。

共同的对手促使土耳其苏丹苏莱曼一世(Suleiman the Magnificent,1494—1566)与弗朗索瓦一世结成了同盟。《剑桥土耳其史》评论道:

> 与哈布斯堡王朝的冲突几十年来一直支配着奥斯曼帝国的地中海政策,而哈布斯堡王朝在1535年占领了突尼斯,这既是查理五世的光荣胜利,又引发了奥斯曼帝国的强烈不满。为了对付共同的敌人哈布斯堡王朝,法兰西国王弗朗索瓦一世与苏莱曼在1536年2月签订了一系列盟约。对于奥斯曼人

---

① 〔法〕乔治·杜比主编:《法国史》上册,吕一民、沈坚、黄艳红等译,北京:商务印书馆,2010年,第580页。

来说，尽管他们并不幻想法国的承诺是真诚的，但与法国结盟将使他们在与西班牙的战争中获得有用的支持，并且有望使用法国的港口。而对于法国人来说，这些条约可以使他们在对抗西班牙、热那亚和那不勒斯，以及一切哈布斯堡王朝控制的军队时，获得奥斯曼海军的支持。至少从法国的角度看，这有助于满足他们征服意大利领土的野心。①

这一系列盟约或被称为《特惠条约》(*Capitulations*)。通过条约，瓦卢瓦王朝的商人在奥斯曼帝国境内取得了治外法权，即"规定由欧洲国家自己设立的领事法庭，来负责审理该国侨民之间或者与当地居民发生的民事、刑事案件"。"此条约虽经签署，但由于其中有涉及与商贸活动不相关的内容，而未被苏丹立即批准而生效。直到1559年，法国才实际上获得在奥斯曼境内享有在此特惠条约中规定的特权。"②

尽管在当时人看来，天主教法国与伊斯兰教土耳其结盟去对付同样信奉天主教的哈布斯堡王朝，实属大逆不道，但法国人从《特惠条约》中攫取的好处不能不令其他欧洲强国羡慕。对此，当代法国学者评论道：

---

① *The Cambridge History of Turkey*, Volume 2: *The Ottoman Empire as a World Power, 1453-1603*, edited by Suraiya N. Faroqhi and Kate Fleet, Cambridge: Cambridge University Press, 2009, p.159.
② 周东辰、王黎:《再论十六世纪法国—奥斯曼同盟外交的特点》，载南开大学世界近现代史研究中心编:《世界近现代史研究》第10辑，北京:社会科学文献出版社，2013年，第138页。

在东方,法王的外交如此活跃,以致(至)于在基督教——无论是新教还是天主教——的欧洲引起公愤,法国的'卑躬屈节'使其商人在亚历山大港的特权拓展到整个奥斯曼帝国,这些条约可能是于1536年在君士坦丁堡签订的。不管怎样,七年后包围尼斯的战斗和奥斯曼舰队冬季在土伦港停泊,都明确显示了法国和土耳其之间的军事合作。法国与异教徒之间的良好关系取得了成果:马赛展开了与地中海东岸各港口的贸易,后来成为香料进口的一大中心;16世纪末,它的发展更是突飞猛进。①

随着国际形势的变化,奥斯曼帝国与法兰西王国的同盟关系烟消云散,但法国商人的"治外法权"不仅保留了下来,还很快扩展到了欧洲其他国家,这是后来"东方问题"的重要组成部分。

在1853年克里米亚战争爆发之初,马克思就有一篇社论回顾了"东方问题"的由来,他说:

因为《古兰经》把一切外国人都视为敌人,所以谁也不敢没有预防措施而到伊斯兰教国家去。因此,第一批冒险去同这样的民族做生意的欧洲商人一开始就力图保证个人享有特殊待遇和特权,后来,这种特殊待遇和特权扩大到他们的整个国家。这就是《特惠条例》产生的根源。②

---

① 〔法〕乔治·杜比主编:《法国史》上册,第581页。
② 〔德〕马克思:《宣战。——关于东方问题的历史》,《马克思恩格斯全集》(第二版)第13卷,中共中央编译局编译,北京:人民出版社,1998年,第183页。

步法国后尘,至 17 世纪,荷兰、英格兰等西欧国家纷纷与土耳其签订了类似的条约。这些国家的商人获准在奥斯曼帝国境内开展贸易,并受本国法律约束。土耳其的海峡政策也因此做出了调整:欧洲军舰仍然不能通过整条海峡,但商船可以通过达达尼尔海峡,进入马尔马拉海,在君士坦丁堡卸货,但不得通过博斯普鲁斯海峡进入黑海。当时的土耳其人不会想到,到了 19 世纪,遥远的英国人会竭力站在他们一边,成为支撑起这项海峡政策的支柱。

1768—1774 年,俄罗斯沙皇叶卡捷琳娜二世发动了第五次俄土战争,并最终取得了胜利。关于这场战争的直接结果,《剑桥土耳其史》指出,"《库楚克—凯纳吉和约》(*Treaty of Küçük Kaynarca*, 1774)导致奥斯曼帝国失去了对克里米亚的宗主权。把这个主要由穆斯林居住的地区割让给基督教势力,可能比昂贵的战争赔款更具有政治意义。黑海的航行权现在划给了俄罗斯,并由沙皇来保护所有奥斯曼境内东正教臣民的安全"[1]。简言之,克里米亚获得了"独立",俄国人通过这里控制了黑海的大半部分。

克里米亚的独立只是沙皇俄国预谋扩张的第一步,1783 年,俄国正式吞并了这个半岛。土耳其对俄国人的背信弃义十分不满,阿卜杜勒·哈米德一世(Abdül Hamid Ⅰ)认为俄国的吞并行为不啻单方面撕毁条约,他要求俄国"吐"出克里米亚半岛,并承认格鲁吉亚是土耳其的属地。俄国当然毫不客气地拒绝了,于是土耳其苏丹在 1787—1791 年发动了第六次俄土战争。不过,虽然战争是

---

[1] *The Cambridge History of Turkey*, Volume 3:*The Later Ottoman Empire*, *1603-1839*, edited by Suraiya N. Faroqhi, Cambridge: Cambridge University Press, 2009, pp.57-58.

土耳其发起的,但所有人都认为真正的原因是俄国人无节制的扩张。如马克思所说:"彼得一世自己早就打算在土耳其的废墟上登上统治的宝座。叶卡捷琳娜也曾一再劝说奥地利并要求法国一同来参与拟议中的肢解土耳其,在君士坦丁堡建立一个以她孙子为首的希腊帝国。"①当代西方学者也指出,"叶卡捷琳娜二世有个著名的'希腊计划'(Greek Project),试图为其孙子康斯坦丁在东南欧建立一个王国,这导致了土耳其与沙俄、奥地利哈布斯堡王朝的又一次战争,土耳其再次丢城失地"②。

正是这个"希腊帝国计划"引起了欧洲国家的担忧。就在第六次俄土战争行将结束时,英国人改变了自己在上一次战争中的亲俄态度。在小皮特(William Pitt the Younger)政府的游说下:

> 1790年,英格兰、普鲁士和荷兰结成了三国同盟,致力于保存奥斯曼帝国。随后奥地利退出了约瑟夫皇帝开启的战争,土奥之间也签署了《锡斯托瓦和约》。现在,普鲁士和英格兰又在努力让俄国和奥斯曼帝国达成和约,且效法土奥和约,让俄国交出新征服的地盘。③

---

① 〔德〕马克思:《土耳其问题。——〈泰晤士报〉。——俄国的扩张》,《马克思恩格斯全集》(第二版)第12卷,中共中央编译局编译,北京:人民出版社,1998年,第123页。
② *The Cambridge History of Turkey*, Volume 3: *The Later Ottoman Empire, 1603–1839*, edited by Suraiya N. Faroqhi, p.58.
③ 〔英〕帕特里克·贝尔福:《奥斯曼帝国六百年:土耳其帝国的兴衰》,栾力夫译,北京:中信出版社,2018年,第493页。

引文中"让俄国交出新征服的地盘"的"地盘"指的是,奥恰科夫(Ochakov),以及从德涅斯特河(R. Dniester)到布格河(R. Bug)之间的土地。

更重要的是,小皮特首相甚至动议派遣舰队前往波罗的海和土耳其海峡附近,以武力威胁俄国人,以迫使其做出妥协。在1791年3月的议会辩论中,他明确指出,"俄国的扩张和土耳其的衰落,将会危及我们的商业利益和政治利益"①。

小皮特遭到了辉格党议员的强烈反对,反对者中不乏杰出的政治人物。例如前外交大臣、辉格党领袖查尔斯·福克斯(Charles J. Fox)便声称:"俄罗斯是英格兰的天然盟友。反对俄罗斯占领德涅斯特河上的一个要塞以及'北海北岸的一小条贫瘠的土地',对英格兰的利益来说有何益处呢?"埃德蒙·柏克也宣称:"'土耳其人在本质上不过是完全疏离于欧洲事务的一个亚洲民族',在力量制衡体系之中根本没有他们的位置。"总的来说,"反对派斥责土耳其人为野蛮人,而赞颂俄罗斯女皇是最宽宏大量的君主。有人甚至说,如果俄罗斯女皇能够征服伊斯坦布尔、将土耳其人逐出欧洲,那对整个人类而言都将是福音"②。

值得注意的是,这次议会辩论的焦点不仅关乎俄国人和土耳其人谁更文明的问题,更关乎应该由谁来控制黑海海峡的问题。小皮特政府提醒反对派,"如果俄罗斯的扩张步伐不能得到遏制,

---

① Harold Temperley: *England and the Near East: The Crimea*, New York: Longmans, Green and Company, 1936, p.43.
② 〔英〕帕特里克·贝尔福:《奥斯曼帝国六百年:土耳其帝国的兴衰》,第493—494页。

那么俄国人的海上霸权就不仅会在黑海确立,还将越过博斯普鲁斯海峡延伸到地中海"①。反对派则担心如果俄国的势力被挤出黑海,法国人就会乘虚而入,"俄国成为黑海强国不是坏事,倒是可以让它成为在地中海抗衡法国和西班牙的力量"②。有趣的是,后来的历史证明,这两种意见都是正确的,只是它们分别适用于不同的时间段。

最终,虽然议会勉强通过了小皮特的动议,但反对派的声音还是迫使他放弃了武力政策。这次议会辩论之所以值得特别强调,在于它暗示了后来半个多世纪英国对于"东方问题"的基本态度。正如赵军秀所论,"小皮特提出的'维持奥斯曼帝国领土完整更符合英国利益',为日后英国制定海峡政策及中近东政策奠定了思想基础。可以认为,英国对土耳其海峡传统政策的思想源于小皮特,并为英国外交大臣坎宁和帕麦斯顿所继承、发展"③。所谓"英国对土耳其海峡传统政策"主要由两个部分构成:第一,尽可能地维护奥斯曼土耳其帝国的领土完整,使其能够成为制衡俄国西进的力量;第二,尽可能地维护土耳其传统的海峡政策,即不允许外国军舰出入黑海海峡。

---

① 〔英〕帕特里克・贝尔福:《奥斯曼帝国六百年:土耳其帝国的兴衰》,第494页。
② Allan Cunningham and Edward Ingram: *Anglo-Ottoman Encounters in the Age of Revolution*, London: Frank Cass Publishers, 1993, p.22.
③ 赵军秀:《英国对土耳其海峡政策的演变:1875—1915年》,北京:首都师范大学博士学位论文,2001年5月,第6页。该学位论文后来以《英国对土耳其海峡政策的演变:18世纪末至20世纪初》为题出版(北京:中国社会科学出版社,2007年)。

二、《达达尼尔条约》与英国的海峡政策

1797年12月7日,拿破仑返回巴黎,不久后他就向督政府上书提议,"我们会亲眼看到奥斯曼帝国的崩溃",当务之急是要"从奥斯曼帝国手中夺走一个不听中央政府号令的行省——埃及"。统治埃及的马木留克集团(Mamluk)一贯不听土耳其苏丹的号令,在拿破仑看来,只要往埃及"踹上一脚",它就会从奥斯曼帝国的版图上掉落下来。拿破仑坚定的政治盟友塔列朗(Charles Maurice de Talleyrand-Périgord)更是认为,"夺取新的殖民地会给法国带来优势,而埃及就是潜在的新殖民地之一"①。

拿破仑的意图是十分明显的:埃及是一块跳板,通过它就可以进军亚洲。用拿破仑自己的话说,"成为埃及主宰的强国,也应成为印度脊梁上的支配者"②。有人说,"这是波拿巴实现其东方之梦的第一次尝试"③。为了实现这个梦想,塔列朗建议,法军一旦占领埃及,就可以开凿一条连接地中海和红海的运河,运河将引发欧洲的"商业革命",并彻底打垮英国在印度的霸权。④

1798年5月19日,拿破仑率领3万士兵从土伦港出发,并在7月25日占领了埃及首府开罗。法国远征军引发了一系列的连锁

---

① 〔英〕帕特里克·贝尔福:《奥斯曼帝国六百年:土耳其帝国的兴衰》,第508页。
② 王治来:《中亚通史·近代卷》,乌鲁木齐:新疆人民出版社,2004年,第163页。
③ 〔法〕乔治·杜比主编:《法国史》中册,吕一民、沈坚、黄艳红等译,北京:商务印书馆,2010年,第835页。
④ Hugh Joseph Schonfield: *The Suez Canal in World Affairs*, New York: Philosophical Library, 1953, pp.10-11.

反应,不过出乎拿破仑意料,不管土耳其苏丹与埃及的马木留克集团有多么深的矛盾,他还是对拿破仑占领埃及的行动做出了强烈的反应。为此,土耳其不惜在1799年与宿敌俄国签订了同盟条约。英国学者贝尔福(Patrick Balfour)说道:

> 一支俄罗斯舰队从黑海驶入了博斯普鲁斯海峡。他们得到了体面的欢迎,苏丹本人还亲自登舰访问。接着,这支舰队又与奥斯曼帝国海军的一支舰队会合,进入地中海。这是俄罗斯的旗帜第一次,也是最后一次与新月旗一同飘扬。①

1805年,俄国再次与土耳其签订条约,强化了同盟关系。条约规定,除俄国舰队外,其他外国军舰一律不得通过黑海海峡。拿破仑的远征让俄国人轻而易举地得到了他们梦寐以求的东西。

拿破仑的远征同样终结了英国议会无休止的争吵。霍普柯克说道:

> 关于拿破仑下一步行动的猜测开始四处蔓延,主要有两种说法。一种说法是,他会由陆路经叙利亚和土耳其,然后从阿富汗或俾路支斯坦(Baluchistan)进攻印度;另一种说法则认为,拿破仑会从埃及的红海沿岸某处起航,由海路发起进攻。②

---

① 〔英〕帕特里克·贝尔福:《奥斯曼帝国六百年:土耳其帝国的兴衰》,第509页。
② 〔英〕彼得·霍普柯克:《大博弈:英俄帝国中亚争霸战》,张望、岸青译,北京:中国青年出版社,2015年,第48—49页。

不管是海路还是陆路,占领埃及的行动都将切断英国本土与印度的联系。就连那些当初强烈反对小皮特政府的辉格党人也猛然意识到,维护奥斯曼帝国的领土完整关乎英国的根本利益。1799年,英土两国结成同盟。这年成为英国正式介入"东方问题"的开始。莫利(James Headlam-Morley)说,"1798年以后,海峡问题总是和埃及问题交织在一起"①。从此以后,埃及和土耳其海峡分别成了英国东方政策的两块基石。

谁也没有想到,形势在几年之内风云突变。拿破仑远征埃及失败,法国政府随即调整了自己的外交政策。它在1802年分别与英国、土耳其签订了《亚眠条约》(Treaty of Amiens),暂时中止了黑海海峡的战时状态。1804年11月6日,拿破仑称帝,更加拉近了他与土耳其苏丹的距离。次年12月2日,皇帝陛下在奥斯特里茨(Austerlitz)取得了辉煌的胜利。凭借这次胜利,他迫使奥地利哈布斯堡王朝签订《普雷斯堡和约》(Treaty of Pressburg)。条约承认拿破仑身兼意大利国王,并把伊斯特利亚(Istria)、达尔马提亚(Dalmatia)等地割让给了他统治下的意大利(两地皆在今天的克罗地亚境内)。这样,拿破仑帝国就与奥斯曼帝国接壤了。贝尔福披露:

> 塞利姆苏丹(按,Shaleam Ⅲ,1761—1808,其中1789—1807年在位)深受法国在战场上的成功的鼓舞,颁布敕令承认

---

① James Headlam-Morley: *Studies in Diplomatic History*, London: Methuen & Co. Ltd, 1930, p.220. 转引自赵军秀:《英国对土耳其海峡政策的演变:1875—1915年》,第7页。

拿破仑的皇帝地位,并且以帕迪沙阿的头衔(按,原为波斯帝王的称号,后来奥斯曼帝国和莫卧儿帝国的统治者也使用)称呼他,还向他派了一位苏丹特使,"以彰显苏丹对皇帝的信任、敬慕和赞赏"。拿破仑则通过自己的大使答复道:"法兰西将与奥斯曼帝国荣辱与共。"苏丹承认拿破仑的帝位一事,遭到了英俄两国大使的强烈反对。①

于是我们看到,原先敌对的法土两国现在成了盟友,原先结盟的英土、俄土,现在成了敌人。

1806年4月,土耳其人想要凭靠法军在欧洲节节胜利的东风,收回瓦拉几亚(Valahia)和摩尔达维亚(Moldova),第七次俄土战争爆发。这年夏天,拿破仑在君士坦丁堡的大使塞巴斯蒂亚诺(Sebastiani)伯爵借着土耳其与俄国翻脸的机会,说服苏丹把1805年条约中允许俄国舰队出入海峡的特权转让给法国。英国人听闻后震怒,挥军直扑君士坦丁堡,俄土战争未平,英土战争又起。

土耳其军队在反抗英国入侵中的表现十分英勇,他们于1807年3月粉碎了英军占领君士坦丁堡和埃及的企图。但令土耳其人怎么也没有想到的是,自己的盟友拿破仑却背着他们,跟俄国沙皇亚历山大一世(Александр Ⅰ Павлович)签署了《提尔西特和约》(Treaty of Tilsit)。为了拉拢俄国人,拿破仑果断地出卖了自己的土耳其盟友。他向沙皇承诺,只要法俄两国结盟,共同反对英国,他就将正式承认俄国对瓦拉几亚和摩尔达维亚的占领。

---

① 〔英〕帕特里克·贝尔福:《奥斯曼帝国六百年:土耳其帝国的兴衰》,第516页。

尽管条约是在秘密谈判中签订的,但间谍们还是很快侦知了它的主要内容。它一经曝光就引发了英国和奥地利的恐慌。贝尔福说:

> 法国承认俄罗斯对多瑙河流域的这两个公国的占领,这让奥地利帝国大为不安。奥地利出面调停,想让英国和奥斯曼帝国达成谅解,以抗衡法俄联盟。尽管遭到了法国的阻挠,奥地利人的目标还是随着1809年《达达尼尔条约》的签订而达成了。①

《达达尼尔条约》的初衷是要制止法俄海军在地中海的会师,这就需要把俄国舰队堵在黑海,换句话说,需要封闭土耳其海峡。此时欧洲还没有关于海峡的现成公约,以什么理由封闭这道海峡呢?

英国人想到,奥斯曼帝国在当年《特惠条约》生效后,曾经调整了海峡政策,即不允许外国商船通过博斯普鲁斯海峡,不允许外国军舰通过博斯普鲁斯海峡和达达尼尔海峡,除非受到土耳其的邀请。因此,《达达尼尔条约》第11条规定,英国将率先承诺遵守这条奥斯曼帝国的"古代惯例"(ancient right)。② 如赵军秀所论,"《达达尼尔条约》第一次把1476年土耳其对外国战舰关闭黑海海峡的禁令称为'奥斯曼帝国古代惯例',并以'遵守奥斯曼帝国古代

---

① 〔英〕帕特里克·贝尔福:《奥斯曼帝国六百年:土耳其帝国的兴衰》,第527页。
② J. C. Hurewitz, *Diplomacy in the Near and Middle East*, Volume Ⅰ: *A Documentary Record: 1535-1914*, Princeton: D. van Nostrand Co., Inc., 1956, p.83.

惯例'这样堂而皇之的说法表达出英国不能允许土耳其海峡主权落入其他大国之手的意愿。……英土《达达尼尔条约》,成为日后1841年《伦敦海峡公约》的基础"①。

至此,英国19世纪的海峡政策基本告以确定。

三、"波斯问题"

《达达尼尔条约》给了土耳其一颗定心丸,毕竟英国、奥地利联合出面保证了它的领土完整,使它不用担心俄国人会肢解自己。然而土耳其人还是高兴得太早了。1812年6月22日,拿破仑突然进攻俄国,俄国因此成为英国在第六次反法同盟中的盟友。所以英国人果断地出卖了土耳其。在整个拿破仑战争期间,土耳其至少各被法国人和英国人出卖过一次,结果是它在第七次俄土战争中丢掉了富饶的比萨拉比亚(Basarabia)。② 但土耳其并不是这场外交闹剧中最大的受害者,波斯的结局比它更惨。

俄国在外高加索地区扩张,首当其冲的就是波斯。格鲁吉亚原本臣属于波斯卡扎尔王朝(Qajar dynasty,或译为"恺加王朝",1779—1925),18世纪因不满波斯人的统治而倾向俄国。美国学者埃尔顿·丹尼尔(Elton L. Daniel)指出,"1799年,格鲁吉亚最后一位国王不再满足于仅仅与俄国缔结防务同盟。他实际上将自己的国家变成了俄国的保护国,俄国军队占领了第比利斯(按,Tbilisi,

---

① 赵军秀:《英国对土耳其海峡政策的演变:1875—1915年》,第8页。
② 土耳其于1812年5月28日承认战败,与俄国签定《布加勒斯特条约》,被迫割让比萨拉比亚。

格鲁吉亚首府)"①。军事上处于劣势的波斯人亟需一个强大的欧洲盟友来牵制俄国,谁将是他们可以倚靠的对象呢?

当时正值沙皇保罗一世(Павел I Петрóвич)统治时期,此人对拿破仑崇拜不已。为了表达自己对于拿破仑事业的认同,他曾"主动要求帮助拿破仑向英国人复仇并实现他在东方的野心"②。霍普柯克指出:

> 根据保罗的计划,三万五千名哥萨克骑兵将穿过突厥斯坦,沿途招募好战的土库曼部落,同时许诺土库曼人,在赶走英国人后他们可以在印度肆意劫掠。与此同时,一支规模相当的法国部队将沿多瑙河而下,乘俄国舰艇穿过黑海,经顿河、伏尔加河和里海到达里海东南岸的阿斯特拉巴德(Astrabad)。在那里他们将与哥萨克人会合,然后向东穿过波斯和阿富汗到达印度河,从那里一起对英军发起猛攻。③

也许是因为保罗一世的提议来得太突然,令拿破仑猝不及防,也可能是因为当时拿破仑正陷在埃及战争的泥潭之中,无力分心,总之,他婉言谢绝了保罗一世的提议。沙皇没有气馁,他决心独自行动,"1801年1月24日,保罗命令驻扎顿河的哥萨克部队长官在

---

① 〔美〕埃尔顿·丹尼尔:《伊朗史》,李铁匠译,上海:东方出版中心,2016年,第106页。
② 〔英〕彼得·霍普柯克:《大博弈:英俄帝国中亚争霸战》,第50页。
③ 〔英〕彼得·霍普柯克:《大博弈:英俄帝国中亚争霸战》,第51页。

边境城市奥伦堡组织一支大军,准备进军印度"。① 这次军事冒险因 3 月 23 日晚沙皇被刺而告终止。

保罗一世与拿破仑结盟的行为无疑引发了英国人的担忧,他们需要在从高加索通往印度的道路上截住俄军或俄法联军,波斯的地理位置恰到好处。于是当波斯人亟待欧洲盟友时,英国人就主动送上门来了。

东印度公司派出约翰·马尔科姆爵士(Sir John Malcolm)前往德黑兰。马尔科姆向波斯沙哈(Shah,即国王)法塔赫-阿里·沙(Fath-Ali Shah,或译为"法塔赫-阿里·肖")承诺,只要波斯能够阻止俄军或俄法联军取道其领土前往印度,那么英国人将会在波斯遭到俄国侵略时,给予其适当的援助。

在英国人的保证之下,波斯人重新拾起了对抗俄国的信心。1804 年,俄军占领甘贾(Ganjeh 或 Ganja,为阿塞拜疆西北部战略要地)。波斯国王法塔赫-阿里·沙立即派遣其继承人阿拔斯·米尔扎(Abbas Mirza)率军还击。第一次俄伊战争爆发。

不幸的是,此时的俄国沙皇已经换成了亚历山大一世。次年 8 月,英国人拉起了第三次反法同盟,沙俄恰恰是本次同盟的支柱力量。所以英国人十分干脆地撕毁了与波斯的盟约,"当时伊朗政府是在孤立无援的情况下进行了一连串的战斗,而它原本是想取得欧洲的某个大国在这个冲突中的支持的"②。

正当波斯在俄国进攻下节节败退,英国人又背弃诺言袖手旁

---

① 〔英〕彼得·霍普柯克:《大博弈:英俄帝国中亚争霸战》,第 52 页。
② 〔伊朗〕阿宝斯·艾克巴尔·奥希梯扬尼:《伊朗通史》下册,叶奕良译,北京:经济日报出版社,1997 年,第 836 页。

观时,法国人来了。这时拿破仑已经想通,无论如何都要进攻印度,那么他必须拉拢波斯。双方于1807年5月1日签订了《芬肯施泰因条约》(Treaty of Finkenstein),条约承诺,只要波斯协助法军进攻印度,法国人就将帮助他们夺回格鲁吉亚。法塔赫-阿里·沙怎么也想不到,拿破仑的脸变得比英国人还要快,该条约签订仅仅两个月后,他就转过头去跟波斯的死敌亚历山大一世签订《提尔西特和约》了。这份著名的和约将整个波斯都划进了俄国的势力范围。

当波斯再次受到出卖时,英国人又主动送上门来了。东印度公司的马尔科姆爵士于1808年再次出访德黑兰,愤怒的波斯人索性禁止他踏入城门一步,"马尔科姆认为这是对他的侮辱,只得返回印度。此后,他力促印度总督去占领哈尔克岛和向伊朗沿海发起进攻,以示报复"。① 马尔科姆前脚刚走,伦敦方面的使节哈尔福德·琼斯(Sir Harford Jones)就到了。为了向波斯沙哈表达诚意,琼斯还特意带来了一颗硕大的钻石和一整套军事援助计划。这次波斯选择了再次相信英国人。双方于1809年签订条约,英国方面承诺,只要波斯能够阻止法俄联军通过其领土进攻印度,英国将向其提供军事和经济援助,以助其抵御俄国的报复。于是,马尔科姆爵士在1810年第三次前来,帮助训练波斯军队。

然而,这次波斯人还是没能开心多久。1812年6月22日,拿破仑突然进攻俄国,俄国因此成为英国在第六次反法同盟中的盟友。所以英国人又把波斯卖了。在整个拿破仑战争期间,法俄双方两次结盟,两次翻脸,所以英国人也两次与波斯结盟,并两次出

---

① 〔伊朗〕阿宝斯·艾克巴尔·奥希梯扬尼:《伊朗通史》下册,第838页。

第一章 东方问题与中亚问题的起源(1798—1829)

卖波斯。此外,法国人也至少出卖了波斯一次。其结果是波斯不仅丢掉了格鲁吉亚,还丢掉了阿塞拜疆北部的大片领土,并被禁止拥有里海海军。①

波斯的惨败至少造成了两个后果:第一,俄国攫取了黑海东侧的大片领土,迅速成长为黑海地区唯一的强权;第二,在外高加索丢城失地的波斯人不得不寻求从东面的阿富汗人那里得到补偿。因为第一点,当拿破仑战争结束后,英俄两国在"东方问题"上的矛盾就迅速尖锐起来;因为第二点,波斯和阿富汗的矛盾又使得"东方问题"经由"波斯问题"(the Persian Question)演变为"中亚问题"。

值得一提的是,在拿破仑战争期间,欧洲人的波斯使团留下了许多著作。其中,"约翰·马尔科姆爵士在1800和1810年的两次任务,促使他写下了《波斯史》(History of Persia),尽管这部作品成书时,科学精神还没有渗透到历史学科当中,但它依然可说是这一主题的标准英文作品;并且他还有一部《波斯素描》(Sketches of Persia,以匿名出版),是这方面最令人愉快的作品之一"。而1809年的哈尔福德·琼斯使团的成员和其他许多欧洲探险家同样留下了许多在波斯的一手经历记录。"由于波斯在西方世界的声音越来越大,一大波有独立经济来源的英格兰旅行者自19世纪头十年起,就选择了以这个国家作为地理学、考古学及文学事业的舞台。"②

无疑,这些著作为后来英国制定波斯政策,提供了有力的依

---

① 此即1813年的《古利斯坦条约》(Treaty of Gulistan),参见〔美〕埃尔顿·丹尼尔:《伊朗史》,第107页。
② George N. Curzon: Persia and the Persian Question, London: Frank Cass & Co. Ltd, 1892, pp.20-21.

据。正是在与波斯交往的过程中,英国使团中的一些人"已经感觉到了北方巨人呼出的热气了"。霍普柯克接着指出:

> 其中一位是在与俄国边境接壤的波斯军队中担任顾问的年轻上尉——约翰·麦克唐纳·金尼尔(John Macdonald Kinneir)。……马尔柯(科)姆将军交给他的第一项任务就是把克里斯蒂、波廷杰和其他英国军官收集到的地理情报汇编到一起。《波斯帝国地理回忆录》(A Geographical Memoir of the Persian Empire)于1813年出版,在之后的很多年里,这本书都是了解当地地理情报的首选资料。①

霍普柯克所说的克里斯蒂(Charles Christie)上尉和波廷杰(Henry Pottinger)中尉都服役于第五孟买地方步兵团(5th Bombay Native Infantry)。② 他们于1810年春接受马尔科姆的命令,通过俾路支斯坦,探查连接波斯和印度的通道,以及沿途的部落名称、部落首脑和士兵人数。其中,波廷杰中尉最为中国人所耳熟能详,他的名字还有一种译法"璞鼎查",此人正是后来第一次鸦片战争中的英军最高指挥官和首任香港总督。

根据璞鼎查、克里斯蒂等人的情报,金尼尔得出了自己的结论:沙皇亚历山大一世不大可能意图攫取印度,"君士坦丁堡更可能成为亚历山大为实现野心所定下的目标"。除此之外,"当年老体迈的波斯沙哈去世后,俄国就可趁机获得波斯王位的控制权,

---

① 〔英〕彼得·霍普柯克:《大博弈:英俄帝国中亚争霸战》,第90页。
② 〔英〕彼得·霍普柯克:《大博弈:英俄帝国中亚争霸战》,第62页。

'甚至是完全把波斯收入囊中'"。① 历史证明了金尼尔的判断十分具有洞见。

第二节 19世纪英俄对抗的起源(1821—1829)

1815年6月9日,英国、俄国、奥地利、普鲁士、葡萄牙、法国和瑞典七国签订了《维也纳会议最后议定书》,这标志着维也纳体系的形成。众所周知,主导维也纳体系的是英国汉诺威王朝、俄国罗曼诺夫王朝、普鲁士霍亨索伦王朝、奥地利哈布斯堡王朝和复辟的法国波旁王朝。这里之所以更强调王朝,而不是国家,是因为维也纳体系的核心是确立王朝统治的"正统主义"原则,这种"正统主义"恰恰是与法国大革命爆发出来的民族主义浪潮相对立的。正如殷之光所论,"作为一种欧洲保守主义政治的创造物,维也纳体系几乎像是一场绝对主义(Absolutism)国家在欧洲国际层面上进行的集体复辟。……是欧洲国家在大革命之后寻找到的自卫机制"②。

需要进一步指出,王朝的"正统主义"原则,恰恰说明了19世纪初期的欧洲主流还不是现代意义上的民族国家。维也纳体系在诞生之初所依据的协调机制还是王朝间的联姻关系,而欧洲王室

---

① 〔英〕彼得·霍普柯克:《大博弈:英俄帝国中亚争霸战》,第96—97页。
② 殷之光:《多种普遍性的世界时刻:19世纪的全球史读法》,章永乐:《万国竞争——康有为与维也纳体系的衰变》"序言二",北京:商务印书馆,2017年,第22页(序言页)。

的联姻关系恰恰是超民族的。具有象征意义的事件出现在法国大革命时期,法国1791年宪法按照卢梭的规划,明确规定法国的国家主权属于全体法国人民,而不是法国国王,国王只是主权者意志的最高执行机构。

1791年6月20日,路易十六出逃,他做了一件传统欧洲君主都会做的事情,即要求他在国外的王室表亲前来扑灭群众造反,解救国王。次年12月26日,国民公会审判路易十六,理由正是国王背叛了法国人民。如果主权者是国王,又怎么可能出现主权者背叛臣民的事情?作为主权者的国王要求外国亲戚前来镇压本国人民起义,这在法理上不是合情合理的吗?

法国大革命和审判路易十六的伟大历史意义首先就在于它确立了"法国是法国人的法国",没有人民主权原则,就很难有现代意义上的民族国家。从这个意义上来讲,维也纳体系建立的初衷就是违背民族国家原则的,它的"正统主义"原则,主要对付的就是类似于法国大革命这样的民族主义浪潮和人民主权原则,而不是别的什么东西。同理,"正统主义"原则最终退出欧洲历史舞台,需要民族主义浪潮和民主革命运动的进一步冲击。

问题只在于,冲垮"正统主义"的民族主义运动,最先从哪里爆发?

一、希腊革命的连锁反应

英国历史学家佩里·安德森(Perry Anderson)在谈到维也纳会议与19世纪的大国协调时,曾反问道:

尽管奥斯曼帝国在地理上深入东南欧,但它既没有被邀请赴会,会议更没有讨论它,最终被维也纳会议排除在外。即便奥斯曼帝国是一个君主制国家,但它又怎么能够被自我定位为基督教国家之间所缔结之盟约的大国协调机制所兼容呢?①

此话显然点出了东方问题的复杂性在于:一方面,奥斯曼帝国是一个亚洲国家,而且是一个伊斯兰教权国家,它不享有维也纳体系正统主义原则的庇护;但另一方面,奥斯曼帝国又有大片领土深入欧洲,又统治了广大基督教地区,换言之,它直接受到欧洲政治变动的影响。既受到欧洲的影响,又不受欧洲体制的庇护,既纳入其中,又被其排除,这大概就是奥斯曼帝国的基本处境。还有什么地方能够比奥斯曼帝国的欧洲部分更像维也纳体系"正统主义"的软肋呢?

1821年3月25日,希腊人在帕特拉斯(Patras)宣布起义!这场起义毫无疑问受到了法国大革命的民族主义启蒙。正如贝尔福所说:"希腊的民族主义运动最早可以追溯到19世纪初。一开始,希腊民族主义运动是以一种文化复兴的模糊面目出现的。希腊人受到法国大革命期间的自由主义哲学思想的启迪,开始了一场复兴古典时期传统的希腊文艺复兴运动。""批判的武器"的目的是引发"武器的批判",希腊精神的复兴不可能只停留在思想层面。"等

---

① 〔英〕佩里·安德森:《大国协调及其反抗者——佩里·安德森访华讲演录》,章永乐、魏磊杰主编,北京:北京大学出版社,2018年,第10页。

到希腊民族精神终于开花结果的时候,一些希腊人在这种民族情感的激励下开始采取军事手段寻求民族独立。"①

确实,希腊起义爆发之初,欧洲各大王朝因担忧引发民族主义的连锁反应,普遍表现冷淡。贝尔福接着说道:

> 从一开始,希腊人就过于乐观地指望西方的援助。在军事方面,西方人很快就让他们失望了。拿破仑失败之后,西方国家和俄罗斯都希望能够安享一段和平时期。它们组成了一个反革命的"君主同盟",在欧洲维持了十年表面上的和平和团结。因此,无论是英国、奥地利还是俄罗斯(尽管它做出了种种承诺),都不准备为了希腊的民族独立而战。在起义爆发之时,欧洲革命还一起表示了谴责。1822年,欧洲各国还拒绝让希腊代表团参加在维罗纳举行的一次会议,因为他们被视作革命分子。②

问题是,土耳其并不属于欧洲文明,欧洲公众又怎么会接受让异教徒去镇压自己的基督教同胞呢?

于是,一方面,欧洲王室出于对革命浪潮的担忧,普遍反应冷淡;另一方面,欧洲公众,尤其是知识分子却表现出了极大的热情。例如杰出的英国浪漫主义诗人拜伦(George Gordon Byron)勋爵,就直接投身到了希腊民族解放运动当中,并于1924年6月29日死在

---

① 〔英〕帕特里克·贝尔福:《奥斯曼帝国六百年:土耳其帝国的兴衰》,第528—529、530页。
② 〔英〕帕特里克·贝尔福:《奥斯曼帝国六百年:土耳其帝国的兴衰》,第537页。

当地。拜伦的行动又激励了许多欧洲知识分子接踵而至,积极为希腊起义摇旗呐喊。希腊起义军不负众望,尽管内讧不断,但仍然一次次打退了土耳其军队的干预。

土耳其苏丹马哈茂德二世(Mahmud Ⅱ)意识到,仅凭自己的军事力量,无法解决希腊问题。他在1825年向其属臣埃及帕夏(Paşa或Pasha)穆罕默德·阿里(Muhammad Ali)求援,许诺事成之后割让克里特岛和塞浦路斯。埃及帕夏随即派遣自己的儿子易卜拉欣率军由亚历山大港出发,横渡地中海,于次年登陆希腊。仿照西方近代军队训练和武装起来的埃及军队,一路烧杀抢掠,很快打败了希腊起义军。

希腊战场局势风云突变,俄国人首先坐不住了。对于希腊民族解放运动,沙皇亚历山大一世的态度最微妙。一方面,控制巴尔干半岛和黑海海峡是俄国人一贯的抱负,更何况俄国东正教一直标榜自己是希腊的传人;另一方面,沙皇却担忧希腊起义会打破维也纳体系确立的"正统主义"原则,在欧洲引发民族独立运动的连锁反应。对于俄国而言,最好的结果是,希腊获得事实上的独立地位,但名义上仍然臣属于土耳其。

与俄国人的态度截然不同,奥地利首相梅特涅(Klemens von Metternich)却一直担忧希腊起义会引发哈布斯堡王朝内部的民族独立运动,因此竭力支持土耳其镇压起义。在希腊问题上,俄奥之间的矛盾难以协调。

更值得玩味的是英国人的态度。1822年,托利党外交大臣卡斯尔雷勋爵(Lord Castlereagh)因精神失常突然自杀身亡,更具有自由主义倾向的坎宁(George Canning)接替了他的职位。根据1791

年小皮特政府的动议和1809年《达达尼尔条约》的精神,土耳其帝国保持完整和黑海海峡对外国军舰关闭,是英国东方政策的两条基本原则,所以英国外交目标应该更加接近奥地利才对。确实,"卡斯尔(雷)的危机对策与梅特涅的想法是不谋而合。……梅特涅除了不遗余力地谴责革命,主要目标就是防止俄国趁火打劫,而其方针则是借助于神圣同盟和维也纳会议后的欧洲协调,拉住英国,诱使俄国就范"①。

但自从坎宁上任之后,英国托利党政府就面临强大的舆论压力。当时欧洲风传,易卜拉欣的军队在希腊进行种族清洗,并大量移入埃及穆斯林。舆论界普遍担忧,欧洲文明的发祥地将有"蛮夷化"的危险。加之拜伦的事迹鼓舞了一大堆英国舆论家,受此压力的坎宁反而觉得,促使希腊自立但不独立,是对英国最妥帖的办法。英俄两国的外交目标走到了一起。如洪邮生所论:"坎宁认为,如果英国对'蛮夷化'计划无动于衷,就不能阻止俄国'在强大的道义和政治原因刺激下并以此为借口'而采取单独行动。显然,坎宁企图通过英国主动与俄国合作来牵制俄的行动。"②

1826年4月4日,英俄双方签订《圣彼得堡议定书》,其核心内容是:英国将出面调解俄土纠纷,如果遭到拒绝,则英俄将联合出面调解土耳其与希腊的纠纷,且英俄双方都不谋求对土耳其的任何特殊利益;如果调解成功,则希腊将成为土耳其的纳贡附属国。"同年秋天,希腊人要求法国也参与进来。在乔治·坎宁的主张之

---

① 洪邮生:《东方问题和坎宁的"外交革命"》,《南京大学学报(哲学社会科学版)》1994年第2期,第100页。
② 洪邮生:《东方问题和坎宁的"外交革命"》,第104页。

下(他在不久之后就去世了),英、法、俄三国于1827年7月在伦敦签署协议,让法国也加入了英俄两国的协议。"①也就是说,英法俄三国将共同调解土耳其与希腊的纠纷,是为《伦敦协议》。

然而,坎宁失算了,他面临的对手已经不是亚历山大一世,而是好战的尼古拉一世。1825年12月1日,沙皇亚历山大一世在亚速海滨的疗养地突然驾崩。半个月后,尼古拉一世(Николай Ⅰ Павлович)在镇压十二月党人起义的枪炮声中继位。深受起义军刺激的尼古拉一世甫一登极,就颁布敕令,通过秘密警察强化沙皇统治。"尼古拉一世在位时期,将军在大臣中占55.5%,在国务会议中占比49%,在省长中占比51.7%。可以说,他将俄国变成了一座军营,并借助庞大的武装力量镇压任何反对的声音。"②

1826年10月,在俄国咄咄逼人的气势面前,土耳其苏丹选择了妥协,双方签订《阿克曼协定》(*Convention of Ackerman*)。条约首先确认了1812年《布加勒斯特条约》的条款,即承认俄国占领比萨拉比亚;其次规定俄国具有对塞尔维亚、摩尔达维亚和瓦拉几亚等公国的实际保护权;再次同意俄国具有黑海海峡的通行权。在这个条件下,坎宁非但不帮助土耳其抵制俄国,反而主导签订英法俄《伦敦协议》。在马哈茂德二世看来,英国的行为不啻出卖了土耳其。他也许认为,正是由于英国人的默许,俄国才能够得寸进尺,既霸占了巴尔干半岛东北部的大片领土,又想要霸占希腊。

根据《伦敦协议》,英法俄三国将出动联合舰队进入地中海,确保土希双方停火。不幸的是,所谓调解却因一次擦枪走火而演变

---

① 〔英〕帕特里克·贝尔福:《奥斯曼帝国六百年:土耳其帝国的兴衰》,第542页。
② 赵恺:《罗曼诺夫王朝衰亡史》(修订版),长春:吉林文史出版社,2018年,第49页。

为一场战争。英法俄联合舰队于 1827 年 10 月 8 日在纳瓦里诺海战(Battle of Navarino)中几乎全歼了易卜拉欣的埃及舰队。愤怒的土耳其苏丹马哈茂德二世不仅因此拒绝了《伦敦协议》,更撕毁了之前的俄土《阿克曼协定》。这正中俄国人下怀,"在面对'莫斯科人古老的死敌'时,好战的尼古拉一世沙皇根本不考虑和解,一心寻求武装对抗。到 1827 年的冬天,尼古拉一世沙皇将在来年春天入侵奥斯曼帝国的计划已经路人皆知。于是,苏丹抢先对俄罗斯宣战"①。第八次俄土战争爆发。

二、"波斯问题"的深化

1826 年 6 月,《圣彼得堡议定书》签订之后才两个月,土耳其问题刚刚有点眉目,波斯这边就宣布对俄国进行"圣战",是为第二次俄伊战争。大体情况如下。

俄伊双方在 1813 年签订的《古利斯坦条约》只规定了签约前俄国占领的土地均归俄国所有。"这一条文在边界附近的许多游牧部族的放牧草场的归属问题上并没有做出明确的规定。有些地方王公亦出自一己之利而煽起伊朗与俄国之间的矛盾纠纷。"②争议边界主要出现在亚美尼亚首府埃里温东侧的塞凡湖(Sevana Lich)地区和阿塞拜疆的塔利什(Talish)地区。当地的王公贵族指责俄国人违背条约,侵犯当地,要求波斯沙哈法塔赫-阿里·沙宣布与俄国重新开战。问题是,波斯军队总司令、沙哈的长子阿拔

---

① 〔英〕帕特里克·贝尔福:《奥斯曼帝国六百年:土耳其帝国的兴衰》,第 544 页。
② 〔伊朗〕阿宝斯·艾克巴尔·奥希梯扬尼:《伊朗通史》下册,第 854 页。

斯·米尔扎对这一行动并不积极。毕竟,当初《古利斯坦条约》规定,俄国承诺将正式承认阿拔斯·米尔扎在伊朗的摄政地位,"并答应要扶助他登上统治王位"。①

"同样,俄国人亦由于亚历山大一世的去世并鉴于伊朗人群情鼎沸的情绪,想尽量避免给伊朗人重新开战提供任何借口。他们为显示诚意专门遣使德黑兰解决双方分歧。"②然而,阿拔斯·米尔扎和俄国使节都没能平息伊朗狂热分子的情绪。1826年6月,第二次俄伊战争爆发。起初,波斯军队来势汹汹,一举收复了大部分失地。

此时,新沙皇尼古拉一世正在举行加冕典礼。"在加冕期间,他得知波斯沙阿(按,Shah,即沙哈)的王储阿巴(拔)斯·米尔扎入侵了高加索。'我刚刚加冕,'尼古拉一世惊呼道,'波斯人就占领了我的一些省份。'"③随着俄军增援部队的到达,形势急转直下。次年10月,俄军占领埃里温,又通过阿塞拜疆,攻取了波斯东阿塞拜疆省首府大不里士(Tabriz)等地区。这迫使波斯卡扎尔王朝不得不求和。1828年2月10日,两国签订《土库曼恰伊条约》(Treaty of Turkmenchay),至此,波斯几乎丢掉了亚美尼亚和阿塞拜疆的所有领土。

除了割让领土,波斯还给予俄国片面最惠国待遇,对俄国商品只征收5%的关税,并赋予在其境内的俄国商人购置房屋、商店和

---

① 〔伊朗〕阿宝斯·艾克巴尔·奥希梯扬尼:《伊朗通史》下册,第847页。
② 〔伊朗〕阿宝斯·艾克巴尔·奥希梯扬尼:《伊朗通史》下册,第855页。
③ 〔英〕西蒙·塞巴格·蒙蒂菲奥里:《罗曼诺夫皇朝:1613—1918》下册,陆大鹏译,北京:社会科学文献出版社,2018年,第517页。

其他地产的权利。当代伊朗学者奥希梯扬尼在评价《土库曼恰伊条约》时,特别强调"领事裁判权"是近代波斯沦为大国附庸的开始。他说道:"此条约是伊朗历史上在近代革命和民族运动发生之前与外国所签的诸条约中最重大的条约。因为该条约除了有伊朗与周围毗邻大国所签条约中通常所有的有关外交和经济的条款之外,还开创了一个先例。该条约中有一部分对伊朗与其他外国签约会起影响,那就是该条约规定了俄国在伊朗拥有领事裁判权。此后,伊朗被迫渐渐亦给其他国家赋予领事裁判权。这项权利其实是外国代理人在伊朗推行该国外交势力的一个工具。"①

霍普柯克则指出,波斯人之所以敢跟俄国开战,是依仗自己有与英国的盟约,然而英国人通过玩弄文字游戏,就像第一次俄伊战争那样,再次逃避了对波斯的条约义务。如他所说:

> 期待英国盟友的帮助落空后,波斯人别无选择,只能再次乞和。所幸当时俄国人正和土耳其人打得不可开交,否则后来于1828年在图尔克曼恰伊(按,即土库曼恰伊)签署的投降协议就会对波斯残酷得多。就这样,沙皇尼古拉把富饶的埃里温和纳希切万地区(按,Nakhchivan,今天阿塞拜疆的纳希切万自治共和国)永久纳入了他的帝国版图;而波斯人则在大国政治方面学到了惨痛的教训,这里面当然包括英国人的狡诈。②

---

① 〔伊朗〕阿宝斯·艾克巴尔·奥希梯扬尼:《伊朗通史》下册,第862页。
② 〔英〕彼得·霍普柯克:《大博弈:英俄帝国中亚争霸战》,第134页。

也就是说,英国人第三次出卖了波斯。可见所谓"契约精神""条约义务"云云不过只是骗人的口号而已,当初鼓吹它们的西方殖民者们从没有把它当回事,我们今天却信以为真。

英国人也为自己的背信弃义、两面三刀付出了代价。霍普柯克接着说道:

> 至此,一直以来英国对波斯所起的主导影响力消失殆尽,被俄国取而代之。波斯人发现,他们已经成为这个北方邻邦的被保护国,俄国有权在波斯境内任何地方建立领事馆,俄国商人还享有各种特权。①

确实,不是别人,而是英国人自己把波斯拱手让给了俄国。后面我们会看到,这个状况直接决定了英国长期以来的中亚政策,也决定了反对派对于该中亚政策的猛烈批评。

三、第八次俄土战争

1827年12月,土耳其宣布对俄国进行"圣战",第八次俄土战争爆发。按照常理推论,俄国人几乎同时和波斯、土耳其这两个伊斯兰教国家开战,应该陷入两线作战的不利境地才对。但事实上,俄国人在毫无外部压力的情况下先解决了波斯问题,之后就反手一击,打退了土耳其的进攻。

---

① 〔英〕彼得·霍普柯克:《大博弈:英俄帝国中亚争霸战》,第134—135页。

1828年2月,俄国跟波斯签订了《土库曼恰伊条约》。4月26日,刚刚平息外高加索战事的俄国人,立即对土耳其宣战。俄军一度打得十分艰苦,亦如俄伊战争开局时波斯一度收复大量失地。倘若土伊双方相互配合,俄军很难支持。然而这两个国家,一个信奉逊尼派,另一个信奉什叶派,它们之间的矛盾恐怕还要大过各自对俄国的矛盾。例如俄伊战争爆发之前,波斯首先与土耳其打过一仗。因此土伊双方宁可相信远在天边的英国人,也不愿跟同属伊斯兰教的邻国相互配合。

1829年7月,俄军主力强行军九天,"穿过深深的峡谷,翻越了令人望而却步的巴尔干山口。……就这样,俄军穿过了这一迄今为止几乎不可逾越的天险,在布尔加斯(Burgas)为黑海中的俄罗斯舰队打通了补给线"。战局于是急转直下,"现在,俄军已经出现在阿德里安堡——奥斯曼帝国在欧洲的首府——前的平原上。敌人居然突破了以前从未被突破过的山岭,突然出现在自己的面前,这让阿德里安堡的守军大为震惊。他们未发一枪即告投降"。① 阿德里安堡(Adrianople)的陷落让伊斯坦布尔完全暴露在俄军的枪口下,土耳其人惊慌失措,闻风丧胆,混乱不堪。当年9月,土军被迫妥协,双方签订了《阿德里安堡和约》(The Adrianople Treaty)。

这次土耳其的运气比波斯要好得多。侥幸取胜的俄国人开出了相对温和的条款,放弃了本次战争中夺取的大部分领土。对此,俄国外交大臣内塞尔罗德(Karl Robert Nesselrod,又译为"涅谢尔罗迭")曾解释道:

---

① 〔英〕帕特里克·贝尔福:《奥斯曼帝国六百年:土耳其帝国的兴衰》,第545页。

第一章 东方问题与中亚问题的起源(1798—1829)

想要把土耳其人从欧洲赶出去,想要在圣索菲亚重建对真正上帝的崇拜,这确实非常美妙,而且,如果这些想法真能实现,我们将名垂青史。然而俄国能得到什么?光荣,毫无疑问,但与此同时,俄国将失去通过一系列幸运的战争才获得的对邻国的全部现实优势;会不可避免地在欧洲列强认为恰当的时刻与它们产生争端;并且也可能最终会造成一场全面战争。

因此,内塞尔罗德很明确地把这场战争称为"有限战争"(limited war)。他补充道:

它不是一种夸张的慷慨,阻碍我们得到好处。我们要坚信,这些所谓"好处"很快会被证明弊大于利。①

内塞尔罗德说得没错,这种温和的"有限战争"虽然不足以在君士坦丁堡重建东罗马帝国的荣光,却丝毫没有使俄国真正少拿好处。如贝尔福所论:

不过,俄国还是会保留摩尔达维亚的一部分和多瑙河在苏利纳(Sulina)的河口,以便有效控制多瑙河。由于拆除了沿岸的一些要塞,多瑙河从此以后再也无法充当奥斯曼帝国的

---

① John Daly:*Russian Seapower and "the Eastern Question",1827–1841*,London:Macmillan Academic and Professional Ltd,1991,pp.32–33.

第一道防线了。尽管摩尔达维亚和瓦拉几亚在名义上归还给了苏丹,但它们获得了自治权,实际上相当于取得了独立。它们有权自主募集军队,拥立终身制的大公,土耳其人从此以后无权插手它们的事务。大部分穆斯林居民也离开了这两个国家。除此之外,条约还确认了塞尔维亚实质上的独立,只有贝尔格莱德和奥尔绍瓦这两处要地还留在土耳其人手中。①

更为重要的是,俄国人的高姿态既避免了英法列强对"东方问题"的干涉,更避免了土耳其人完全滑向英国人一边。仅仅过了四年,1833年7月,俄国人的高姿态差点就让他们得到了梦寐以求的黑海海峡航行权。

综上所述,希腊的独立和塞尔维亚、摩尔达维亚、瓦拉几亚等地区的自治,对于巴尔干半岛的基督教徒而言是一种巨大的鼓舞。从此以后,巴尔干的民族独立运动与欧洲大陆的群众运动更加紧密地联系在了一起,它们既渐渐侵蚀了奥斯曼帝国,也不断冲击着维也纳体系的"正统主义"原则。

面对风起云涌的巴尔干民族独立运动,俄国和奥地利出现了两种截然不同的态度。一方面,俄国出于宗教感情和地缘政治利益,乐于看到巴尔干地区民族意识的觉醒;另一方面,奥地利担忧巴尔干民族独立运动引发连锁反应,危及它对本国境内少数民族的统治。双方的冲突时显时隐,直到第一次世界大战时才完全爆发出来。正如西方学者所说:

---

① 〔英〕帕特里克·贝尔福:《奥斯曼帝国六百年:土耳其帝国的兴衰》,第546—547页。

两个相互纠缠的重要因素决定了巴尔干的历史进程。一方面,巴尔干半岛被带入了欧洲政治领域,成为以奥匈帝国为代表的日耳曼和以俄罗斯为代表的斯拉夫之间长期冲突的焦点。另一方面,受压迫的基督教民众唤醒了自觉的民族意识,开始了一场史诗般的政治独立斗争,即使是大战也不能终止它。①

可以说,1820年代的希腊独立运动和第八次俄土战争是后来19世纪"东方问题"的起源与缩影,并深刻影响了"中亚问题"。

四、英俄中亚"大博弈"的起源

许多学者把英俄中亚对抗的源头溯及1807年7月的《提尔西特和约》。例如霍普柯克特别提及,据说英国收买了一位对沙皇不满的俄国贵族,他认真偷听了拿破仑和亚历山大一世密谋时的每一句话。霍普柯克接着说道:

无论这一说法是否属实,反正伦敦方面很快就得知,法俄两国皇帝已摒弃前嫌,正在商议联手瓜分世界:法国占据西方,俄罗斯占据东方,包括印度。但当亚历山大对东西方交汇点的君士坦丁堡提出领土要求时,拿破仑断然拒绝:"绝对不

---

① Noel Buxton and C. Leonard Leese: *Balkan Problems and European Peace*, New York: Charles Scribner's Sons, 1919, p. 17.

行！那样你就会成为世界的统治者。"此后不久伦敦就收到情报，正如亚历山大的父亲当年曾向拿破仑提议进攻印度一样，现在是拿破仑向他的俄国同盟者提出一个类似的，但更为完善的计划。第一步是占领君士坦丁堡，并由两国瓜分，然后横穿土耳其和波斯，最后合力进攻印度。①

这是英国人第一次恐慌俄国会进攻印度，但这种恐慌随着几年以后拿破仑进攻俄国而烟消云散了。因此，如果说《提尔西特和约》是英俄中亚对抗的源头，那么对抗真正发生还要等到第二次俄伊战争和第八次俄土战争结束以后。

俄国对于中亚的渗透，最初是以私下的方式进行的。例如它通过对土耳其和波斯的战争，"解放"了大部分亚美尼亚地区。亚美尼亚人一方面信奉基督教，另一方面又了解中亚伊斯兰文化，这使得他们成了俄国在中亚扩张的天然盟友。"俄国人很清楚，巴扎（bazaar，波斯语：集市）作为一种对东方施加影响的手段极具价值。他们直接在阿斯卡巴德（Asterabad）修建了自己的要塞，在那里搭起一个巴扎，并鼓励来自巴库（Baku，阿塞拜疆首都）和梯弗里斯（Tiflis，格鲁吉亚首都第比利斯的旧名）的亚美尼亚人在其中开设商铺。"②一边是军事要塞，另一边是巴扎商铺，"北极熊"渐渐把军事和商业这两只爪子，伸往印度方向。这些亚美尼亚人后来就对俄国征服土库曼斯坦起到重大的作用。

---

① 〔英〕彼得·霍普柯克：《大博弈：英俄帝国中亚争霸战》，第57页。
② Charles Marvin：*The Russians at the Gates of Herat*，New York：Charles Scribner's Sons，1885，p.17.

这些小动作当然没能瞒过狡猾的英国人。1828 年俄军战胜波斯以后,乔治·德莱西·埃文斯(George de Lacy Evans)上校随即出版了一本题为《论俄国之计划》(On the Designs of Russia)的著作。该书断言,"圣彼得堡正计划在不久的将来进攻印度以及英国的其他殖民地"。次年秋,在俄国又战胜土耳其后,埃文斯紧接着又出版了一本书《论入侵英属印度之可行性》(On the Practicability of an Invasion of British India)。"他相信,圣彼得堡方面的首要目标与其说是征服和占领印度,倒不如说是动摇英国在当地统治的根基。"重要的是,"埃文斯这本书存在不少缺陷(这些缺陷在当时还不那么明显),但它还是对伦敦和加尔各答的政策制定者们产生了深远的影响,成为整整一代大博弈参与者的圣经,直到后来这本书的瑕疵才开始显现"。①

埃文斯的拥趸中有一个人至关重要,他是威灵顿政府的内阁成员,时任印度管理委员会主席的埃伦伯勒勋爵(the Lord Ellenborough)。他对俄国在波斯不断扩大的影响力甚为担忧,提议政府警告对方,"如果再进一步入侵波斯的话,英国会将其视为敌对行动"。② 尽管这一提议遭到了内阁的否决,但埃伦伯勒并没有灰心。他发现从俄军可能出发的地点到印度之间的地图很不准确,遂着手通过各个渠道收集这片广大区域的军事、政治和商业情报。霍普柯克总结道:

> 现今在埃伦伯勒执政下,这一切都将改变。一批批年轻

---

① 〔英〕彼得·霍普柯克:《大博弈:英俄帝国中亚争霸战》,第 139—140 页。
② 〔英〕彼得·霍普柯克:《大博弈:英俄帝国中亚争霸战》,第 141 页。

的印度军军官、政治专员、探险家和勘探员将前赴后继,行走于中亚的广袤大地,绘制通道和沙漠地图,追溯河流源头,记录具有战略意义的地貌特征,学习当地部落的语言习俗,并且寻求部落首领的信任和友谊。他们随时保持警觉,聆听各种政治情报和部落间的流言:哪个首领又计划开战了,谁又要图谋推翻谁了等等。但他们首要关注的是俄国人在两大帝国之间这片辽阔的无人区内的一举一动,哪怕是最轻微的迹象。他们获取的情报最终通过各种渠道汇总给上级,然后继续向上传递。

大博弈就此正式开始上演。①

---

① 〔英〕彼得·霍普柯克:《大博弈:英俄帝国中亚争霸战》,第142—143页。

第二章　英俄冷战的正式展开（1829—1842）

　　历史和当前的事实都指明,必须在欧洲穆斯林帝国的废墟上建立一个自由的、独立的基督教国家。下一步的革命一定会使这样的事成为不可避免,因为它一定会引发俄国专制和欧洲民主之间久已成熟的冲突。英国势必卷入这个冲突,不管那时碰上什么人执政。它永远不会容许俄国占有君士坦丁堡。它势必会站在沙皇的敌人一方,竭力在虚弱衰败的、被推翻的土耳其政府的遗址上促使建立一个独立的斯拉夫人的政府。

　　——〔德〕恩格斯:《欧洲土耳其前途如何》。《马克思恩格斯全集》(第二版)第12卷,中共中央编译局编译,北京:人民出版社,1998年,第42—43页

　　全民参加的或是大多数国民参加的为了捍卫自己独立的战争,才能称为人民战争。在人民战争中,每占领一寸土地,都要付出巨大的代价。侵入这个国家的军队,只能控制所驻据点,只能用武力获得补给,其交通线往往被威胁着。

全民自发参战的战争较为少见,如果真的出现了这样的战争,那么将面对十分可怕的结果,为了全体人类利益,最好还是不要出现的好。

——〔法〕若米尼:《战争艺术概论》,唐恭权译,武汉:华中科技大学出版社,2016年,第16—17页

第一节　英国中亚政策的出台(1829—1842)

"大博弈"的提出者亚瑟·康诺利中尉在1829年到访了俄罗斯。当年秋天,亦即第八次俄土战争结束的时候,他离开莫斯科,前往高加索地区考察,接着从高加索经陆路返回印度。当时的英俄两国仍然保持了拿破仑战争时期延续下来的盟友关系,因此康诺利在格鲁吉亚首府第比利斯受到了俄国人的热情款待。这让他可以从容地"沿途以专业眼光评估俄军的一切,包括军官士兵、武器装备、训练方法及部队士气。毕竟,如果俄国真对印度抱有企图,这些人就将构成入侵部队的中坚力量"。① 次年底,康诺利历尽艰辛,终于回到了印度。

有一件事俄国的基层军官或是不知道,或是知道了也无所谓,即康诺利的真实身份不仅是一名间谍,还是一名反俄派。通过这次考察,一个地方映入了他的眼帘。此地将成为英国人眼中绝不可以放弃的地方,直到他们1947年撤离印度。

---

① 〔英〕彼得·霍普柯克:《大博弈:英俄帝国中亚争霸战》,张望、岸青译,北京:中国青年出版社,2015年,第151页。

一、康诺利和伯恩斯的方案

回到印度后,康诺利把这次经历写成了一本书,题为《从英国陆路出发前往印度以北地区,途经俄国、波斯及阿富汗》(*Journey to the North of India, Overland from England, through Russia, Persia and Affghaunistuan*),并在三年以后,即1834年正式出版。"此书包括长篇幅的附录,详细分析了可供俄国将军选择的入侵印度的路线,以及各种入侵计划成功的可能性。"其中,他特别提到了号称"中亚谷仓"的赫拉特(Herat)。康诺利特别强调:"赫拉特既不能落入长期觊觎其主权的波斯人手里,也不能被俄国人攫取。"[1]

赫拉特,位于今天阿富汗的西北角,地处阿富汗、伊朗和土库曼斯坦三国的交汇处,为阿富汗的西北门户。对于其地理位置,恩格斯曾有专门的描述:

> 赫拉特是喀布尔到德黑兰以及设拉子到巴尔赫的中途客栈。经亚兹德和库希斯坦穿过波斯沙漠的那条沿途有绿洲的大驿站,直通向赫拉特;另一方面,从西亚通往东亚和中亚的唯一的一条绕过沙漠的道路,必须经过呼罗珊山脉和赫拉特。[2]

---

[1] 〔英〕彼得·霍普柯克:《大博弈:英俄帝国中亚争霸战》,第155、157页。
[2] 〔德〕恩格斯:《英国波斯战争的前景》,《马克思恩格斯全集》(第二版)第16卷,中共中央编译局编译,北京:人民出版社,2007年,第46页。

确切地说,赫拉特是一个十字路口,它西连波斯,东接阿富汗,南抵印度河,北达希瓦汗国(Khiva)。俄军倘若占领了赫拉特,就占据了从阿富汗西北方向进入印度的通道。俄国人通过第二次俄伊战争逐渐控制了波斯的内政外交,保不齐他们会通过波斯就近夺取赫拉特。正如《沙皇俄国侵略扩张史》所概括的那样:

> 赫拉特位于今阿富汗西部,周围是相当辽阔而且特别肥沃的谷地,它是波斯、阿富汗、印度和中亚西亚几个地区相互联结的中心,所有从里海到印度河以及从波斯湾到阿姆河的道路,都在这个城市会合。以赫拉特为共同中心,其周围是几类不同的国家:西边的波斯因强加于它的《土库曼彻条约》(按,即《土库曼恰伊条约》)被迫受制于俄国;东面的阿富汗处在英国势力影响之下;南面是英属印度;北面是中亚西亚的希瓦、布哈拉和浩罕三个汗国,因有克孜尔沙漠作为保护性的自然屏障,十九世纪三十年代以前,还没有落入俄国的魔掌。[①]

自此以后,赫拉特就成了英国的禁脔。半个世纪以后,英国险些为了赫拉特的安全与俄国爆发全面战争。

1834年春,正当康诺利奋笔疾书时,另一名驻印军官亚历山大·伯恩斯(Alexander Burnes)来到了阿富汗首都喀布尔。他此行的目的是"侦察那些迄今尚未被了解的通向印度的通途,位置在亚

[①] 北京大学历史系《沙皇俄国侵略扩张史》编写组:《沙皇俄国侵略扩张史》上册,北京:人民出版社,1979年,第310页。

第二章　英俄冷战的正式展开(1829—1842)

瑟·康诺利去年勘察过的地区以北"①。伯恩斯在喀布尔受到了阿富汗埃米尔(Emir,又译"异密",源于阿拉伯语,意为"统率他人的人")多斯特·穆罕默德(Dost Mohammed)的热情款待。

多斯特·穆罕默德是一位开国君主,颇具雄才大略,他从1818年就开始掌握大权,并于1826年继承萨多查依王朝(Sadozais,亦称杜兰尼王朝),创立了巴拉克宰王朝(Barakzais)。早年的奋斗经历使这位埃米尔了解民间疾苦,深得阿富汗民众的认可。更难能可贵的是,他对欧洲人的来访比较包容,这不同于其他大多数中亚统治者。所有这些都给伯恩斯留下了深刻的印象。

有中亚裔的美国籍学者指出,"在19世纪30年代初期,英国就担心一个软弱、分裂的阿富汗会成为俄国干预的借口"②。问题只在于,谁才是领导统一阿富汗的最佳人选?伯恩斯在两年半以前见过萨多查依王朝的末代统治者苏贾·沙哈·杜兰尼(Shuja Shah Durrani),此人最大的抱负就是推翻多斯特·穆罕默德,夺回本属于自己的王位。经过比较,伯恩斯认定,从各方面看,苏贾都远逊于多斯特·穆罕默德,只有后者才能把松散的阿富汗凝聚起来。

因此,伯恩斯心里有了答案。他不仅仅在阿富汗选择了现任埃米尔,更在波斯和阿富汗之间选择了阿富汗。用他本人的话说:"如果形势使我们同喀布尔结了盟,而不是同波斯结盟,那么,我们现在可能在更接近自己的地区有更为可靠的和更有用的盟国,而不是像我们所吹嘘的波斯那种盟友。而且我们不必要花费我们在

---

① 〔英〕彼得·霍普柯克:《大博弈:英俄帝国中亚争霸战》,第166页。
② 〔美〕沙伊斯塔·瓦哈卜、〔美〕巴里·扬格曼:《阿富汗史》,杨军、马旭俊译,北京:中国大百科全书出版社,2010年,第89页。

波斯浪费的金钱的十分之一。"①

现在的问题是,战略要地赫拉特不在多斯特·穆罕默德手里,它仍属于萨多查依王朝的后人卡姆兰沙哈(Shah Kamran)。"作为萨多查依家族的后人,其家族势力在阿富汗早已无从立足。坎大哈和喀布尔都掌握在巴拉克宰家族手中,而卡姆兰则与巴拉克宰家族的王公和喀布尔的埃米尔多斯特·穆罕默德有杀兄之仇。长期以来,赫拉特承认波斯对其象征性的宗主权,并含混地对待波斯使者,勉强维持着自己的独立。"②

虽然赫拉特名义上属于阿富汗,但它的统治者和阿富汗的统治者有血海深仇。英国人应该选择北方的邻国阿富汗呢,还是阿富汗西北角的战略要地赫拉特？康诺利和伯恩斯的意见出现了分歧。霍普柯克说道：

> 届时还要回答一个至关重要的问题:英国到底应该支持谁来领导一个统一的阿富汗？康诺利推举卡姆兰沙哈,这样至少赫拉特不会被置于波斯人(最终也就意味着俄国人)的掌控之中。伯恩斯对自己推举的候选人也充满信心,他坚信英国应该帮助多斯特·穆罕默德巩固王位,这是唯一有能力把这个好战的国家团结在一起的人。③

---

① 转引自王治来:《中亚通史·近代卷》,乌鲁木齐:新疆人民出版社,2004年,第211页。
② 张庶:《英俄大博弈中的赫拉特问题》,西安:西北大学硕士学位论文,2016年6月,第22页。引文中的"巴拉克宰家族"原文为"巴拉克查伊家族",为了译名统一,引用时改之。
③〔英〕彼得·霍普柯克:《大博弈:英俄帝国中亚争霸战》,第171—172页。

其实话也可以这样问:英国人应该谋求赫拉特和坎大哈的独立,还是将其置于多斯特·穆罕默德的统一领导之下?哪种方式更有利于在印度和俄国之间建立缓冲带?英国人后来在这个问题上反复无常,并不止一次犯错。

伯恩斯这次访问完阿富汗和布哈拉汗国之后,撰写了一本题为《布哈拉游记》(Travels into Bokhara)的畅销书,书中毫不掩饰地表达了他对多斯特·穆罕默德的支持。这本书不仅很快获得了刚成立不久的皇家地理学会(Royal Geographical Society)颁发的金奖,还受到了俄国人的重视。俄国人在该书的法文版中注意到了伯恩斯的意图,他们对于伯恩斯访问阿富汗和布哈拉十分敏感。万伯里(Arminius Vambery)甚至认定,英俄中亚竞争始于伯恩斯的访问。①

二、第一次赫拉特危机

1832年,也就是康诺利出版著作的前两年,俄国驻德黑兰大使伊万·西蒙尼奇伯爵(Count Ivan Simonitch)就建议波斯军队的实际掌控者阿拔斯·米尔扎攻取赫拉特。一贯亲俄的阿拔斯·米尔扎果然听信其言,并把这个任务交给了儿子马哈茂德·沙·卡扎尔(Mohammad Shah Qajar)。英国驻德黑兰一等秘书约翰·麦克尼尔(John McNeill)听闻此事后,立即出面与阿拔斯交涉,劝说他放弃

---

① 〔匈牙利〕万伯里:《布哈拉史》,英文版,第380页,转引自王治来:《中亚通史·近代卷》,第211页。

占领赫拉特的计划,然而麦克尼尔失败了。所幸阿拔斯在1833年突然去世,马哈茂德·卡扎尔回国争夺王位,才没有酿成赫拉特危机。不过,该来的总归会来,只是迟到几年而已。

关于阿拔斯·米尔扎,西方学界有较高的评价:"尽管他不会说任何欧洲语言,但他对欧洲人的友好程度远远超过其他王室成员。在1833年英年早逝之前,那些认为伊朗需要改革和大规模西化的欧洲人对他寄予厚望,认为他是唯一能够让民族复兴的人。"①他逝世后,其兄弟穆罕默德·阿里·米尔扎(Muhammad Ali Mirza)成为王位最有力的争夺者,并在1834年秋一度取得了成功。《剑桥伊朗史》(*The Cambridge History of Iran*)这样评价他:

> 相比之下,尽管穆罕默德·阿里·米尔扎被描述为"波斯所有王子中最能干、最好战的",但欧洲观察家视其为不可救药的反动派。……穆罕默德·阿里·米尔扎被誉为一名严厉的行政长官,一个创造了致力于为他本人服务的有效军事力量的人,以及一位好战部落的安抚者,这些声誉通过几次直接针对巴格达的维拉亚特(vilayat,州)的漂亮战役和一次对俄国控制领土的精彩突袭而大大加强。毫不奇怪,他成了一个严重的威胁,不只对阿拔斯·米尔扎的继承者,甚至对法塔赫-阿里·沙国王本人来说都是如此。②

---

① Peter Avery, Gavin Hambly, Charles Melville: *The Cambridge History of Iran*, Volume 7: *From Nadir Shah to the Islamic Republic*, London: Cambridge University Press, 1991, p.150.
② Peter Avery, Gavin Hambly, Charles Melville: *The Cambridge History of Iran*, Volume 7: *From Nadir Shah to the Islamic Republic*, pp.150-151.

这位"不可救药的反动派"只在位40天就遭到了废黜。法塔赫-阿里·沙的孙子、阿拔斯·米尔扎的儿子马哈茂德·沙·卡扎尔即位,正式成为波斯卡扎尔王朝第三位沙哈。

马哈茂德·沙·卡扎尔能最终胜出,很大程度上得益于俄国人的支持。讽刺的是,此时英国人似乎对波斯的事务并不上心,他们竟然默许和支持了俄国扶持代理人的计划。马克思后来这样评价道:

> 1834年挑选波斯沙赫(按,Shah,即沙哈)继承人的时候,英国人不由自主地与俄国合作,支持俄国推举的一位王子。次年,当这位王子为维护其继位的权利,同他的竞争者进行武装斗争时,又进而给以资助并派英国军官去积极援助。①

这只能说明当时英国人对于德黑兰的态度还十分混乱。混乱的代价是:马哈茂德·卡扎尔登上王位时得到了英国的支持,但他巩固王位之后,就挥军进攻英国人的禁脔赫拉特了。马克思接着指出:

> 被派往波斯的英国使节都受命警告波斯政府不要受人挑唆,不要发动对阿富汗人的战争,因为这种战争到头来只能是浪费资财;可是当这些使节坚决要求上级授权来阻止对阿富汗人一触即发的战争时,英国政府却提醒他们注意1814年的

---

① 〔德〕马克思:《对波斯的战争》,《马克思恩格斯全集》(第二版)第16卷,第25—26页。

> 旧条约的一项条款,根据这项条款的规定,波斯与阿富汗一旦发生战事,英国人除非得到进行调解的邀请,否则不得加以干预。英国使节和英印当局认为俄国在策划这场战争,因为这个大国想借波斯势力的向东扩张,为俄军迟早侵入印度开辟道路。但是这些理由对当时的外交大臣帕麦斯顿勋爵似乎没有或根本没有起任何作用,于是,1837年9月一支波斯军队侵入了阿富汗。①

本段引文开头所说的"被派往波斯的英国使节"正是麦克尼尔。俄国人怂恿波斯攻取赫拉特的事情给了麦克尼尔深刻的教训,他在1836年匿名出版了一本题为《俄国在东方之进展与现状》(*The Progress and Present Position of Russia in the East*)的著作。

"这本书是迄今为止关于大博弈题材论证最为周密详尽的一部著作。该书附带一张宽幅折叠地图,展现了俄国在过去一个半世纪以来令人瞠目的扩张行动。地图附表则详细列示了俄国通过这些扩张所增加的人口。自彼得继位以来,俄国的臣民数量增长了近四倍,从一千五百万人上升到五千八百万人。与此同时,俄国的边界向君士坦丁堡推进了五百英里(按,约805千米),向德黑兰推进了一千英里(按,约1609千米)。在欧洲,俄国从昔日伟大的瑞典帝国手中夺取的土地比现今瑞典的面积还要大,而从波兰获得的领土面积相当于整个奥地利帝国。"麦克尼尔写道,俄国人之所以能做到这些,是因为"对于与俄国保持良好关系的欧洲列强来

---

① 〔德〕马克思:《对波斯的战争》,《马克思恩格斯全集》(第二版)第16卷,第26页。

第二章 英俄冷战的正式展开(1829—1842)

说,每一次这样的入侵又不足以损害两国关系"。对于麦克尼尔的观点,霍普柯克评论道:"这种评述非常敏锐和准确,恰恰就是圣彼得堡未来在中亚屡试不爽的策略。"①

显然,英国就属于"每一次这样的入侵又不足以损害两国关系"的那种欧洲列强。一边是印度的官员和驻德黑兰的使节,他们对于俄国人的扩张忧心忡忡;另一边是位于伦敦的政府首脑和公众舆论,他们始终竭力维护同俄国的友好关系。两边的立场陷入了一种相互矛盾的状态,这种自相矛盾加速了第一次赫拉特危机的爆发。

麦克尼尔在出版专著以后不久,就被提拔为英国驻德黑兰公使。"麦克尼尔到任后,发现俄国人对波斯沙哈王庭的影响力远比他离开德黑兰返回伦敦时要强大得多。"②俄国大使成了麦克尼尔在波斯工作的最大障碍。正如威廉·达尔林普尔(William Dalrymple)所论:

> 1833年3月,温和练达的伊万·西蒙尼奇伯爵(Count Ivan Simonitch)抵达德黑兰。随着西蒙尼奇的到来,19世纪30年代俄罗斯与不列颠在波斯的冷战变得格外寒意瑟瑟。……以大使身份被调驻德黑兰后,西蒙尼奇很快就把智胜英国大使约翰·麦克尼尔爵士(Sir John MacNeill)视为己任。正如麦

---

① [英]彼得·霍普柯克:《大博弈:英俄帝国中亚争霸战》,张望、岸青译,第191页。
② [英]彼得·霍普柯克:《大博弈:英俄帝国中亚争霸战》,张望、岸青译,第192页。

克尼尔是坚定的恐俄派,西蒙尼奇则是顽固的反英派。①

1836年,赫拉特的统治者卡姆兰王子在英属印度的支持下宣布废除波斯的宗主权。次年,俄国人就采取了行动。一方面,他们派遣维特克维奇(Ivan Vitkevich)秘密出使喀布尔②,负责拉拢阿富汗埃米尔多斯特·穆罕默德;另一方面,俄国驻波斯大使西蒙尼奇则亲自为马哈茂德·卡扎尔策划了攻占赫拉特的计划,以实现这位沙哈当年未竟的抱负。③ 伦敦和加尔各答相互矛盾的立场,差点就让俄国人的计划取得了成功。

1837年7月,波斯卡扎尔王朝发动了对赫拉特的战争,两个月后,波斯军队就包围了赫拉特城。西蒙尼奇曾向波斯沙哈打包票,指出受到欧洲近代军事指导的波斯军队,消灭赫拉特城里的中世纪武装应该不费吹灰之力。但真实情况是,尽管麦克尼尔受制于英国自相矛盾的态度,而迟迟不能发挥作用,赫拉特守军还是受到了英国指挥官的训导。

当年8月18日,东印度公司政治部的埃尔德雷德·波廷杰(Eldred Pottinger,即埃尔德雷德·璞鼎查)中尉受命前往赫拉特收

---

① 〔英〕威廉·达尔林普尔:《王的归程:阿富汗战记(1839—1842)》,何畅炜、李飚译,北京:社会科学文献出版社,2019年,第83—84页。
② 伊万·维特克维奇出生于维尔纽斯(Vilnius),为立陶宛旧贵族,本名扬·普洛斯珀·维特基耶维茨(Jan Prosper Witkiewicz),早年曾因组织参与立陶宛—波兰独立运动而身陷囹圄,并被剥夺贵族头衔,后来投靠沙俄政府,成为俄国"大博弈"的先驱人物。参见〔英〕威廉·达尔林普尔:《王的归程:阿富汗战记(1839—1842)》,第21页。
③ 北京大学历史系《沙皇俄国侵略扩张史》编写组:《沙皇俄国侵略扩张史》上册,第311页。

集情报。这位波廷杰中尉的叔叔就是英俄"大博弈"的先驱,亦即后来的第一任香港总督亨利·璞鼎查。波廷杰的到来,恰巧给了赫拉特一根救命稻草。

战局僵持到1838年的6月26日,此时的西蒙尼奇大使已经索性卸掉了外交观察员的伪装,亲自指挥了对赫拉特的总攻。而波廷杰也登上了赫拉特城头亲自负责防卫,紧要关头,他甚至一把抓住了准备逃跑的大维齐尔(Grand Vizier,源自奥斯曼帝国,指最高级别的大臣,职务相当于宰相)叶·穆罕默德,一路把他拽到城墙缺口处督阵防御。在波廷杰的干预下,赫拉特军队守住了城池,此举让他荣获英国舆论界"赫拉特英雄"的美誉。①

在西蒙尼奇指挥波斯军队总攻赫拉特时,英国政府终于下定决心表示"抗议"了。它派遣舰队驶入波斯湾,并占领哈尔克岛(Kharg Island),直插波斯后方。8月间,奉英国驻波斯公使麦克尼尔之命前往布哈拉的斯托达特(Charles Stoddart)上校,在途经赫拉特城外时,对波斯沙哈马哈茂德·沙·卡扎尔发出了最后通牒:"英国政府认为,陛下对赫拉特是针对英属印度的。"同时提请沙哈注意,英军下一步的行动将取决于波斯在赫拉特问题上的态度。这迫使波斯于当月28日解除了对赫拉特的包围。② 第一次赫拉特危机宣告结束。

"在英方记事中,埃尔德雷德是'赫拉特的英雄',赫拉特人之所以能以钢铁般的意志坚守城邑,通常都被归功于他,他的功劳还在于单枪匹马地多多少少地牵制住了波斯人。"然而波斯和阿富汗

---

① 〔英〕彼得·霍普柯克:《大博弈:英俄帝国中亚争霸战》,第209—210页。
② 王治来:《中亚通史·近代卷》,第213页。

的诸多编年史,却几乎没有提及波廷杰的功绩。"在这些编年史中,围城行动被视为逊尼派信众与什叶派信众之间的一场大搏斗,赫拉特守卫者蒙受最可怖的物资匮乏,其坚韧刚毅的壮举被描述成一部阿富汗人英勇抗敌的史诗。岂止如此,当时在世的两位最具权威的阿富汗历史学家几乎用同样多的篇幅记述了赫拉特围城战和随后发生的英国武装入侵行动。"①

不论波廷杰到底是不是像英国人描绘的那样英勇,都可以肯定,这场较量,英国人赢得实属侥幸。不过不要忘了,英俄还同时进行着另一场较量,就是前述俄国使节维特克维奇对喀布尔的出访。在那里,英国人就没有这么幸运了。

三、第一次阿富汗战争

事实上,维特克维奇前往喀布尔的秘密之旅起初并不走运。他在行进途中意外遇见了一名叫亨利·罗灵逊(Henry Rawlinson,又译为"罗林森""罗林逊")的英国中尉。这位罗灵逊后来因为破解贝希斯敦山(Behistan)铭文而声名大噪,成为现代巴比伦学和亚述学的奠基人。更重要的是,他不仅是近代西方首屈一指的古典学家,后来两度出任皇家地理学会主席,更是往后英国前进政策派的领军人物,关于他的事迹,后文仍将提及。

1837年10月中旬,罗灵逊因紧急任务前往波斯东北部,途中人困马乏之际,正好碰见了维特克维奇的队伍。据罗灵逊后来回

---

① 〔英〕威廉·达尔林普尔:《王的归程:阿富汗战记(1839—1842)》,第132页。

忆,这位年轻的俄国军官"体态轻盈、皮肤格外白皙、明眸灵动、表情异常活跃",并且非常谨慎机智。他说道:

> 这位俄国人在我骑马上前时,站起身向我躬身行礼,但一言不发。我用法语与他攀谈(法语是身处东方的欧洲人相互交流的通用语言),他却摇摇头。于是我用英语发话,他则以俄语作答。我试着说波斯语,但他似乎只字未明。最后,他用土库曼语抑或乌兹别克突厥语(Usbeg Turkish)支支吾吾地表述自己的意思。对于这种语言,我所掌握的程度只限于进行非常简单的对话,无法刨根问底。这明显是这位朋友所希望的,因为当发觉我用察合台语(Jaghetai,实为 Chagatai)讲话不够自信、不能快速流畅表达时,他就用生涩的突厥语连珠炮似的唠叨个没完。我能得悉的只是:他确实(bona fide)是俄国军官,负责将(俄国)皇帝的礼物交与(波斯统治者)穆罕默德·沙(按,马哈茂德·沙),除此之外一概否认。因此又与他抽了一斗烟后,我便再次骑马上路。①

其实,维特克维奇向罗灵逊撒了谎,他不仅法语流利,更对《古兰经》了如指掌。仅凭这点我们也不禁感慨,此人确属天纵之才。关键是,他根本不是前去拜访波斯沙哈,而是去拜访阿富汗埃米尔。

罗灵逊随后在波斯东北部城市内沙布尔(Neyshabur)郊外的营

---

① George Rawlinson:*A Memoir of Major-General Sir Henry Creswicke Rawlinson*,London, 1898,p.68. 转引自〔英〕威廉·达尔林普尔:《王的归程:阿富汗战记(1839—1842)》,第86页。

地觐见了沙哈马哈茂德·沙·卡扎尔,并询问起此事。沙哈愕然惊叹道:"带礼物给我!呦,我与他毫无干系。(俄国)皇帝遣派他直接前往喀布尔拜谒多斯特·穆哈迈德(按,多斯特·穆罕默德),只不过是请我在途中给予协助。"①罗灵逊一下子意识到问题的严重性,当晚便紧急折回德黑兰,并于1837年11月1日向麦克尼尔报告了这一情况。麦克尼尔当即派人递送加急信件,分别向伦敦的英国外交大臣帕麦斯顿勋爵(Lord Palmerston)和新任印度总督奥克兰勋爵(Lord Auckland)汇报这一情况。

英国人一直担忧俄国经由阿富汗威胁印度,如今罗灵逊的偶然发现证实了这点。波斯已经成为俄国的附庸,如果阿富汗再有差池,印度北方将无险可守。那么该如何应对俄国人对阿富汗的渗透?

如前所述,伯恩斯的方案就是拉拢多斯特·穆罕默德,使之不要倒向俄国一边。问题在于,新晋印度总督奥克兰勋爵并不认可伯恩斯的计划。达尔林普尔(William Dalrymple)评价他,"这位51岁的坚定的独身主义者抵达加尔各答时,对印度的历史与文明几乎一无所知,也不愿意去了解。他对阿富汗更是知之甚少"②。真正左右勋爵意见的是两位学究气十足的波斯专家威廉·麦克诺滕爵士(Sir William Hay Macnaghten)和克劳德·韦德少校(Major Claude Wade),这两个人从未去过阿富汗,却竭力反对伯恩斯和麦克尼尔的建议。他们的任性造成了后来英军在阿富汗的悲剧。

---

① George Rawlinson: *A Memoir of Major-General Sir Henry Creswicke Rawlinson*, p.68. 转引自〔英〕威廉·达尔林普尔:《王的归程:阿富汗战记(1839—1842)》,第88页。
② 〔英〕威廉·达尔林普尔:《王的归程:阿富汗战记(1839—1842)》,第19页。

其实多斯特·穆罕默德已经给足了英国人面子。他一开始并不待见俄国使臣维特克维奇,因为此时维特克维奇的强大对手伯恩斯也在喀布尔。在伯恩斯的拉拢下,埃米尔对英属印度寄予厚望。奥克兰勋爵甫一到任,他便大献殷勤,甚至不惜放下身段在去信中肉麻地表示:"阁下尊临时机巧妙,先前严寒时节冷风袭来的阵阵寒意一扫而光,我那片希望的田野已然变成天国乐园的艳羡之所……我切盼阁下能把我当自己人,能将敝邑视为阁下自己的家园。"①此时,多斯特·穆罕默德为了表示诚意,更一度将维特克维奇软禁了起来,拒不接受他的觐见。

多斯特·穆罕默德如此巴结英印政府,当然有他的盘算。这位埃米尔不仅要面对前朝君主苏贾的挑战,更要应付来自锡克王国的威胁。苏贾曾经三次发动叛乱,试图夺回王位。尤其是在1834年他围攻阿富汗南部重镇坎大哈时,锡克大君兰吉特·辛格(Maharajah Ranjit Singh)趁机占领了白沙瓦。白沙瓦是阿富汗萨多查依王朝的冬都,在阿富汗人心目中的地位仅次于首都喀布尔,身为埃米尔的多斯特·穆罕默德不能对此不管不问。达尔林普尔指出:"自兰吉特·辛格侵占白沙瓦,三年来阿富汗人与锡克人间的敌对行动逐步升级,在1837年4月30日爆发的贾姆鲁德之战中达到高潮。1834年,多斯特·穆哈迈德抵御了沙·苏贾(按,苏贾·沙哈·杜兰尼)的武装入侵,随即倾注全力设法将阿富汗冬都从锡克人的控制下解放出来。"②

多斯特·穆罕默德还是兰吉特·辛格?如果支持前者,就意

---

① 〔英〕威廉·达尔林普尔:《王的归程:阿富汗战记(1839—1842)》,第126—127页。
② 〔英〕威廉·达尔林普尔:《王的归程:阿富汗战记(1839—1842)》,第104页。

味着放弃自己的盟友兰吉特·辛格。面对这种两难处境,伯恩斯曾想出过一个折中方案:兰吉特·辛格年事已高,一旦他去世(事实上他在不久之后的 1839 年就去世了),就支持多斯特·穆罕默德收回白沙瓦。多斯特·穆罕默德本人也提议,采用中亚人常见的办法,让一个儿子到兰吉特·辛格那里去做人质,换回白沙瓦,并保证两国间的长久和平。但这些建议统统被傲慢的奥克兰勋爵否定了。①

1838 年 1 月 20 日,经过长期谈判,奥克兰总督给多斯特·穆罕默德写了一封亲笔信,勒令他放弃白沙瓦,甚至威胁道,如果阿富汗埃米尔胆敢在未经总督本人许可的情况下跟俄国人进行任何交易,那么英国人就不再负有阻止兰吉特·辛格进军阿富汗的义务。这样的口气对于任何君主来说都是奇耻大辱。借用达尔林普尔的评价:

> 由此产生的英国对阿富汗的政策具有两面性,充满了危险的矛盾:伯恩斯向多斯特·穆哈迈德及巴拉克宰族人友善示好,与此同时,英国政府又暗地里支持旨在推翻多斯特的起义。历史终会证明,这种两面三刀的手段酿成的外交灾难,不久将在每位参与者面前爆发。②

印度总督不可一世的态度令身处喀布尔的伯恩斯如坐针毡,后者

---

① 〔英〕彼得·霍普柯克:《大博弈:英俄帝国中亚争霸战》,第 198 页。
② 〔英〕威廉·达尔林普尔:《王的归程:阿富汗战记(1839—1842)》,第 74 页。引文"巴拉克宰",原文为"巴拉克扎伊"。

几乎用尽了一切努力想要挽回跟多斯特·穆罕默德的关系。然而埃米尔最终还是不得不倒向了俄国人,毕竟维特克维奇向他承诺将支持他夺回白沙瓦、木尔坦和克什米尔。

在奥克兰勋爵的"帮忙"下,维特克维奇大获全胜。这反而让英国人明确了自己对阿富汗的策略。不久以后,外交大臣帕麦斯顿就给英国驻圣彼得堡大使训令:"奥克兰已受命去接管阿富汗,把它变成英国的附属国……我们一直以来都拒绝介入阿富汗事务,但如果俄国人试图把阿富汗收入囊中,我们就必须先发制人。"①

英国鹰派一贯主张:"如果无法避免和波斯人在赫拉特开战——当时赫拉特围城尚未解除——那么一支驻扎在阿富汗的英军就有能力把赫拉特从波斯人手中夺回来,并且阻止沙哈的部队继续向印度边境挺进。"②按照这个说法,一个分裂或削弱的阿富汗最有利于英国的掌控。所以奥克兰勋爵接受了韦德少校的意见,"让阿富汗保持分化,而非帮助多斯特·穆哈迈德巩固统治地位并接纳其为盟友,这样才符合锡克人的利益,故此对英国人有利"。③ 他的计划是,扶持苏贾重登阿富汗王位,再把阿富汗南部地区割让给锡克王国。1838年6月底,亦即西蒙尼奇大使亲自指挥波斯军队总攻赫拉特的时候,苏贾、兰吉特·辛格和英印政府签订了三方密约,结成了入侵阿富汗的同盟。

10月1日,奥克兰勋爵发表了臭名昭著的《西姆拉宣言》

---

① 〔英〕彼得·霍普柯克:《大博弈:英俄帝国中亚争霸战》,第217页。
② 〔英〕彼得·霍普柯克:《大博弈:英俄帝国中亚争霸战》,第216—217页。
③ 〔英〕威廉·达尔林普尔:《王的归程:阿富汗战记(1839—1842)》,第127页。

(Simla Manifesto),声称好战的多斯特·穆罕默德不仅无缘无故发动对其盟友兰吉特·辛格大君的袭击,且公然危害印度北部边境地区的安全,甚至毫不掩饰他支持波斯的企图。毫无疑问,这份指控纯属无中生有,肆意捏造。它的作用仅在于,宣布英军将凭借武力"帮助"苏贾恢复他在阿富汗的统治。第一次英国入侵阿富汗战争爆发。次年,即1839年春天,英军越过波伦山口,入侵阿富汗。讽刺的是,曾竭力主张支持多斯特·穆罕默德的亚历山大·伯恩斯,却不得不担任此次出征的先锋官。

战争的结果无须赘言,英印军队很快击垮了阿富汗的军队,俘虏了多斯特·穆罕默德并将其关押在印度。然而英国人的麻烦才刚刚开始,他们根本没有能力管理复杂的阿富汗。苏贾同样德不配位,无力领导阿富汗人民。更糟糕的是,面对纷至沓来的危机警报,当初竭力主张入侵阿富汗的麦克诺滕爵士却选择了视而不见。

1841年11月2日,喀布尔爆发人民大起义,愤怒的阿富汗群众首先砍死了当初竭力反对入侵阿富汗的亚历山大·伯恩斯,后来又擒获并斩首了前来谈判的麦克诺滕。在阿富汗当地人的不断袭扰下,侵阿英军全军覆没。这迫使英国人在血腥报复了广大无辜平民之后,于次年结束了对阿富汗的军事占领。第一次入侵阿富汗战争宣告结束。本次损兵折将却没有捞到一点好处的战争也被后世史家称为"奥克兰的蠢事"。

阿富汗战争的惨败直接影响到了此后三十几年的英国中亚政策,人们倏然发现,死去的伯恩斯才是正确的。英国人释放了多斯特·穆罕默德,并扶持他重登王位,来自印度的支持一直持续到1863年6月9日他去世。罗灵逊在1849年如是概括当年伯恩斯

第二章 英俄冷战的正式展开(1829—1842)

方案的要点:

> 一些人建议向喀布尔和坎大哈施加影响,以抗衡俄国对波斯的影响,……但伯恩斯在这个问题上更加大胆,他让波斯沙哈听天由命,而让我们把所有注意力都投向多斯特·穆罕默德。"假使有某种环境,"他在从难忘的旅程回来时写道,"能促成我们与喀布尔而不是波斯结成同盟,我们就会立即在家门口拥有一个盟友,它远远比我们在那个国家自吹自擂更可靠和有用;在波斯我们如此慷慨地挥霍着,但我们绝不应该在那里花费哪怕十分之一的开支。"
>
> 与之相反,波斯的实际情况令人沮丧,前景更加危险。它在错误的政府统治下呻吟,"分裂成一个松散的小公国联盟",这个国家本质上要靠中央强权统治来维系,缺乏起码的国家精神,处于解体的边缘。我们改变辞令、一毛不拔,显得对波斯无甚兴趣,这让波斯宫廷感到震惊,甚至受到了伤害,迫使其不惜一切代价来迎合俄国。①

简言之,伯恩斯的主张有二。一、承认波斯属于俄国的势力范围,并把阿富汗攥在手中;二、巩固多斯特·穆罕默德的权力,维持一个统一且倾向英国的阿富汗。可以说,伯恩斯的方案支配了英印政府将近四十年,尽管他本人早已不幸惨死。

换句话说,在这接下来的三十几年时间里,没有哪位印度总督

---

① Henry Rawlinson: *England and Russia in the East: A Series of Papers on the Political and Geographical Condition of Central Asia*, London: John Murray, 1875, p. 46.

再像奥克兰那样受到鹰派的左右,直到1876年罗伯特·李顿(Robert Lytton)走马上任。

第二节　"大博弈"中场休息与英国确立海峡政策（1839—1842）

　　1838年10月,俄国外交大臣内塞尔罗德就在给驻伦敦大使的信中指出:"英国人正在频繁活动,试图煽动中亚民族的不安情绪,甚至将这种煽动活动深入到和我国接壤的国家当中。"在俄国人看来,英国人的意图十分明显,就是削弱,甚至取代俄国在中亚的影响力,将俄国商品挤出中亚地区。内塞尔罗德声称:"我们寻求的无非是在亚洲市场平等的贸易竞争权。"①

　　不久以后,圣彼得堡在第一时间侦知了英国人准备入侵阿富汗的消息,很快又接到了英国军舰入侵波斯湾的消息。着急的俄国人决定冒险了,"这个坏消息让整个事态变得更加危急,它意味着俄国将赫拉特变成备用根据地的计划彻底失败。俄国人知道他们无法阻止英国的行动,于是他们决定另辟蹊径,准备赶在英国挺进阿姆河以北地区前征服希瓦汗国"。②

---

① 〔英〕彼得·霍普柯克:《大博弈:英俄帝国中亚争霸战》,第230页。
② 〔英〕彼得·霍普柯克:《大博弈:英俄帝国中亚争霸战》,第230页。

第二章　英俄冷战的正式展开(1829—1842)

一、俄国远征希瓦与"大博弈"中场休息

俄军指挥官彼罗夫斯基(Vasily Perovsky)在1839年10月亲自率领了一支5200多人的远征军,从奥伦堡驻地出发,前往征服希瓦汗国。不幸的是,彼罗夫斯基低估了中亚的严寒,"截至1月底,事态已经越来越明朗,这次远征将演变成一场灾难。已经有两百多人因病死亡;超过四百人身患重症,根本无法战斗;对行军至关重要的骆驼正以每天一百头的速度死去。天气还在继续恶化,哥萨克侦察兵报告,前方的积雪更深,几乎无法找到燃料或饲料。"次年2月1日,在肯定无法安全到达希瓦的情况下,彼罗夫斯基不得不下令原路返回。当所有部队最终在5月份艰难地回到奥伦堡时,"超过一千人未发一枪一炮就牺牲了,而希瓦毫发未损。出发时远征军共带走一万头骆驼,回来时只剩下不足一千五百头"。①

俄军远征希瓦汗国的失败,着实让伦敦媒体幸灾乐祸了一番。但他们高兴得太早了,两年以后,阿富汗就传来了英军第44步兵团全军覆没的消息。英俄两国在1839年的军事行动最终都遭到了可耻的失败,双方扯平了。中亚因此迎来了一段相对平静的时期。

这个结局鼓舞了中亚诸汗国,甚至一度让他们产生了可以战胜英俄列强的错觉。例如布哈拉汗国的埃米尔纳斯尔·阿拉赫·巴哈杜尔(Nasr Allah Bahadur Khan)原本打算联合英军防范俄国,但俄军失败的消息让他觉得没有联合英国人的必要了。在阿富汗

---

① 〔英〕彼得·霍普柯克:《大博弈:英俄帝国中亚争霸战》,第235—237页。

战争后,这位埃米尔更无所顾忌地处决了两名英国军官,其中就包括"大博弈"的提出者亚瑟·康诺利。

在埃德沃兹看来,第一次入侵阿富汗战争的结束就是"大博弈"上半场的结束。巧合的是,在这一两年时间里,第一批投身"大博弈"的人物纷纷退出了历史舞台。诚如埃德沃兹所说:

> 绝大多数"政治人物"都卷入了阿富汗战争。他们中的许多人,例如康诺利和斯托达特、伯恩斯和麦克诺滕都死了。……因患"香港热"(Hong Kong fever,即流感),埃尔德雷德·波廷杰死于1843年11月15日。①

霍普柯克也有类似的看法,他说道:

> 在此后的一段时间,英俄两国似乎都为各自代价沉重的中亚冒险活动而感到愧疚,他们吸取了经验教训,行事上更加谨慎小心。尽管双方仍然互相忌惮、互相猜忌,但这种关系缓和的局面持续了十年。两个大国利用这段平静的时光加紧巩固各自的边境。最终,这段平静的时光被证明不过是两国中亚霸权争斗的中场休息罢了。②

英俄双方分别通过各自的失败总结出了不同的教训。其中,

---

① Michael Edwardes: *Playing the Great Game, A Victorian Cold War*, London: Hamish Hamilton Ltd, 1975, pp.79-80.
② 〔英〕彼得·霍普柯克:《大博弈:英俄帝国中亚争霸战》,第309页。

俄国人的总结是这样的:

> 俄国进军希瓦的失败则表明,仅仅把奥伦堡作为进攻中亚的基地是不行的。如果草原地区是由俄国控制,则还必须有通往中亚绿洲的便利交通线,这就必须进一步控制锡尔河与阿姆河流域。因为咸海是由这两条河把它同中亚的中心地带联接起来的,走这两条河的水路要比越过沙漠荒原容易得多。①

此后,他们采取了稳扎稳打的策略,决定先控制哈萨克草原游牧地区,再由北向南逐次控制中亚绿洲农耕地区。此法暗合了当年蒙古人征服中亚的路线,并同样获得了成功。

其实,早在1831年12月和1832年1月,沙俄就举办了西伯利亚和亚洲问题委员会会议,其中专门研讨了如何控制哈萨克草原的问题。俄国人发现,通过西伯利亚进入哈萨克草原,必须取道中国新疆的西北部。他们因此制定了割占伊犁和塔尔巴哈台以西中国领土的方案:

> 遵循一些渐进步骤和慎重态度,不去惊扰中国人。但是同时必须贯彻始终地,可以说是渐渐地使他们理会到额尔齐斯河彼岸的一些土地,沿阿亚古斯(按,爱古斯)、列普萨(勒布什)、科克佩克丁斯克(楚克里克河)各河流,并继续向前到斋

---

① 王治来:《中亚通史·近代卷》,第218页。

桑湖,直到中国卡伦线,都是属于俄国的。①

在这个方案的指导下,1830—1840年代初,"沙俄的侵略势力已经扩张到了楚克里克河、爱古斯河(阿亚古斯河)和勒布什河。也正是从这时候开始,我国铿格尔图喇以西的新疆地区同沙俄之间才产生了由于沙俄的入侵而造成的边界问题"。②

远征希瓦的失败更加证实了通过哈萨克草原进军中亚的"正确性"。1864年10月7日,俄国政府迫使清政府签订了《中俄勘分西北界约记》,通过该约及后来签订的三个子约,沙俄割占了我国西北边疆约44万平方千米土地,并在几年以后强占了伊犁。

与俄国人的"进取心"截然相反,英国开始了长达三十多年的"精明无为"(masterly inactivity)政策。一方面是俄国人稳扎稳打,另一方面是英国人低调行事,这构成了往后三十多年"大博弈"的基调。与此几乎同步,1840年代初,英俄两国关于"东方问题"的政策也趋于稳定。

二、土埃战争与"东方问题"的升级

此时的奥斯曼帝国诚可谓"屋漏偏逢连夜雨":在外部环境上,西边和北边直面俄国、英国、法国、奥地利几大欧洲强权,东边又是

---

① 〔俄〕巴布科夫:《我在西西伯利亚服务的回忆》(俄文版),第157页,转引自新疆社会科学院民族研究所编著:《新疆简史》第1册,乌鲁木齐:新疆人民出版社,1980年,第343页。
② 新疆社会科学院民族研究所编著:《新疆简史》第1册,第343页。

信奉什叶派的波斯卡扎尔王朝；在内部统治上，一面巴尔干民族独立运动风起云涌，另一面埃及分离倾向日趋严重。

以今天的角度来看，土耳其苏丹马哈茂德二世并非庸碌无为之辈。相反，他推行了大规模的政治和社会改革，例如废除军事采邑制度，建立新式军队；采用内阁制度；丈量土地，实行人口普查；推动社会义务教育；派遣留学生赴欧洲学习；等等。可以说，马哈茂德二世为后来的土耳其现代化道路奠定了基础。奈何当时的国际国内环境已经容不得这位苏丹从容地稳固自己的改革成果，以至于他的施政举措往往像是拆东墙补西墙。

希腊战争就是如此。为了平定希腊独立运动，马哈茂德二世不得不求助于野心勃勃的埃及帕夏穆罕默德·阿里。从名义上说，埃及是土耳其的属国，但事实上，埃及穆罕默德·阿里王朝（Muhammad Ali Dynasty，又称阿拉维王朝）一直有喧宾夺主的倾向。镇压希腊起义更给了他坐大的机会。这直接导致了1832年第一次土埃战争的爆发。

当初穆罕默德·阿里之所以答应出兵镇压希腊起义，意在夺取他梦寐以求的叙利亚地区，但马哈茂德二世只许诺给予他克里特岛和塞浦路斯。因此，1821年希腊起义的一个副产品就是土埃矛盾的激化。希腊独立以后，穆罕默德·阿里命令自己的儿子易卜拉欣调转枪头夺取了叙利亚，并于1832年6月15日占领了大马士革，7月16日进占阿勒颇（Alleppo）。野心膨胀的埃及帕夏似乎没有停下脚步的意思，"他又把目光投向了伊斯坦布尔。在穆罕默德·阿里看来，奥斯曼帝国势必灭亡，而他一直梦想可以在这个帝国的废墟上建立起属于自己的国家"。① 埃及军队势如破竹,兵锋一度距离伊斯坦布尔只有80千米。土耳其首都再次陷入恐慌。

马哈茂德二世首先想到请英国援助,"但巴麦尊(按,帕麦斯顿)勋爵拒绝了他的请求,因为巴麦尊勋爵此刻一心想要执行裁军的政策。这样一来,马哈茂德二世别无选择,只好向俄国人求援"。② 尼古拉一世欣然答应他的请求,立即兵分两路:一支军队约6000人由军舰护送,从塞瓦斯托波尔出发,于1833年1月初越过黑海,直逼博斯普鲁斯海峡;另一支约1.2万人,由乌克兰敖德萨出发,于1833年2月20日抵达伊斯坦布尔。此举成功迫使埃及军队停止进攻。

"与此同时,英国和法国政府也终于恍然大悟,意识到了俄国的威胁。"为阻止俄国进军,英法两国一手操纵了土耳其与埃及的和解。根据马哈茂德二世与易卜拉欣在5月6日签订的《屈塔希亚和约》(*The Kütahya Peace Treaty*),"苏丹发布了一道诏书,承认穆罕默德·阿里不仅拥有埃及和克里特帕夏辖区,还拥有叙利亚、大马士革、的黎波里、阿勒颇和阿达纳的管辖权。在穆罕默德·阿里的有生之年,他都可以保有这些帕夏辖区,但不保证易卜拉欣或其他继承人在他死后可以继承这些领地"。③ 第一次土埃战争结束,俄军开始撤离黑海海峡。

毫无疑问,以俄国人的做事风格,他们绝不会白走一趟。在7

---

① 〔英〕帕特里克·贝尔福:《奥斯曼帝国六百年:土耳其帝国的兴衰》,第567页。
② 〔英〕帕特里克·贝尔福:《奥斯曼帝国六百年:土耳其帝国的兴衰》,第567页。
③ 〔英〕帕特里克·贝尔福:《奥斯曼帝国六百年:土耳其帝国的兴衰》,第567—568页。

月8日撤军前，俄国人迫使土耳其签订《俄土同盟条约》，又称《温卡尔—伊斯凯莱西和约》(The Hünkâr Iskelessi Peace)。该条约公开的部分规定，俄土永远保持和平、友好和同盟，彼此将根据对方的需要，从海上和陆地给予必要的援助。但其中的秘密条款规定，除非经由俄国同意，不允许任何外国军舰进入达达尼尔海峡。这几乎再一次让俄国成了土耳其海峡的主人。

秘密条款的内容很快就被舆论曝光，一时在英法两国中引发轩然大波。西方人的疑虑主要有以下几条：

> 第一，秘密条款只要求关闭达达尼尔海峡，而对博斯普鲁斯海峡却只字未提，这是否意味着达达尼尔海峡将所有外国战舰关闭在外，而博斯普鲁斯海峡却对俄国开放，从而使黑海成为俄国的"内湖"；第二，秘密条款是否意味着土耳其海峡成为"吊桥"，可以按照俄国的需要吊起或放下，也就是说，当俄国与其他国家交战时，俄国舰队可以自由通过海峡，可攻可守，而其他国家的战舰却被封锁在达达尼尔海峡之外，从而使俄国获得一道天然屏障；第三，秘密条款与1809年英土《达达尼尔条约》相违背，实际上等于抛置《达达尼尔条约》，代之以俄国对黑海海峡的特权。①

这些担心引发了英国"对俄国的致命敌意"。外交大臣帕麦斯顿需要尽可能地"阻止俄国舰队利用1833年条约独占土耳其海峡，以

---

① 赵军秀：《英国对土耳其海峡政策的演变：1875—1915年》，北京：首都师范大学博士学位论文，2001年5月，第11页。

使1833年条约成为'一纸空文'"。①

为此,英国政府采取了两项措施。第一,加强在东地中海的军事部署。"1833—1839年间,英国地中海舰队始终处于特别待命状态,随时准备开赴达达尼尔海峡,并且经常在东地中海水域游弋,将土耳其士麦那(按,今多译为'伊兹米尔')等港口作为舰队常年基地。"②第二,加强对中亚地区的影响力,以防止俄国人从中亚威胁印度。此诚如约翰·戴利所论:

> 西欧现在不只对俄国撤离感兴趣,更希望废除俄土《温卡尔—伊斯凯莱西和约》。对俄国动机的怀疑将成为未来八年英法外交政策的基石,并且其残留物将一直持续到克里米亚战争爆发。③

需要强调的是,土埃条约是在英法两国武力威胁之下被迫签订的,双方谁都不满意条约的规定。一方面,"对于马哈茂德来说,他不可能长期忍受自己那么大一片亚洲领土掌握在一个叛臣手中";另一方面,"穆罕默德·阿里还野心勃勃地想把这片领土变成一块实际上独立于奥斯曼帝国政府的世袭帕夏辖区",但条约规定他的继承人必须要得到土耳其苏丹的册封。④ 可以说,土耳其与埃

---

① 赵军秀:《英国对土耳其海峡政策的演变:1875—1915年》,第11—12页。
② 赵军秀:《英国对土耳其海峡政策的演变:1875—1915年》,第12页。
③ John Daly: *Russian Seapower and "the Eastern Question"*, *1827-1841*, London: Macmillan Academic and Professional Ltd, 1991, p.99.
④ 〔英〕帕特里克·贝尔福:《奥斯曼帝国六百年:土耳其帝国的兴衰》,第568页。

及在 1833 年的"和解"只是两次战争的"间隙"。

三、《伦敦海峡公约》与英国的东方政策

1838 年,穆罕默德·阿里拒绝向土耳其纳贡,此举不啻宣布埃及正式独立。这完全超出了奥斯曼帝国的底线,马哈茂德遂于次年向埃及宣战,第二次土埃战争爆发。

不幸的是,尽管叙利亚地区的群众大多不满于残暴的埃及统治者,纷纷支持土耳其军队反攻,但腐败无能的土军被经历近代化改革的埃及军队打得落花流水。其舰队指挥官甚至临阵叛变投敌,把整支舰队都献给了穆罕默德·阿里。

面对这个局面,英法两国的态度截然对立。法国重视埃及,为了扩大在埃及的影响力,它鼓励穆罕默德·阿里把战争继续下去;英国重视君士坦丁堡,它担忧俄国会像上次那样,通过援助土耳其来控制黑海海峡,因而竭力主张土埃再次和解。

其实早在 1833 年 5 月土埃双方签订《屈塔希亚和约》,结束第一次战争时,帕麦斯顿就明确表示反对马哈茂德二世把阿达纳(Adana)让给埃及,"阿达纳对于穆罕默德·阿里的海上扩张计划至关重要,因为几乎所有的埃及船只木材都来自那里"。三个星期后帕麦斯顿才不得不向既成事实妥协,从而避免了英法两国在第一次土埃战争期间就发生矛盾。[①] 如今这个矛盾还是不可避免地出现了。

---

① John Daly: *Russian Seapower and "the Eastern Question"*, *1827–1841*, p.96.

由于埃及人在法国的鼓动下拒不收兵,英军索性登陆叙利亚,在当地起义军的配合下,把埃及占领军打得大败。这又引发了法国人的强烈不满,法国七月王朝的国王路易·菲利普(Louis Philippe)一度以与英国开战相威胁。最终,英国人取得了这次较量的胜利。埃及人被迫归还了土耳其舰队,并恢复向苏丹纳贡。作为回报,穆罕默德·阿里在埃及的世袭统治权得到了土耳其及西方列强的承认。第二次土埃战争结束。

维也纳体系的王朝协调机制仍能发挥作用。1841年,五个最重要的欧洲王朝国家英、俄、奥、普、法在伦敦召开会议。会上,英国主张恢复1809年《达达尼尔条约》,即遵循奥斯曼帝国的"古代惯例",土耳其两海峡在和平时期,一律不允许外国军舰通过。对此,俄国人意识到自己不可能再像1833年那样控制海峡了,他们决定退而求其次,要求黑海两海峡无论在战时还是平时都对外国军舰封闭,这样至少可以使海峡成为防止他国威胁黑海的屏障。

英国人再次笑到了最后。当年7月,五国签署《伦敦海峡公约》(*The 1841 Straits Convention*),重申了黑海海峡在和平时期对外国军舰关闭的原则。正如赵军秀所论:

> 《伦敦海峡公约》集中体现了英国在中近东地区的利益和要求。帕麦斯顿成功地把小皮特"维持奥斯曼土耳其帝国完整"的思想与坎宁"对俄国战舰关闭海峡"的愿望结合在一起,形成英国对土耳其海峡的政策。……《伦敦海峡公约》所确立的原则,在1856年《巴黎条约》、1871年《伦敦条约》、1878年《柏林条约》中多次加以肯定和重申,成为数十年英国对土

第二章　英俄冷战的正式展开(1829—1842)

其海峡政策的主旨。①

从表面上看,1841年的《伦敦海峡公约》更像是恢复了1809年《达达尼尔条约》的内容,但其背后出现了一些值得关注的新现象。

首先,俄国人之所以同意《伦敦海峡公约》,是因为他们意识到,只要奥斯曼帝国处于和平状态,"在未来与任何欧洲国家的冲突中,俄国都能保证免受来自南部海上的攻击"。然而,"《公约》没有真正规定的一种情况,亦即沙皇和他的顾问认为最不可能发生的一种情况,恰恰是俄国跟一个与欧洲技术强国结盟的奥斯曼之间爆发战争。克里米亚战争将证明,尼古拉一世对于欧洲的'理解'是个残酷的错误"。② 换句话说,《伦敦海峡公约》没有规定当奥斯曼帝国处于战争状态中时,黑海海峡是否开放,这为后来英法干预克里米亚战争提供了便利。

其次,第二次土埃战争暴露了英法两国在埃及问题上的尖锐矛盾。这个矛盾后来在苏伊士运河通航后,被进一步放大,甚至演变为英国与整个欧洲的矛盾。其直接导致了英国后来一度设想修改自己本来一贯坚持的"奥斯曼帝国古代惯例"。

最需要指出的是,在第二次土埃战争期间,帕麦斯顿勋爵支持了奥克兰入侵阿富汗。可以说,到了1830年代,"东方问题"和"中亚问题"已经因为英俄矛盾而绑定在了一起,这个状况一直持续到第一次世界大战的前夜。

总而言之,从拿破仑战争结束起,到1842年为止,英国的主要

---

① 赵军秀:《英国对土耳其海峡政策的演变:1875—1915年》,第14—15页。
② John Daly: *Russian Seapower and "the Eastern Question"*, *1827-1941*, p.195.

对手已经逐渐从法国变成了俄国。如果说当年英法矛盾主要集中在欧洲、北非和孟加拉沿海地区,那么如今英俄矛盾则连接起了巴尔干半岛途经波斯再到中亚的广阔区域。换句话说,当年英法斗争的场所还只是欧亚非三大洲的交汇处与欧亚大陆外围一些零散的点和面,如今英俄对抗则覆盖了从波罗的海、小亚细亚到中亚再到东北亚的整个欧亚大陆中轴线。我们已经体会到了"东方问题"如何外溢为"中亚问题",在下半场中还会看到"中亚问题"将如何外溢为"东北亚问题"。

顺带一提,1842年,亦即英俄"东方问题"和中亚"大博弈"开始中场休息的那一年,中英签订《南京条约》。清廷高层并没有因此受到多少震动,它仍将在英俄中场休息期间继续麻木不仁,直到"大博弈"下半场开始后才不得不有所警醒。

对历史的反思

我们都知道克劳塞维茨(Karl Clausewitz)有句名言:"战争是政治的继续。"人们却往往忽略了他这句话的历史背景——18世纪的王朝战争。

1648年《威斯特伐利亚和约》签订,结束了可怕的欧洲三十年战争。从伤亡人数与总人口的比例来讲,三十年战争甚至远远超过了两次世界大战,尤其是其中94%的伤亡都在德意志地区。

领教了宗教战争之可怕的欧洲人,此后逐步确立了教随国定的原则,宗教战争很快退出了欧洲历史舞台。"王权理由"代替了"神圣理由",成为战争的基本形态。在施米特看来,近代欧洲公法即起源于此:"公法在16和17世纪产生于可怕的欧洲内战。这是其开端和起点。"① 施米特接着说道:

---

① 〔德〕卡尔·施米特:《从囹圄获救》,载《论断与概念:在与魏玛、日内瓦、凡尔赛的斗争中(1923—1939)》,朱雁冰译,上海:上海人民出版社,2006年,第355页。

> 于是，从 16 和 17 世纪的教派内战中产生了 jus publicum Europaeum【欧洲公法】。欧洲公法开始之时有一条敌视神学家的口号，这就是现代国际法的一个奠基人向神学家提出的保持沉默的要求：Silete, theologi, in munere alieno【闭嘴，神学家，不要谈不相干的事】! 这是真蒂利对他们发出的呼喊，在讨论正义战争的背景之下发出的呼喊。我今天还听得到他的呼喊声。
>
> 法学家之退出教会，并非分离而退回到一座圣山，毋宁说是相反，从圣山出走而进入俗人领域。法学家在退出时或明或暗地带走了一些圣物。①

近代欧洲公法的核心就是正当战争：

> 公法法学家们都从主权国家方面承续了这些学说和概念。他们成功地清除了正义战争说的内战成分，他们将 justa causa belli【战争的正当理由】问题与 justus hostis【正当的敌人】问题区分开来，并重新让人意识到敌人与罪犯的古老区别。这是他们的伟大功绩，这成为新的国际法，即欧洲公法的核心。②

---

① 〔德〕卡尔·施米特：《从囹圄获救》，载《论断与概念：在与魏玛、日内瓦、凡尔赛的斗争中(1923—1939)》，第 358 页。
② 〔德〕卡尔·施米特：《从囹圄获救》，载《论断与概念：在与魏玛、日内瓦、凡尔赛的斗争中(1923—1939)》，第 359 页。

施米特所说的"正当战争"或"决斗性战争"的原型就是18世纪的西班牙王位继承战争、奥地利王位继承战争（国事诏书战争）和七年战争。这些战争最典型地体现了克劳塞维茨所讲的"战争是外交的延续"。

当甲国和乙国都对某块领土或某项利益感兴趣时，该怎么办？首先坐下来谈一谈，能谈判解决最好，如果谈不妥就打一仗，谁赢归谁，公平合理。克劳塞维茨的"外交型战争"或施米特的"决斗性战争"，就是这个意思。18世纪的王朝战争就遵循这样的程序。

国家的强弱和战争的胜负并不取决于人口数量和国民素质，而取决于是否有一个精明的职业外交团和果断的职业军官团。到18世纪后期，普鲁士只有300万人口，七年战争之后夺取了西里西亚，也只有600万人口，而同时期的法国就有超过2000万人。但有赖于普鲁士高素质的军官团体，它在国家竞争中丝毫不弱于法国。总之，国家和战争是职业外交家和军事家的事情，而不是全体国民的事情。卢梭曾引用法国作家拉·封登（Jean de La Fontaine）的一则寓言：

敌人此时即将到来。

"快逃跑呀！"老人喊道。

"为什么？"驴回答道，"敌人难道会让我驮两副鞍，驮两倍的东西吗？"

"不是。"逃跑的老人说道。

"我归谁所有，这没有关系，"驴回答道，"你逃你的命，我吃我的草。其实,我们的敌人,是我们的主人。"①

这生动地说明了当时国家与人民之间的关系。如果说普通人民对于国家强弱还有什么贡献的话,那就仅仅体现在交税上面。然而法国大革命和拿破仑战争改变了这一切,克劳塞维茨说道:

> 法国大革命爆发时的状况就是如此。奥地利和普鲁士试图以我们叙述过的外交型战争去应对。它们很快就发觉其不足。……突然,战争再度成了人民的事业,而那是个为数三千万的人民,他们全都认为自己是公民。②

这场巨大的变革不仅点燃了欧洲近代民族主义的火焰,更促使国家为了在竞争中取得优势,而不得不建立一套现代化的中央管理系统,把普通群众全部吸纳为国家力量的一部分。查尔斯·蒂利(Charles Tilly)指出,"在1789年以前,法国国家像几乎所有其他国家一样,在地方层面上间接地统治,特别是依靠牧师和贵族来中间协调"。法国革命政权以战争的名义,镇压了一切反革命活动,也就消除了一切"中介","建立起另一套中央控制"。③

这里值得一提的是圣西门(Comte de Saint-Simon),我们受到恩

---

① 〔法〕卢梭:《论人与人之间不平等的起因和基础》,李平沤译,北京:商务印书馆,2007年,第105页注释①。
② 〔德〕卡尔·冯·克劳塞维茨:《战争论》下册,时殷弘译,北京:商务印书馆,2016年,第852页。
③ 〔美〕查尔斯·蒂利:《强制、资本和欧洲国家(公元990—1992年)》,魏洪钟译,上海:上海人民出版社,2007年,第119、121页。

格斯的影响,习惯将他简单地视为"空想社会主义者"。然而事实上,马克思的主要观点在今天仍旧是理想,但圣西门的学说在很大程度上已经成为现实。

圣西门批评当时的法国共和党人满脑子都是三权分立,似乎只要一实现这样的所谓"自由制度"就能够使法国社会安定团结。殊不知一个国家是否现代,不取决于它采用了哪种政府组织形式,而取决于政府跟社会的关系。圣西门说道:

> 我们过于重视政府的形式,好像整个政治都集中于此,只要实行三权分立,就会万事大吉。
> ……
> 因此我们认为,应当解决的最重要的问题,是应当如何规定所有制,使它既兼顾自由和财富,又造福于整个社会。①

更确切地说,现代国家不能停留在职业外交官和军事家狭小的圈子内,不能只是王公贵族的事业,现代国家本质上需要对社会进行全方位的掌控。现代工业资本,或者说现代实业社会为这一切提供了可能。圣西门满怀信心地说道:

> 但最主要的成就,是政府成了实业界的纳贡者,政府完全从属于实业界了。如果政府想要进行战争,那它首先关心的

---

① 〔法〕克劳德·圣西门:《加强实业的政治力量和增加法国的财富的制宪措施》,《圣西门选集》第 1 卷,王燕生等译,董果良校,北京:商务印书馆,1979 年,第 187—188 页。着重号为原文所加,下同。

不再是兵源,而是求诸实业界:首先要钱,然后要它所需的一切物资,即用得自实业界的金钱向实业界购买物资。实业界向政府供应大炮、枪支、弹药和服装,等等。实业界掌握了一切,甚至操纵着战争。

军事艺术的改进带来的可喜的必然后果,是战争越来越依赖于实业界,以致今天的真正军事力量已经落到实业界手里。构成一个国家的军事力量的东西,已经不再是军队,而是实业了。现代的军队(指的是从普通列兵到最高指挥官的全体军人),依我们看来,只起着次要的作用,他们的功能只在于使用实业的产品。除非将领昏庸无能,由实业装备起来的精锐部队,总是攻无不克,战无不胜的。法国的革命充分证明,将材并不是那么难得的,也不是那么难培养的。甚至可以认为,军事才能,至少对目前构成军队主力并对战役的胜负起主要作用的部队来说,是实业理论发展的产物。

实业界也掌握了财政。在法国和英国,现在是实业界为公益的需要垫款,而税收也掌握在他们手里。①

尽管列宁在《帝国主义论》的末尾还不忘学着恩格斯的模样,嘲笑一回圣西门,但如果我们把圣西门所说的"实业界"换一个说法,比如"垄断资本主义",这不就是列宁的观点吗?

圣西门说:"除非将领昏庸无能,由实业装备起来的精锐部队,总是攻无不克,战无不胜的。法国的革命充分证明,将材并不是那

---

① 〔法〕克劳德·圣西门:《加强实业的政治力量和增加法国的财富的制宪措施》,《圣西门选集》第 1 卷,第 221—222 页。

么难得的,也不是那么难培养的。"这庶几指出,如果说 18 世纪的欧洲王权之间比拼的还是外交家和军事家的经验与天赋,那么至迟到 19 世纪后期,国家之间的竞争已经完全依赖于综合国力,综合国力的实现程度就完全依赖于能不能充分地汲取社会资源和进行充分的社会动员。

圣西门的设想不只停留在纸面上,他背后有拿破仑三世的支持。或者这么说,圣西门告诉人们,拿破仑三世称帝根本不影响法国走上现代化道路,只要他推动实业界的发展,扩大对于基层社会的改革和控制。拿破仑三世正是以此为理论依据,对法国进行了大规模的社会改造,为法国现代工业奠定了基础。而统一后的德国在这个方面更属青出于蓝而胜于蓝。国民的出生率、死亡率、健康程度和受教育程度不再只是与国家无关的私人事务,它们本质上都是国家权力的一部分。用福柯(Michel Foucault)的术语来说,欧洲出现了"一种人口的生命政治"(bio-politics of the population):

> 它是以物种的肉体、渗透着生命力学并且作为生命过程的载体的肉体为中心的,如繁殖、出生和死亡、健康水平、寿命和长寿,以及一切能够使得这些要素发生变化的条件;它们是通过一连串的介入和"调整控制"来完成的。①

这个过程起源于何时? 从克劳塞维茨关于"民族战争"的说法推断,该过程应该启自法国大革命时期。而福柯认为,它还要再早

---

① 〔法〕米歇尔·福柯:《性经验史》(增订版),佘碧平译,上海:上海人民出版社,2005 年,第 90 页。

一些,在18世纪后期,欧洲就已经出现了"生命政治"的迹象。但我们出于慎重起见,应该认定,国家对于社会的行政掌控,应该是19世纪民族主义浪潮的直接结果。

1821年希腊起义、1848年欧洲革命,到几年以后的巴尔干民族独立运动和克里米亚战争,再到德意志和意大利的统一,国家正是在不断的民族主义运动当中,一步步推动它对社会的现代行政管理的。一方面,为了消灭群众运动的土壤,必须有更完善的现代社会治理方案;另一方面,为了满足群众运动的民族主义诉求,必须加强国家竞争力,这同样需要完善的现代社会治理。不明确这一点,就无法理解,为什么霍布森(John Atkinson Hobson)等人会把1870年代视为西方从近代殖民主义到现代帝国主义的跨越的转折点。①

从这个角度来讲,在克里米亚战争之前,英俄在中亚的"大博弈"更多地表现为探险家私人的事业,表现为商业利益的争夺,但在克里米亚战争之后,就表现为国家意志和领土扩张了。正因如此,谢尔盖耶夫才会感到,英俄中亚"大博弈"的真正起点不是19世纪初期,而是克里米亚战争结束的那一年。② 或者用杜哲元的话说,"从1820年代到1850年代,对于英国在印度,俄国在奥伦堡、西西伯利亚和高加索的部分地方军政官员,以及他们派往中亚的间谍和使者而言,或许英俄中亚'大博弈'已经开始了,但对于两国的

---

① 参见〔英〕约·阿·霍布森:《帝国主义》,纪明译,上海:上海人民出版社,1960年,第37页。
② Evgeny Sergeev: *The Great Game 1856—1907: Russo-British Relations in Central and East Asia*, Washington, DC: Woodrow Wilson Center Press, 2013, pp.14-15.

中央决策层而言,英俄中亚'大博弈'真正上演于 1860 年代以后"①。

在前现代时期,中国人的社会管理能力一枝独秀,但欧洲人在 18 世纪后期到 19 世纪前期民族主义浪潮的刺激下,创立了全新的社会管理体制和群众技术手段,将中国远远甩在了后面。所以我们反过来需要从西方那里再学习新的行政管理技术了。

这些行政管理技术改变了中国原有的社会分层,打破了中国原有的地域隔离,使得传统中国内部的多元异质群体渐渐整合,创造出了统一性的现代国民身份。简言之,随着"大博弈"从殖民主义阶段转向帝国主义阶段,中国的边疆危机迅速激化,并反过来推动了清朝的边疆内地化改革,中国朝着现代民族国家又迈进了一步。

---

① 杜哲元:《反思英俄中亚"大博弈"——进程、实质、特点及历史镜鉴意义》,《俄罗斯研究》2018 年第 4 期,第 165 页。

下 半 场

第三章 两次革命之间的东方问题与中亚问题（1853—1874）

伊斯兰教法律规定："如果某个城市投降，其居民同意成为莱雅，即信奉伊斯兰教君主的臣民，而又不放弃自己的信仰，那么他们必须缴纳哈拉志（人头税）；他们和正统教徒达成停战协议，无论谁都不得没收他们的地产或房屋……在这种情况下，他们的旧教堂就是他们的财产的一部分，允许他们在这些教堂中举行祈祷仪式。但是不允许他们修建新教堂。他们只有权修缮和恢复教堂的坍塌的地方。各省总督定期派专员巡视基督徒的教堂和圣殿，检查是否有以修缮旧房为名增添新建筑的情况。如果城市是经过战斗而夺取来的，那么居民可以保存自己的教会建筑，但是只是作为他们居住处或避难所，不允许在里面举行祈祷仪式。"

——〔德〕马克思:《宣战。——关于东方问题的历史》。《马克思恩格斯全集》（第二版）第13卷，中共中央编译局编译，北京：

人民出版社,1998年,第181页

> 我们不可能在欧洲大陆的大型战争中再发挥以前那样的作用。其他国家通过征兵制度补充兵员,它们军队纪律严明、耗费巨资、规模庞大……使我们无法参加争夺霸权的数字竞赛。
>
> ——英国驻普鲁士武官沃克上校,1869年。转引自〔英〕保罗·肯尼迪:《英国海上主导权的兴衰》,沈志雄译,北京:人民出版社,2014年,第218页

第一节　克里米亚战争与英国在亚洲的麻烦（1853—1860）

1853年3月,在克里米亚战争的前夜,马克思和恩格斯合写了一组社论,标题为《不列颠政局。——迪斯累里。——流亡者。——马志尼在伦敦。——土耳其》,于4月7日发表在《纽约每日论坛报》上。社论指出:

> 每当革命风暴暂时平息的时候,一个老是反复出现的问题必定要冒出来,这就是永远解决不了的"**东方问题**"。①

按照这个规律,法国大革命刚刚平息的时候爆发了第七次俄

---

① 〔德〕马克思、〔德〕恩格斯:《不列颠政局。——迪斯累里。——流亡者。——马志尼在伦敦。——土耳其》,《马克思恩格斯全集》(第二版)第12卷,中共中央编译局编译,北京:人民出版社,1998年,第5页。引文中的黑体字为原文所加,下同。

土战争,1821年希腊革命刚刚平息的时候爆发了第八次俄土战争,此时1848年革命的烈火已近熄灭,是不是马上会有第九次俄土战争呢?

马克思不幸而言中了,六个月后,第九次俄土战争爆发了。它的规模远远超过了上两次俄土战争,成为拿破仑战争以后的欧洲首次国际大战。克里米亚战争给西方社会带来了许多深刻的科技变革。这不仅是因为它采用了许多新式武器,如新式线膛枪、新式蒸汽动力战舰、新式水雷、新式后膛炮等,更因为许多新的战争技术很快转为民用,并进一步促进了现代社会治理手段的发展。

英法联军首次大规模铺设铁路进行军队调遣和后勤补给,革新了铁路管理制度。英法联军首次使用有线电报掌控千里之外的战场,革新了现代通信技术。英法联军首次设立野战医院,创建了现代医院护理制度。英法联军首次在战争中组织气象观测网,分析绘制天气图,创建了现代气象站和天气预报制度……甚至为了缓解前线士兵的精神压力,英法联军还在军队中大量分发香烟,刺激了现代烟草行业的发展。

尤为值得一提的是,克里米亚战争刺激了一场新闻革命。"克里米亚战争爆发后,首批战地记者跟随军队并且编辑稿件。他们用快船和火车将报道寄回。10天到14天后,这些报道即可见报。1855年5月,这一时间间隔缩短到了48小时。这是因为,在巴克拉瓦(Baklava)军事基地建立了一个电报站。此后,人们就能获得有关帝国战争的第一手材料。"①

---

① 〔英〕劳伦斯·詹姆斯:《大英帝国的崛起与衰落》,张子悦、解永春译,北京:中国友谊出版公司,2018年,第204页。

这场媒介革命的重大意义在于,往后前线发生的任何事情都会经由新闻报纸迅速转化为公共舆论,沸腾的公共舆论又会进而影响政府机构的下一步决策。18世纪的官方秘密外交遭到了越来越大的挑战,尽管迄今为止仍然存在,但已经远非唯一的外交途径了。沿着这个发展方向,1918年,威尔逊和列宁几乎在同一时期提出了国民外交,并直接影响了"五四"运动。我们会看到,从此以后,公共舆论直接参与了"东方问题"和"中亚问题"的历史进程。

或者这么说,媒介技术和新闻体制的发展为现代民族主义提供了深厚的土壤,它一方面催化了巴尔干的革命运动,另一方面又创造公共舆论迫使欧洲政府进一步干预巴尔干事务。克里米亚战争后的半个世纪里,马克思的规律更加有效了。1871年巴黎公社的革命风暴暂时平息,1875—1876年波斯尼亚、黑塞哥维那和保加利亚又相继爆发了民族革命,1877年第十次俄土战争爆发!

从1850年代到1870年代,在这两次"欧洲革命—东方问题"的间隙当中,英俄两国的东方政策和中亚政策又会发生什么样的变化呢?

一、克里米亚战争的起因及其意义

克里米亚战争摧毁了长达四十年的欧洲和平,更给奥地利首相梅特涅在1815年维也纳会议中主导的王朝协调机制以沉重一击。俄国曾是维也纳体系"正统主义"原则最主要的维护者。在1848年2月法国首先爆发革命时,沙皇尼古拉一世就主张出兵法国,平定叛乱,不想波兰也随之起义,挡住了俄军的去路,才使法国革命幸免于难。

讽刺的是,这个欧洲正统主义的维护者却是东方正统主义的反对者,这个欧洲民族运动的反对者却是东方民族运动的支持者。佩里·安德森曾指出:

> 尽管奥斯曼帝国在欧洲占据了大片地区,但它既不被视为欧洲的一部分,也不被视作可供殖民入侵或吞并的外围世界的一部分。①

这么说也许更容易让人明白:俄国人不把奥斯曼"视为欧洲的一部分",即不认为奥斯曼享有"正统主义"原则的庇护,但英国人一贯强调奥斯曼帝国的完整和土耳其海峡的中立,即不认为奥斯曼帝国属于"可供殖民入侵或吞并的外围世界的一部分"。俄国人不把奥斯曼当作欧洲的一部分,英国人不把奥斯曼当作外围世界的一部分,两者的矛盾在19世纪中叶不可协调。

1844年,尼古拉一世曾出访英国,受到了热情的接待。他曾试探性地向英国人提出,英俄两国应首先尽力合作,维护奥斯曼土耳其帝国的完整;倘若它实在无法避免崩溃的悲剧,则两国应该相互协调,共同瓜分它的领土与财富。"英国的首肯,被尼古拉认为是支持他意见的表示。"问题在于,尼古拉一世模棱两可的建议掩盖了英俄两国对它的不同理解,英国人强调的是尽可能地维护奥斯曼帝国的完整,俄国人则在考虑奥斯曼帝国什么时候寿终正寝。

---

① 〔英〕佩里·安德森:《大国协调及其反抗者——佩里·安德森访华讲演录》,章永乐、魏磊杰主编,北京:北京大学出版社,2018年,第18页。

"至少俄国的沙皇尼古拉认为,这个时刻已经在1853年来临了。"①

1853年初,沙皇在圣彼得堡与英国驻俄大使汉密尔顿·西摩爵士(Sir Hamilton Seymour)进行了一次非正式的谈话,再次提出了这个问题。尼古拉一世表示,奥斯曼帝国现在一片混乱,随时都有可能崩溃,英俄两国应该预先达成共识,避免双方误判对方的行动。沙皇打了这样一个比方:"我们的手上有一个病人,病得非常厉害的病人。如果有一天我们把他丢掉了,那就太不幸了,尤其是在我们还没有做好必要安排的情况下。"警觉的西摩大使立刻回答道:"现在需要的不是外科医生,而是内科医生;病人应该得到温和的诊治,以帮助他康复。"②

尼古拉一世因此明白了英国人的担忧,几天以后,他再次召来西摩大使,并向大使保证,俄国的领土已经足够大了,绝没有在土耳其谋求更多领土的意思,但俄国有义务保护奥斯曼帝国境内数以百万计的基督徒的利益。为了预防奥斯曼帝国的崩溃引发欧洲的混乱与战争,英俄两国应该早做准备,预先协调。沙皇接着说道:"我也可以保证,我绝无占有君士坦丁堡的意思。但我不排除暂时占据这座城市的可能。"为了获得英国人的支持,沙皇甚至特别指出,他不反对英国占领埃及和克里特岛。

显然,尼古拉一世拿埃及跟君士坦丁堡做交易,背后意在利用英法两国的矛盾。自从拿破仑时代开始,法国可能会占领埃及并开通运河,就是英国人十分担忧的事情。精明的西摩大使当即回

---

① 贺允宜:《俄国史》,台北:三民书局,2004年,第362—363页。
② 〔英〕帕特里克·贝尔福:《奥斯曼帝国六百年:土耳其帝国的兴衰》,栾力夫译,北京:中信出版社,2018年,第584页。

绝了尼古拉一世的建议,称"英国在埃及问题上的态度只是要在'英属印度和本土之间保证安全可用的交通',别无他求"。① 尽管英国人在处理对法关系时表现得小心翼翼,但法国对于近东地区的野心越来越大是不争的事实。

七月王朝的倒台让流亡在伦敦的路易·波拿巴能以英雄的身份重返法兰西,并于1848年12月当选为法兰西第二共和国的总统。这位野心勃勃的政治家上任之初就通过各种手段扩大自己的权力,逐步为后来加冕法兰西皇帝铺平道路。为此,波拿巴再次抬出一直受到共和派压制的天主教势力。为了取悦天主教会以强化自己统治的合法性,波拿巴的眼光瞄向了圣城耶路撒冷。

根据1740年法国与土耳其签订的条约,法国政府有权保护前往耶路撒冷朝圣的基督教徒。但到了19世纪,随着法兰西一次又一次的共和运动,人们对于圣地的兴趣越来越弱。相反,随着俄国在近东地区的扩张,东正教徒对于耶路撒冷的宗教热情越来越高涨。俄国人很快取代了法国人,成为巴勒斯坦地区基督教徒的保护者。如今路易·波拿巴为了保证他这个没有高贵血统的人能够加冕皇帝,认为是时候从俄国人手里夺回护教权了。

法国总统训令驻土耳其大使,要求奥斯曼帝国严格履行1740年的条约,赋予法国天主教会应有的特权。"这就意味着奥斯曼帝国政府必须取消给予希腊东正教会特权的承诺,因为两者的内容是相互冲突的。"②可见尼古拉一世在这个时候向英国大使说"有义务保护基督教徒的利益",不只针对土耳其,更针对法兰西。俄

---

① 〔英〕帕特里克·贝尔福:《奥斯曼帝国六百年:土耳其帝国的兴衰》,第585页。
② 〔英〕帕特里克·贝尔福:《奥斯曼帝国六百年:土耳其帝国的兴衰》,第588页。

法两国的矛盾迅速升级,一颗火星都有可能引发激烈冲突。贝尔福以调侃的口气归纳了法俄双方在巴勒斯坦的纠纷:

> 在现实层面上,两国之间的争端可以归结到这样的几个问题:天主教会的僧侣是否应当拥有通往伯利恒圣诞教堂主门的钥匙和通往马槽的两扇大门的钥匙,以便他们穿过圣诞教堂进入其地下室;他们是否可以在法国武装的保护下,在圣诞教堂的圣所放置一颗银星(这颗银星在近期的一次小冲突中被希腊人从马槽的石座上撬走了);另外,还有一个不那么重要的问题:天主教会的僧侣是否应当在客西马尼园保有"圣母墓的一只橱柜和一盏灯"的所有权。①

正是这些鸡零狗碎的事情,尤其是其中的银星失窃案,居然成为1853年克里米亚战争的导火索。耶稣诞生的马槽石座上有颗铭刻着拉丁文的银星,它在1847年意外失窃了。西欧天主教会相信,这是东正教势力所为,并要求由自己出面修复马槽。但希腊东正教会竭力否认银星失窃跟他们有关,并同样要求由自己出面修复马槽。双方就为这样一件今天看来十分普通的民事纠纷吵吵嚷嚷,将其一直上升到国家政治层面。

为了化解危机,也可能是为了进一步挑起危机,沙皇于1853年2月派遣特使亚历山大·缅什科夫(Александр Семёнович Меншиков)前往伊斯坦布尔,督促土耳其遵守1774年《库楚克—

---

① 〔英〕帕特里克·贝尔福:《奥斯曼帝国六百年:土耳其帝国的兴衰》,第588—589页。

凯纳吉和约》,并协助处理希腊东正教与法国天主教在巴勒斯坦的各项争端。法俄双方争论不休的银星失窃案,其实只用了一个非常简单的办法就得到了解决,即由西欧天主教会负责修缮工作,但在希腊东正教大牧首的监督下完成。

问题是缅什科夫的目的不止于此。此人一贯蔑视土耳其人和反感英国人,他甫一到任,就咄咄逼人地要求土耳其不仅承认俄国政府对于东正教神职人员的保护权,更要承认俄国政府对于普通东正教民众具有保护权。

> 俄国人还援引法国人为先例。的确,法国人对天主教神职人员和法国籍的天主教徒拥有保护权。但是,法国从未想过要保护所有信奉天主教的一般民众,何况奥斯曼帝国境内这个人群的数量远远达不到百万级,只有几万人而已。显然,缅什科夫要求的不仅是要在宗教上提供保护,更是在政治上提供保护。①

说得更明确一些,缅什科夫不啻变相地要求土耳其把境内所有东正教徒聚集区统统划给俄国人管理。这是任何政府都绝对没有办法答应的。

双方拖拖拉拉了三个月之久。当年 5 月 21 日中午,缅什科夫大使启程回国,谈判正式破裂。俄国政府随即向奥斯曼帝国发出了一份措辞强硬的照会,试图恐吓土耳其人,但它反而促成了土耳

---

① 〔英〕帕特里克·贝尔福:《奥斯曼帝国六百年:土耳其帝国的兴衰》,第 592 页。

其境内大规模的反俄运动。在日渐高涨的反俄情绪之下，奥斯曼帝国拒绝了奥地利的调停。

也许俄国人等的就是这一刻，他们立即宣布跟土耳其断交，并于7月3日派兵进驻了臣属于土耳其的摩尔达维亚和瓦拉几亚这两个多瑙河公国。这一行动释放出了巨大的战争信号，马克思评论道：

> 谁掌握多瑙河口，谁就掌握了多瑙河，控制了通往亚洲的大道，同时也就在很大程度上控制了瑞士、德国、匈牙利、土耳其的贸易，首先是摩尔多瓦（按，摩尔达维亚）和瓦拉几亚的贸易。如果他还掌握了高加索，黑海就成了他的囊中之物；而要关闭黑海的门户，只要把君士坦丁堡和达达尼尔海峡拿过来就行了。占有了高加索山脉就可以直接控制特拉佩宗特，并通过在里海的统治地位直接控制波斯的北方沿海地带。[1]

俄国军队的占领行动既摁下了欧洲的脑袋，又卡住了土耳其的脖子。10月4日，忍无可忍的奥斯曼帝国正式向俄国宣战，第九次俄土战争，即克里米亚战争爆发。

限于篇幅，战争的进程不遑赘述。这里絮絮叨叨陈述战争爆发的原因，是要进一步凸显本次"东方问题"的复杂性，并将它与之前和之后的历史作对比。

整个18世纪，英国人的最大对手仍然是法国人。19世纪初，

---

[1] 〔德〕马克思：《帕麦斯顿勋爵》"第七篇"，《马克思恩格斯全集》（第二版）第12卷，第458页。

俄国在英法之间左右逢源,来回摇摆,直接决定了拿破仑帝国的兴衰成败。拿破仑帝国崩溃后,俄国人代替了法国人,成为英国人的头号对手。直到19世纪中叶,为了遏制新对手,英国人索性站到了老冤家法国人一边。可以说,至此英国人还能够拉一派打一派,始终立于不败之地。但他们没有想到,三十年后自己被俄法两国孤立了起来。如果说此时相比于英俄在土耳其海峡问题上的矛盾,英法在埃及问题上的矛盾还显得微不足道,那么在三十年后的平狄危机中,埃及问题的重要性反而超过了土耳其海峡问题。

1856年3月30日,英、法、俄、土及奥地利、普鲁士、撒丁王国共同签署了《巴黎和约》及其附件《海上国际法原则宣言》,俄国被禁止拥有黑海舰队。它不仅丢掉了黑海洋面的霸权地位,还丢掉了1812年吞并的多瑙河口和比萨拉比亚,这两个地方被交还给摩尔达维亚。同时,《巴黎和约》重申了土耳其对塞尔维亚、瓦拉几亚和摩尔达维亚的宗主权,并将它们置于欧洲列强的共同保护之下。克里米亚战争以俄国的惨败告终,对于俄国而言,往后三十年的主题在某种程度上就是怎么摆脱克里米亚战争的阴影,恢复它在黑海的霸权和在欧洲事务中的影响力。

最后总结一下从法国大革命到1848年革命、从拿破仑战争到克里米亚战争的伟大历史转折。查尔斯·蒂利这样评价法国大革命的意义:"法国把自己的新体制作为重建其他国家的模板。当革命的和帝国的军队被打败后,其他国家也试图在欧洲的其他地方建立起那种直接统治体制的复制品。……整个欧洲大量地朝着中央集权的直接统治(其中至少有一点点代表被统治阶级)转移。"①也就是说,法国大革命给了欧洲一套全新的国家管理模式,这种管理模式强调打破中间阶层,建立从中央到群众的直接联系。它一方面表现为民主化,另一方面表现为中央集权,中央集权与民主化原本就是一体两面的,用前述克劳塞维茨的术语来说,就是建立"三千万法国公民"的国家军事机器。

这个过程受到了维也纳体系的干扰,维也纳体系"正统主义"原则最热心的拥护者沙皇俄国,恰恰是这场历史变革中最落后的一方。1848年革命首先在法国,接着又在全欧洲,冲决了封建主义正统原则的网罗。尽管马克思在这场革命中看到了"全世界无产者联合起来"的希望,但1848年革命仍然是一场民族主义的革命。它继承了法国大革命,不仅使得人民主权原则无形之中成为欧洲民族国家的法理基础,更使得欧洲政府认识到,如果不想垮台,就必须扩大工业产能以促进就业,并实施社会改革,建立社会保障。庞大的现代工业社会和实业阶层在欧洲大陆上冉冉升起了。

拿破仑战争是克劳塞维茨所说的近代史上第一场真正意义上的民族战争,而克里米亚战争就是圣西门所说的第一场真正意义上的实业界战争。英法两国之所以取胜,并不是因为它们的指挥官更有天赋和经验,也不是因为它们的士兵更加英勇无畏,而是因为它们有更出色的社会管理手段和工业生产能力。民族主义、社会管理和工业生产,乃是推动马克思的从"欧洲革命"到"东方问题"反应链的基本动力与现实结果。

---

① 〔美〕查尔斯·蒂利:《强制、资本和欧洲国家(公元990—1992年)》,魏洪钟译,上海:上海人民出版社,2007年,第121—122页。

第三章 两次革命之间的东方问题与中亚问题(1853—1874)

正是在这个层面上,我们才能真正理解为什么克里米亚战争的失败会刺激新任沙皇亚历山大二世发动农奴制改革和建立中央铁路管理系统。而这些改革又刺激了俄国,使其加快在中亚的扩张,并为扩张提供了物质保障。尤其是俄国人在亚洲建立的现代铁路系统,更成了后来英国战略家挥之不去的梦魇。

二、英国在亚洲的麻烦

大抵了解近代俄国史的人都不会否认罗斯托夫斯基(Lobanov-Rostovsky)的概括:

> 是克里米亚战争真正推动了俄罗斯在太平洋沿岸建立起一个庞大的新帝国。同理,征服中亚也可以视作同一场战争的后遗症。……这一点也不奇怪:俄国历史上有一条铁律,即每当俄国发现自己在欧洲受到挫折时,她都会加快在亚洲的扩张。①

对于这个规律,马克思、恩格斯在克里米亚战争结束之初,就已经揭示过。比如恩格斯在一篇题为《俄国在中亚细亚的进展》的时评中指出:

> 关于两个亚洲大国俄国和英国可能在西伯利亚和印度之

---

① Prince A. Lobanov-Rostovsky: *Russia and Asia*, New York: the Macmillan Company, 1933, p.147.

间的某处发生冲突的问题,关于哥萨克和西帕依在奥克苏斯河两岸发生冲突的问题,自从 1839 年英国和俄国同时出兵中亚细亚以来,常常被人们谈论着。……当最近一次战争开始的时候,俄国有可能进攻印度的问题,又重新提出来了;但是那时大家几乎一点也不知道俄国的先遣部队已推进到什么地方以及他们在哪一个方向进行侦查。①

注意,恩格斯明确称俄国和英国为"两个亚洲大国"。这暗示了世界近现代史上一个十分有趣且至关重要的现象:英俄两国的战略重心始终都在欧洲,但它们之间的对抗是以亚洲作为突破口的。不特英俄冷战如此,美苏冷战亦复如是。

当俄国在东方问题上的野心遭到英国的无情遏制时,它就不可避免地会在中亚问题上寻求补偿,并把英国人的注意力分散到那里去。英俄冷战的重心遂从"东方问题"转移成了"中亚问题"。令俄国人欢欣鼓舞的是,英国人此时在亚洲陷入了一场又一场的麻烦之中,完全没有能力复制他们在"东方问题"上的强硬态度。

英国人这一连串麻烦的起点,仍然是赫拉特纠纷。第一次入侵阿富汗战争之后,印度总督奥克兰勋爵成了众矢之的。英国政界和舆论界普遍认为这场惨败的原因在于,奥克兰愚蠢地轻视了阿富汗及其埃米尔的巨大作用。因此,"政治家和军人们都把英国

---

① 〔德〕恩格斯:《俄国在中亚细亚的进展》,《马克思恩格斯全集》(第一版)第 12 卷,中共中央编译局译,北京:人民出版社,1962 年,第 636—637 页。

对阿富汗恢复影响力的希望寄托在多斯特·穆罕默德的回国上"。①

在这样的氛围下,伯恩斯上尉的报告得到了议会的通过。此后二十年时间里,英印政府的中亚政策几乎都是以伯恩斯的建议为基础,并加以修改和补充的。该建议的要点是,默认波斯已经被纳入俄国的势力范围,通过扶持多斯特·穆罕默德把阿富汗攥在自己手里。也就是说,波斯与阿富汗的任何一次领土纠纷,都有可能上升为英俄之间的较量。波斯与阿富汗的纠纷除了赫拉特,还能有什么呢?

恩格斯评论道:

> 以赫拉特为共同中心的三个文化中心,形成了三类不同的国家。在西边是波斯,图尔克曼恰伊条约(按,《土库曼恰伊条约》)已经将它变成俄国的属国。在东边是阿富汗和俾路支诸国,其中最重要的两个国家喀布尔和坎大哈现在可以列为英印帝国的属国。在北边是图兰的两个可汗国希瓦和布哈拉;它们名义上中立,但一旦发生冲突,它们几乎一定会倒向将获胜的一方。波斯实际上从属俄国,而阿富汗实际上从属英国人,这可以由俄国人已派兵进入波斯,英国人已派兵进入喀布尔的事实来证明。②

---

① 张庶:《英俄大博弈中的赫拉特问题》,西安:西北大学硕士学位论文,2016年6月,第29页。
② 〔德〕恩格斯:《英国—波斯战争的前景》,《马克思恩格斯全集》(第二版)第16卷,中共中央编译局编译,北京:人民出版社,2007年,第47页。

一言以蔽之,赫拉特之争的模式是:俄国人极力怂恿波斯占领赫拉特,而英国人坚决不许波斯占领赫拉特;俄国人为波斯占领赫拉特出谋划策,英国人为阻止波斯占领赫拉特而发动波斯战争。第一次赫拉特纠纷是这样,第二次赫拉特纠纷也是这样。

在1838年击败波斯入侵后,赫拉特的大维齐尔叶·穆罕默德更如日中天。他在1842年谋朝篡位,绞死了赫拉特名义上的统治者卡姆兰王子,正式成为赫拉特的主人。精明的多斯特·穆罕默德意识到,这是他收复赫拉特的好机会。

阿富汗埃米尔明白,英国人迟早都要吞并锡克王国,这意味着自己永远没有办法夺回白沙瓦,他因此把工作重心转向了挨个收拾国内的分裂势力。1855年,多斯特·穆罕默德成功收回坎大哈,赫拉特就是他的下一个目标。

叶·穆罕默德也明白,如果不是波斯人而是阿富汗人前来进攻,他就根本不用指望英国人的援助。因此,叶·穆罕默德必须另谋出路。这么说也许更全面:赫拉特的生存之道本来就是在波斯和阿富汗之间左右摇摆,波斯强势时倾向阿富汗,阿富汗强势时倾向波斯。于是,叶·穆罕默德决定寻求波斯的援助。① 然而事实证明,这是个极其愚蠢的决定,既得罪了英国人,也没能讨好俄国人。

就英国方面而言,当赫拉特的大维齐尔倒向波斯时,印度总督约翰·劳伦斯爵士(Sir John Lawrence)果断地于1854年同多斯特·穆罕默德在白沙瓦签订了同盟条约。根据条约,埃米尔尊重

---

① 张庶:《英俄大博弈中的赫拉特问题》,第31页。

东印度公司的领土,东印度公司也尊重埃米尔的领土;埃米尔承诺,以"它(按,东印度公司)的朋友为朋友,它的敌人为敌人"。"由于这个条约,第一次阿富汗战争遗留下来的长达十二年之久的互相敌对和怀疑至此告终了。"①

就俄国方面而言,还在克里米亚战争期间,俄国人先是怂恿新任波斯统治者纳赛尔丁·沙趁机从后方进攻土耳其。但在英国的警告下,纳赛尔丁·沙没敢轻举妄动。俄国人一计不成又生一计,转而怂恿他夺取赫拉特。这个建议被波斯沙哈欣然接受了。1855年,波斯人秘密支持穆罕默德·优素福以"为卡姆兰王子报仇"为名,推翻了叶·穆罕默德。当优素福绞死了这位大维齐尔后,波斯人马上以提供援助为理由,在当年12月派兵前往赫拉特,并于次年10月成功占领了赫拉特。是为第二次赫拉特危机。

很不巧,克里米亚战争已经结束了。腾出手来的英国皇家海军当然不会对波斯人客气。1855年12月,波斯刚一宣布进军赫拉特,英国就立即与之断交。1856年10月,波斯军队攻克赫拉特,11月英国就向波斯宣战。皇家海军很快重复了上次波斯战争的操作,攻占哈尔克岛、布什尔港等地,封锁波斯湾。于是波斯也像上次一样灰溜溜地放弃了赫拉特。1856年的战争几乎重复了1838年的战争,唯一的不同是,这次波斯人好歹进过赫拉特城内。比如马克思就称:

---

① 〔英〕珀西·塞克斯:《阿富汗史》第2卷上册,张家麟译,北京:商务印书馆,1972年,第788页。条约全文刊载于 Henry Rawlinson: "Appendix", in *England and Russia in the East: A Series of Papers on the Political and Geographical Condition of Central Asia*, London: John Murray, 1875.

> 目前同波斯开战的理由,和阿富汗战争之前的情况很相似,即波斯人袭击赫拉特,而这次袭击的结果是占领了该城。但是说来令人奇怪,英国人这次以盟友和保护者的姿态支持的恰恰是在阿富汗战争时他们极想推翻而未能推翻的多斯特-穆罕默德。①

英国人雷厉风行地解决了第二次赫拉特危机造成的麻烦,但他们在其他亚洲麻烦面前,就没有这么顺利了。

1856—1857年的波斯战争还没有结束,印度就发生了历史上著名的反英大起义。为了抽身前去镇压印度起义,英国当局在1857年3月4日与波斯草草签署了和平条约,结束了本次战争。这场战争虽然保住了赫拉特,但也把波斯进一步推进了俄国人的怀抱。马克思在当年6月便挖苦此事:

> 这次远征波斯所获得的纯利,可以总结如下:大不列颠在整个中亚细亚受到普遍的憎恨;由于动用印度军队,印度国库承受新的负担,印度的不满情绪日益增长;另一场克里木(按,克里米亚)惨剧的重演几乎不可避免;波拿巴在英国与亚洲各国之间的正式调解人地位得到确认;最后,俄国获得了两个具有重大意义的地区:一个在里海,另一个在波斯的北部沿海

---

① 〔德〕马克思:《对波斯的战争》,《马克思恩格斯全集》(第二版)第16卷,第29页。

第三章 两次革命之间的东方问题与中亚问题(1853—1874)

边境。①

几乎与波斯占领赫拉特同时,中国广东洋面又发生了"亚罗号事件"(the Arrow Incident),英国人又陷入了同清朝的小规模战争。

造成这一系列麻烦的根本原因是,英国人之前在亚洲的扩张速度太快了,以至于他们对新势力范围的消化还赶不上扩张的速度。马克思这样谈及印度起义的原因:

> 罗马的"分而治之"是大不列颠大约一百五十年来用以保有它的印度帝国的金科玉律。不同的种族、部落、种姓、教派和邦国,合起来构成了这个叫做(作)印度的地理上的统一体,它们之间的互相仇视一直是英国赖以维持其统治的必不可少的原则。然而,最近这一统治的条件发生了变化。在征服信德和旁遮普以后,英印帝国不仅达到了它的自然界限,而且抹去了印度各独立邦的最后痕迹。所有好战的土著部落都被制服了,所有严重的内部冲突都结束了,最近奥德的被兼并已清楚地表明,残余的一些所谓独立的印度公国也只是由于获得默许才得以存在。这样,东印度公司的地位大有改变。它已不再借助印度一部分地区去进攻另一部分地区,而是高高在上,整个印度都在它的脚下。它已成为**惟(唯)一**的征服者,而不再从事征讨。它手下的军队不必再去扩展它的领地,只要

---

① 〔德〕马克思:《与波斯签订的条约》,《马克思恩格斯全集》(第二版)第 16 卷,第 163 页。

保持这些领地就行了。士兵变成了警察,2亿土著居民被英国人指挥的20万土著军队所控制,而土著军队又控制在仅有4万人的英国军队的手里。①

印度本不是一个国家,而是一堆杂乱松散的土著部落和王公贵族。英国人可以通过武力硬造一个印度出来,却没法通过武力消除其内部的分裂状态。最起码,面对2亿多内部分裂的印度群众,20万印度土著军队的规模是远远不够的。面对20多万内部分裂的印度土兵,4万英国教导团和督战队的规模也是远远不够的。

这场起义的原因和过程已经被人反复申说,这里不再重复。需要提醒的是,直到反英大起义爆发时,东印度公司在名义上还是莫卧儿帝国的雇员。美国学者梅特卡夫(Thomas R. Metcalf)指出:

> 自1765年的克莱武条约[当时英国人确立了孟加拉的迪瓦尼(diwani)制度(税收管理制度)],东印度公司承认了对德里王国形式上的从属关系。例如,在1835年之前,其货币继续印有莫卧儿王朝君主的名字,1835年后,东印度公司停止缴纳每年的纳兹尔(nazr)(这是东印度公司纳贡地位的明显标志),而公司仅于1843年缴纳过。作为莫卧儿王朝的臣属,由于缺乏清晰的主权地位,总督只能在等级制度和从属地位中

---

① 〔德〕马克思:《印度军队中的起义》,《马克思恩格斯全集》(第二版)第16卷,第164页。

艰难地授予荣誉或者组织仪式。①

也许东印度公司十分喜欢这种名义上的臣仆或雇员身份——印度人民的死活是当地统治者的事情,我只是来赚钱的。

然而,印度起义给英国人造成的一个很大的困扰是,他们的最大雇主,也就是莫卧儿帝国的末代皇帝巴哈杜尔·沙二世（Bahadur Shah Ⅱ）居然跟当地群众联合起来造英国雇员的反了。此前这些一心只想赚钱的英国雇员们可是既不在乎也不关心印度普通群众是怎么样的。当代英国学者坦承：

> 让英国人恐慌和惊奇的是,许多普通的农民群体也在1857年起义了。这些起义并不全是有意识地对现行土地制度的反叛。……起义的特点之一是,印英政府对于起义地区发生了什么几乎是一无所知,并且,所得到的有关起义的信息,通常关心的也只是那些大富豪的活动。②

这种事情该如何处理？英国人的选择是撕掉了所有法律和商业的外衣,视法理原则如粪土,于是臣仆开始审判君主,雇员开始审判雇主了。1858年,他们把巴哈杜尔·沙二世流放到了缅甸,随后又撤销了东印度公司,大摇大摆地摇身变为印度的主人了。这

---

① 〔美〕托马斯·R. 梅特卡夫:《新编剑桥印度史:英国统治者的意识形态》,李东云译,昆明:云南人民出版社,2015年,第50页。
② 〔英〕C. A. 贝利:《新编剑桥印度史:印度社会与英帝国的形成》,段金生、蒋正虎译,昆明:云南人民出版社,2015年,第181、183页。

正如梅特卡夫所说：

> 对东印度公司的废止结束了这种模糊性，因为现在英国的王权成为无可争议的权力中心，它将其所有的属民都归入了一个单一的等级体系之中，印度和英国都是一样的了。……虽然英国人不能合法地审讯国王的叛国罪，因为他是国王而英国人是臣属，然而，这次审讯以及后来巴哈杜尔·沙向缅甸的流放使得英国人最终能以无可争议的印度统治者身份来代表自己。新的秩序开始了。①

几乎所有人，既包括保守主义者也包括自由主义者，都把印度起义的根源归结为亚洲民族野蛮好战。"由于对蛮勇的暴动者的猛烈反击，1857年暴动反而唤起了一种明晰的英雄主义和自信感。"②例如，辉格主义史学家乔治·特里维廉（George O. Trevelyan）曾写道，这场斗争"不由自主地提醒了我们，我们是至高无上的种族，我们凭借英勇和远见在被征服的土地上立足"。③

这种对于亚洲民族的认识不仅适用于印度人，也适用于中亚人。因此，在印度大起义中疲于应付的英国人竟然觉得，把"野蛮"的中亚交给"文明"的俄国人去管理，兴许真是个不错的选择。

---

① 〔美〕托马斯·R.梅特卡夫：《新编剑桥印度史：英国统治者的意识形态》，第50页。
② 〔美〕托马斯·R.梅特卡夫：《新编剑桥印度史：英国统治者的意识形态》，第45页。
③ G. O. Trevelyan：*The Competition Wallah*，London：1864. 转引自〔美〕托马斯·R.梅特卡夫《新编剑桥印度史：英国统治者的意识形态》，第45页。

三、伊格纳季耶夫的尝试

英国人被搅得焦头烂额,最大的得利者当然要数俄国人,后者几乎不受阻力地急剧扩大了他们在亚洲的版图。

还在克里米亚战争期间,1854年,俄国奥伦堡总督彼罗夫斯基,也就是那位1839年率队进军希瓦的俄国指挥官,这回终于控制了希瓦的外交权、关税制定权和商路规划权。1856年,俄国刚刚屈辱地签订完《巴黎和约》,就转过头来把消灭浩罕作为在中亚的第一个战略目标。1858年,俄国外交官尼古拉·伊格纳季耶夫(Никола́й Па́влович Игна́тьев)奉命出使希瓦和布哈拉,目的是侦查英国人对于中亚的渗透程度,并破坏他们在那里的影响力。

这位伊格纳季耶夫后来在欧洲外交场合大名鼎鼎,不过他出名的原因竟是既特别能撒谎,又特别蛮不讲理。此时伊格纳季耶夫只有26岁,但身上已经掩饰不住那与生俱来的撒谎天赋了。霍普柯克评价他是"杰出的大博弈参与者",让英国人"吃尽苦头"。"印度大起义期间,伊格纳季耶夫是俄国驻伦敦大使的随行人员,他当时就力劝圣彼得堡当局充分利用英国的薄弱之处,在亚洲和其他地区进行偷袭,以抢占先机。"[①]沙皇亚历山大二世的这一任命,真可谓所托得人。

[①] 〔英〕彼得·霍普柯克:《大博弈:英俄帝国中亚争霸战》,张望、岸青译,北京:中国青年出版社,2015年,第326页。按,引文原文中把"伊格纳季耶夫"翻译成"伊格那提耶夫",乃依据英文转写"Ignatiev",其中俄语"ть"的拉丁字母转写为"ti",但俄语此处有软音变化,发音不同于英语,故引用时改之。下同。

当时布哈拉与浩罕两国正处于敌对状态,随时都有可能开战。故而,性情暴虐的布哈拉埃米尔纳斯尔尽管当年可以轻易地斩首英国军官康诺利和斯托达特,但如今为了得到俄国的支持,也不得不善待伊格纳季耶夫。埃米尔向伊格纳季耶夫承诺释放所有布哈拉的俄国奴隶,积极开展两国间的贸易往来,更答应以后不接待任何英国使节,严禁英国人渡过阿姆河。"他甚至还提议,如果希瓦汗国继续拒绝俄国船只从咸海进入阿姆河,那么布哈拉和俄国就应该联手瓜分希瓦国土。"①

这位残暴不仁的中亚封建统治者从来不把信誉当回事,以至于只要他乐意,明天就可以忘掉今天说过的话。正如霍普柯克所说,"一旦浩罕的威胁解除,埃米尔会毫不犹豫地食言"②。不幸的是,纳斯尔这回遇到了真正的高手。他怎么也没有想到,眼前这位俄国外交官看似年轻好骗,其实比他还懂两面三刀、阳奉阴违。

伊格纳季耶夫听到布哈拉埃米尔这一系列明显夸大其词的"承诺"后,索性顺水推舟,骗取埃米尔答应给予俄国船只在阿姆河上的航行权。更重要的是,他心里压根儿没把纳斯尔的话当真,表面上却装出一副信以为真的样子,一面兴奋地与布哈拉埃米尔大谈两国间的友谊,另一面却建议俄国政府"立即吞并中亚汗国,以免英国人抢占先机"③。

必须要强调,这位人类历史上不世出的俄国外交骗子在1858年10月11日与布哈拉埃米尔签订完条约以后,就马不停蹄地来到

---

① 〔英〕彼得·霍普柯克:《大博弈:英俄帝国中亚争霸战》,第328页。
② 〔英〕彼得·霍普柯克:《大博弈:英俄帝国中亚争霸战》,第328页。
③ 〔英〕彼得·霍普柯克:《大博弈:英俄帝国中亚争霸战》,第328页。

了中国,伪称"调停"第二次鸦片战争,不费一枪一弹就骗取了中国东北100多万平方千米土地及大量的商业特权。"这是当时还不满30岁的伊格纳季耶夫施展的最高等级的阴谋术,也是俄国取得的一项非凡的外交胜利。"一位英国历史学家后来说道:"自1815年以来俄罗斯没有缔结过如此有利的条约,也从未由如此年轻的外交家成就如此恢宏的伟业。俄罗斯在1860年取得的胜利完全抹平了人们对克里米亚战争的痛苦记忆,而且这个胜利还是在完全蒙蔽了英国人的情况下取得的。"①

其实我们想要了解克里米亚战争与近代中国之间千丝万缕的联系,用不着远求他人,马克思、恩格斯就在事件发生伊始有过专门的评论。例如马克思曾说:

> 约翰牛由于进行了第一次鸦片战争,使俄国得以签订一个允许俄国沿黑龙江航行并在两国接壤地区自由经商的条约;又由于进行了第二次鸦片战争,帮助俄国获得了鞑靼海峡和贝加尔湖之间最富庶的地域,俄国过去是极想把这个地域弄到手的,从沙皇阿列克塞·米哈伊洛维奇到尼古拉,一直都企图占有这个地域。②

恩格斯的评论更加直白,也更加具有国际关系史上的意义:

---

① 〔英〕彼得·霍普柯克:《大博弈:英俄帝国中亚争霸战》,第330—331页。
② 〔德〕马克思:《中国和英国的条约》,《马克思恩格斯全集》(第一版)第12卷,第625—626页。

> 俄国由于自己在塞瓦斯托波尔城外遭到军事失败而要对法国和英国进行的报复,现在刚刚实现。
> ……俄国正在迅速地成为亚洲的头等强国,它很快就会在这个大陆上压倒英国。①

俄国人在欧洲耗费无量鲜血和金钱未曾推进一步,却在亚洲仅凭一张三寸不烂之舌就成功地攫取了大量领土和特权。这对于沙皇后来的扩张政策,无疑是一个巨大的启发和鼓励。伊格纳季耶夫等人很快发现,英国人尽管在东方问题上强硬无比,但在中亚问题和东亚问题上十分虚弱。他们说服亚历山大二世加快在亚洲大陆的试水和冒险,这些行动大多取得了成功。

第二节 俄国在中亚的全面扩张(1861—1868)

1861年4月,美国南北战争爆发,其南部的棉花出口中断,这使得欧洲列强都在迫切地寻找新的棉花产地。"俄国人比大多数人要幸运,他们早已得知中亚的浩罕地区适宜生长棉花,特别是肥沃的费尔干纳谷地更是具备大规模种植的潜力。"亚历山大二世下定决心要抢在英国人之前"夺取中亚的产棉区,或者至少是那里的棉花"。②

---

① 〔德〕恩格斯:《俄国在远东的成功》,《马克思恩格斯论中国》,中共中央编译局编,北京:人民出版社,1997年,第81、85页。
② 〔英〕彼得·霍普柯克:《大博弈:英俄帝国中亚争霸战》,第333页。

这一年,沙皇任命年仅34岁的德米特里·米柳京(Дмитрий Алексеевич Милютин)担任陆军大臣(1861—1881)。此人不仅结交国内的自由派,着力推动农奴制改革,更强烈主张加紧对外扩张,武力征服中亚。他与弟弟尼古拉·米柳京(Николай А. Милютин)在1845年就是推动建立俄国地理学会的骨干力量,并成为学会首任主席康斯坦丁·尼古拉耶维奇(Константи́н Никола́евич)亲王的得力副手。①

同样强烈主张征服中亚的伊格纳季耶夫也在1861年接任外交部亚洲司司长(1861—1864)。霍普柯克指出,俄国人也曾希望通过和平贸易的方式从中亚汗国那里进口棉花,"这样就可以避免流血冲突和战争支出,也不会触怒英国人,使其做出节外生枝的反应"。但伊格纳季耶夫以自己在希瓦和布哈拉的亲身经历告诫俄国决策层,"中亚汗国的统治者缺乏诚信,绝不会遵守任何协议,武力征服是唯一有效的方法,也只有这样才能把英国人拒之门外","他的观点得到米柳京伯爵的支持,最终占据上风"。②

上述人事变动表明,俄国很快将开始大举进攻亚洲腹地。他们在1847年已经吞并哈萨克汗国,该地将成为俄军侵略中亚的重要跳板。

---

① *The Cambridge History of Russia*, Volume Ⅱ: *Imperial Russia, 1689-1917*, edited by Dominic Lieven, Cambridge: Cambridge University Press, 2006, p.598.
② 〔英〕彼得·霍普柯克:《大博弈:英俄帝国中亚争霸战》,第333—334页。

一、攻克塔什干

一贯为俄国侵略政策摇旗呐喊的捷连季耶夫（M. A. Терентьев）曾不自觉地承认，1860年代以前，俄国与中亚汗国的分界线是锡尔河。① 但从1861年开始，俄国军队就不断越过锡尔河，在锡尔河右岸建立一个又一个军事要塞。在前线俄军指挥官中，最胆大妄为的当属米哈伊尔·切尔尼亚耶夫（Mikhail Cherniaev）了。这位负责守卫锡尔河边境线的军事将领在1863年5月30日私自率兵攻占了苏扎克，随后征服了楚拉克·库尔干。

切尔尼亚耶夫的军事冒险不仅得到了陆军大臣米柳京的认可，更受到了沙皇的暗中鼓励。1863年12月20日，亚历山大二世命令米柳京在次年动手把锡尔河线与西伯利亚线连接起来。因此，俄军于1864年开始着手把临时国界线推进到卡拉套山。苏联历史学家哈尔芬说："1863年12月20日沙皇的命令标志着俄罗斯帝国在中亚的对外政策新阶段开始。"② 王治来也指出："如果说，1863年的军事行动只是侦查性的远征，只是对某个城市、某个要塞进行偶然的、孤立而零星的远征，那么，1864年时沙俄军队就开始向中亚腹地实行大举的入侵了。"③

1864年，俄军兵分两路开始进攻浩罕。一支为外楚河部队约

---

① 〔俄〕M. A. 捷连季耶夫：《征服中亚史》第1卷，武汉大学外文系译，北京：商务印书馆，1980年，第245页。
② 〔苏〕哈尔芬：《中亚归并于俄国》，莫斯科1965年版，第153页，转引自王治来《中亚通史·近代卷》，乌鲁木齐：新疆人民出版社，2004年，第251页。
③ 王治来：《中亚通史·近代卷》，第251页。

2600人,隶属西伯利亚军区,由切尔尼亚耶夫指挥,自东向西于5月1日从维尔内(Verny/Верный)出发,在6月初攻克奥里耶-阿塔(Aulie-Ata/Аулие-Ата)①;另一支为锡尔河部队约1600人,隶属奥伦堡军区,由维锐夫金指挥,自西向东于5月22日从彼罗夫斯克(Perovsk/Перовск)出发,在6月9日攻占重镇突厥斯坦(Turkestan/Туркестан)。②两军东西对进,直指卡拉套山(Karatau/Каратау)的重镇奇姆肯特(Shymkent/Чимкент)。③

7月,陆军大臣米柳京向前线传达沙皇谕旨,宣布两军由切尔尼亚耶夫统一指挥,建立新浩罕防线:

> 皇上有旨,新浩罕防线,是由楚河到锡尔河亚纳库尔干的一系列要塞组成,以连接锡尔河线与西伯利亚线。为在新浩罕防线上统一指挥,该防线从楚多赫纳库顿河流域起,包括维锐夫金将军的部队在内,统归切尔尼亚耶夫少将指挥。④

在切尔尼亚耶夫的指挥下,奥里耶-阿塔与突厥斯坦的东西两路俄军会师于奇姆肯特城下,经过四天的围攻,以仅仅损失2人的代价于9月22日攻占该城。王治来评价道:

---

① 维尔内,1921年改名为阿拉木图,为哈萨克斯坦最大城市,1991至1997年间为哈萨克斯坦共和国首都。奥里耶-阿塔,即今天的塔拉兹(Taraz),哈萨克斯坦江布尔州首府。
② 彼罗夫斯克,即克孜勒奥尔达(Kyzylorda/Кызылорда),今哈萨克斯坦克孜勒奥尔达州首府。
③ 突厥斯坦,又译为"土尔克斯坦",位于奇姆肯特西北侧,两城皆位于今哈萨克斯坦南端。
④ 转引自王治来:《中亚通史·近代卷》,第252页。

奇姆肯特是突厥斯坦地区的首府。俄国攻克此城就占据了整个楚河流域。其侵略线遂从咸海延伸到了阿拉套山。从阿克麦斯吉德堡到维尔内的整个道路都被俄军夺得,锡尔河线和西伯利亚线就联(连)接了起来,草原地区完全被新浩罕线所封闭。俄国人从此越过草原地区进入了中亚的富庶地区。对浩罕汗国来说,奇姆肯特的丧失,使其失去了对南哈萨克斯坦的统治。①

俄军攻克奇姆肯特的战略意义更在于:费尔干纳谷地门户洞开,浩罕第二大城市塔什干指日可下。在攻克奇姆肯特之后仅仅几天,切尔尼亚耶夫就在未经上级批准的情况下,意图率军乘胜夺取塔什干,但终因城内浩罕守军的激烈抵抗而于 10 月 4 日撤出战斗。值得一提的是,此次塔什干保卫战的守军当中,正有我们熟悉的穆罕默德·阿古柏。按照包罗杰的说法,"当切尔尼亚耶夫将军的军队出现在城郊的时候,阿古柏伯克以无以复加的轻率态度,在草原上迎战。正如可以预料到的,俄国人战胜了,阿古柏伯克被迫率领他的败兵残卒,躲进塔什干城里"②。

与之前对抗布哈拉汗国的逻辑一样,浩罕人每一次丢失领土时,都要入侵中国以寻求补偿。此时的中国从华南到中原,从华北到西北,已经民变四起,遍地狼烟。对于任何外部强权而言,新疆都是一个真空地带。对浩罕如此,对俄国更是如此。就在切尔尼

---

① 王治来:《中亚通史·近代卷》,第 253 页。
② 〔英〕包罗杰:《阿古柏伯克传》,本馆翻译组译,北京:商务印书馆,1976 年,第 68 页。

亚耶夫尝试夺取塔什干未果之后三天,10月7日,中俄签订《勘分西北界约记》,通过该条约及其附件,俄国鲸吞了中国西北44万平方千米的土地。

二、征服布哈拉和浩罕

俄国在1864年攻占奇姆肯特并试图攻占塔什干的消息,一传到英国,就引发舆论大哗。报纸上纷纷讨论俄国对印度构成了怎样的威胁,以及英国何时与俄国开战,帕麦斯顿的自由党政府甚至因此受到了议会的严厉质询。①

一贯主张在中亚地区谨慎行事,不要过分刺激英国人的俄国外交大臣亚历山大·戈尔恰科夫(Alexander Gorchakov),就在当年10月31日请求亚历山大二世发布命令:今后不要进一步改变中亚边界线。11月21日,戈尔恰科夫又根据去年12月20日沙皇谕令新国境线的精神,向列强发表了一份外交通告。这份历史上著名的通告拟定了如下三个原则:

> 一、我们考虑,必须完成的是:两条边境要塞线,一条从中国延伸到伊塞克湖,另一条从咸海起沿着锡尔河下游延伸,这两条要塞线必须用一条堡垒的链条把它们连接起来,使每一个要塞处在一种能够互相提供支援的地位,并且不给游牧部落的入侵留下空地。

---

① 〔英〕克劳斯:《俄国在亚洲》,1973年重印本,第223页,转引自王治来:《中亚通史·近代卷》,第254页。

二、最重要的是,这样建成的要塞线应当位于一个肥沃富庶的地区,这不仅是为了保证供应,而且也是为了有利于经常的殖民,仅此也就能给予一个被占领的地区以一个稳定而繁荣的前途,或吸引相邻的部落转向文明的生活。

三、把这条线固定在一定的状态中是很急迫的,这是为了避免使俄罗斯帝国卷入从镇压到报复的无限扩张的循环。

为此目的,就有必要为建立一套办法打好基础,这套办法的建立,不仅是要考虑到方便,而且考虑到要以固定而永恒的地理资料和政治资料为依据。

我们发现这个办法是长期经验积累的结果。一个很简单的事实就是:游牧部落不可能争取过来,不可能镇压他们,也不可能控制他们,他们乃是最坏的邻人。而农业和商业居民,则都固着于土地,有一个得到更高度发展的社会组织,能给我们提供建立友好关系的基础,这种友好关系是我们能希望的一切。

我们的边界线,就应当把前者包进来,而停止在后者的边界上。

这三项原则,为我国最近在中亚完成的军事行动,提供了一个清楚的、自然的和合乎逻辑的解释。①

简单地说,戈尔恰科夫解释道:俄国在中亚的扩张属于防卫性质,是为了抵御游牧部落的袭扰,并促使农耕部落接近文明;为了

---

① 转引自王治来:《中亚通史·近代卷》,第257页。

第三章 两次革命之间的东方问题与中亚问题(1853—1874)

避免"卷入从镇压到报复的无限扩张的循环",俄国不会寻求进一步扩张,即便未来发生新边境线以外的军事行动,那也是为了保卫新边境线,而不是为了进一步扩张。总之,俄国在中亚的扩张到此为止了,不会再发生新的扩张行动。

对于戈尔恰科夫的话是否出于真心实意,迄今为止学界仍然争论不休。苏联历史学家哈尔芬就认为,"此举是精心设计的烟幕弹,旨在蒙蔽英国人"。① 其实戈尔恰科夫本人怎么想的并不重要,重要的是,据说尼古拉一世曾下过谕令:"只要帝国的旗帜在一个地方升起,它就永远不能降下。"这成为历代俄国人的基本准则。在这条准则之下,前线俄国军队即便不经许可就擅自扩张,也只要取得胜利,就能够得到朝廷的首肯。正如捷连季耶夫所承认的那样:

这样,我们在中亚就制定了一种特别的行动方式:部队的下级长官有开创局面的自由,动辄违背政府的方针,而他们进取的结果,又被政府看做(作)既成事实,当作"历史财富"而予以承认;有进取精神的先进人物,挨了一顿呵斥之后,马上又得了嘉奖。②

1865年2月12日,俄国成立突厥斯坦省。"这个省由锡尔河线与新浩罕线组成,把新占领的地区都包括了进来,它隶属于奥伦堡总督管辖。"③切尔尼亚耶夫将军成为突厥斯坦省的首任最高行

---

① 转引自〔英〕彼得·霍普柯克:《大博弈:英俄帝国中亚争霸战》,第335页。
② 〔俄〕М. А. 捷连季耶夫:《征服中亚史》第1卷,第455页。
③ 王治来:《中亚通史·近代卷》,第261页。

137

政长官。新官上任的切尔尼亚耶夫根本不在乎外交大臣戈尔恰科夫说了什么,他像米柳京和伊格纳季耶夫一样,只关心如何消灭浩罕,夺取费尔干纳的棉花产地。4个月后,6月17日,俄军卷土重来,正式占领了塔什干。此时的阿古柏伯克早已入侵新疆,"又远在另外一个战场"了。① 或者说,浩罕汗国通过侵略新疆而部分地延续了它的国祚。

切尔尼亚耶夫正属于那种"有进取精神的先进人物",在"挨了一顿呵斥之后,马上又得了嘉奖"。"因为攻占塔什干有功,他违抗命令的举动不仅获得了原谅,还被沙皇称为'壮举'。"亚历山大二世十分满意地接受了切尔尼亚耶夫的礼物,并很快授予他圣安娜勋章,"各级军官均论功行赏,其他人员获得每人两卢布的额外奖赏"。② 正如王治来先生所论:

> 在沙俄侵略中亚的过程中,表面上看有一种矛盾的现象,即沙俄政府口头上总是宣传说俄国厌烦扩大领土,但实际上,在中亚负责的军官们却总是肆无忌惮地进行领土的扩张。这种没完没了的侵略和扩张,反过来正说明了戈尔恰科夫通告之类的宣传,是完全不可相信的谎言。③

在俄军攻下塔什干之后,切尔尼亚耶夫就把目光瞄准了浩罕

---

① 〔英〕包罗杰:《阿古柏伯克传》,第69页。
② 〔英〕彼得·霍普柯克:《大博弈:英俄帝国中亚争霸战》,第341页。
③ 王治来:《中亚通史·近代卷》,第273页。原文"戈尔恰科夫"译为"哥尔查科夫",为了保持译名统一,改之。

的邻国和死敌——布哈拉汗国,这也是"大博弈"一词的缔造者康诺利被杀的地方。"为了有利于下一步的行动,首先必须切断浩罕汗国同布哈拉汗国的联系。"①

可耻的是,中亚统治者在大难临头之际,却仍想着内斗。1865年,布哈拉埃米尔穆扎法尔·丁·巴哈杜尔(Muzaffar ad-Din Bahadur Khan,1860—1885年在位)利用俄国进攻浩罕之机,背后捅刀,率领大军入侵费尔干纳盆地,占领了浩罕首都浩罕城,并扶持自己的岳父胡达雅尔汗重新登上了浩罕埃米尔的宝座。关于胡达雅尔汗的事迹,后文仍将提及。

志得意满的布哈拉埃米尔随即派遣了一个使团前往塔什干,以最后通牒的形式要求切尔尼亚耶夫立即撤出此地。"埃米尔的要求,使沙皇政府担心土耳其斯坦(按,突厥斯坦)边区的俄国部队将受到布哈拉和浩罕共同攻击的威胁。"②

面对这种自不量力的最后通牒,切尔尼亚耶夫不仅不会同意,更索性横下心来决定先打垮布哈拉,再吞并浩罕。他得出结论,如果攻占布哈拉城市治扎克(Dzizak/Дизар,又译为"吉扎克",今乌兹别克斯坦东部城市)、忽毡(Khujand/Худжанд,又译为"苦盏""胡占德",位于费尔干纳盆地谷口,临锡尔河,为今塔吉克斯坦第二大城市)、乌腊提尤别(Ura-Tjube,又译为"乌拉秋别",即古之"贰师城",位于今塔吉克斯坦首都杜尚别以北)等地,就能"使布哈拉汗

---

① 吴筑星:《沙俄征服中亚史考叙》,贵阳:贵州教育出版社,1996年,第222页。
② 吴筑星:《沙俄征服中亚史考叙》,第222页。

国同浩罕汗国最终互相隔离,于是便可以征服它们"。①

切尔尼亚耶夫尝试着向布哈拉派出了一个使团,企图使穆扎法尔屈服,但傲慢的埃米尔此时并没有把俄国人放在眼里,他非但不认真考虑如何对付俄国人,更草率地囚禁了这个使团。切尔尼亚耶夫要的就是这个效果。1866年1月,他率兵渡过锡尔河,进攻治扎克。

不幸的是,切尔尼亚耶夫这回失算了。到达治扎克城下的俄国军队发现该地城高墙厚,守军众多,己方则缺乏后援,处于绝对劣势,因此不得不狼狈撤退。一则派出使团遭到囚禁,再则报复不成狼狈撤军,这大大有损俄国在中亚的形象,却使得布哈拉埃米尔俨然成了抗俄英雄。捷连季耶夫说:

> 为了在民众的心目中贬低从未同俄国人打过一次交道而自命为不可战胜的埃米尔的作用,为了消除治扎克远征的影响(按布哈拉人的说法,切尔尼亚耶夫是"剃光了眉毛"——相当于土耳其成语"啃饱了污泥",即耻辱地从治扎克撤退),当然应该寻找机会去击溃布哈拉军队,使他们在草原上溃不成军。②

为此,愤怒的沙皇决定撤换切尔尼亚耶夫。1866年3月下旬,罗曼诺夫斯基(Романовский)出任突厥斯坦省长,接任切尔尼亚耶

---

① 塔吉克共和国科学院多尼什历史研究所:《塔吉克民族史》(俄文),第2卷,第2册,莫斯科,1964年,第134页,转引自吴筑星:《沙俄征服中亚史考叙》,第222页。
② 〔俄〕М. А. 捷连季耶夫:《征服中亚史》第1卷,第399页。

夫。与此同时,奥伦堡总督克雷扎诺夫斯基(Nikolai A. Kryzhanovskii)前往塔什干,亲自统率征服中亚汗国的战争。

5月7日,大约3600人的俄军从塔什干出发,沿锡尔河左岸行动,于次日下午在治扎克和忽毡之间的伊尔贾尔遭遇了布哈拉主力约4万人。这场看似众寡悬殊的遭遇战却成了一边倒的大屠杀,俄方仅以阵亡1人、伤12人的代价,就打死布哈拉1000多人,击溃了布哈拉军队,并缴获了10门大炮。半个月后,5月25日晨,俄军仅以阵亡5人、负伤122人、失踪6人的微弱代价,攻克了忽毡。① 三个多月后,1866年8月,克雷扎诺夫斯基正式宣布,将塔什干、忽毡等地永久地纳入俄罗斯帝国版图。

俄国人一路大获全胜,这才使得布哈拉埃米尔清醒过来。他不仅释放了所有在押的俄国人,还于9月初派遣使臣前往忽毡,表示愿意接受俄国的一切条件。先是不把俄国人放在眼里,接着又在俄国人的攻势面前跪地求饶,所有这一切行为方式,无异于强化了俄国人的基本判断:"布哈拉人没有得到应有的教训是不会醒悟过来的。"②

为了一劳永逸地让中亚封建统治者"醒悟过来",俄国的军事打击不会就此结束。克雷扎诺夫斯基假惺惺地向布哈拉使臣提出了以下几个和平条件:一、允许派驻俄国代表,保护俄国商业利益;二、俄国臣民可以在布哈拉汗国任何地方设立商队客栈;三、俄国商人在布哈拉所缴纳的税收不能高于布哈拉商人在俄国所缴纳的税收;四、赔款10万提拉(相当于40万卢布)。布哈拉使臣表示愿

---

① 〔俄〕M. A. 捷连季耶夫:《征服中亚史》第1卷,第402—403、410页。
② 〔俄〕M. A. 捷连季耶夫:《征服中亚史》第1卷,第399页。

141

意接受所有条款,除了战争赔款。

然而,9月5日,克雷扎诺夫斯基却写信报告陆军大臣米柳京,"说他正出发前去攻占乌腊提尤别和治扎克"。① 这表明他根本就不打算真的议和,就算布哈拉人全盘接受他的条件,他也会想方设法破坏和谈。8天后,即9月13日,克雷扎诺夫斯基向布哈拉使臣下达最后通牒,限期10天缴清10万提拉的战争赔款,否则俄军将重新开始进攻。他之所以提出10天期限,就是为发动新一轮战争寻找借口,因为从忽毡到布哈拉汗国首都布哈拉城的距离"超过300英里(按,约483千米)",这么短的时间内根本无法往返一个来回,更遑论缴清赔款了,"而实际上俄军在10天期限到达之前的9月20日就从忽毡出动,向布哈拉进军了"。②

10月2日,俄军以阵亡3名军官和14名士兵的代价,攻克乌腊提尤别。18日,俄国人不等布哈拉谈判代表到来,就攻入了要塞治扎克,对布哈拉守军展开疯狂的大屠杀。捷连季耶夫说道:

> 将近四千名骑马的和步行的守敌,彼此撞来撞去,乱成一团。我们迅猛地跟踪追击,冷酷无情地对着已经放下武器的守敌开枪扫射。城门边人尸和马尸堆积如山。幸存者想越过这座尸山也是枉然,因为俄国人的子弹不断把他们撂倒在大尸堆的上层!从这个尸堆里,时而伸出一只人手或人腿,时而露出一个马脸或马蹄……至少有三千具尸体躺在这里。在这个旷古未闻的、阻止我方士兵前进的尸体街垒后面,约有一千

---

① 〔俄〕M. A. 捷连季耶夫:《征服中亚史》第1卷,第420页。
② 王治来:《中亚通史·近代卷》,第288—289页。

第三章 两次革命之间的东方问题与中亚问题(1853—1874)

五百名守敌蜷缩在墙边,他们能免于死亡,只是因为我们的部队受到尸堆的阻隔只得停了下来。①

此役仅仅经历了1个多小时,俄军以阵亡6人的代价,屠杀了6000多名中亚士兵。乌腊提尤别和治扎克两地长期以来都是布哈拉汗国和浩罕汗国争夺的地盘,"现在被俄国占领,这种争执也就结束了。俄国占领其地,就控制了泽拉夫善河谷地。从那里可以随时进军,轻取撒马尔罕"。② 通过这一系列的军事行动,俄军正式将浩罕和布哈拉分隔成了两个互不交界的部分。

1867年春,为了管理和统治这些新占领的中亚土地,沙俄政府成立了一个委员会,由陆军大臣米柳京担任主席。在委员会的建议下,7月11日,距离前引戈尔恰科夫的和平通告发表仅仅过去两年半,沙皇就颁布命令,升格突厥斯坦省为突厥斯坦总督府,其不再隶属于奥伦堡总督府,首府就设在塔什干。陆军大臣米柳京的老朋友康斯坦丁·考夫曼将军(Константин Петрович фон-Кауфман,清代史料写作"高甫满")成为首任突厥斯坦总督。当月17日,沙皇给考夫曼颁发了全权证书,赋予他单独同中亚所有汗王和独立领主进行谈判并缔结条约的权力,他有权决定发动战争,而不必事先得到圣彼得堡的批准。"此人能力超群、目光远大,后来终于成为中亚的无冕之王,是俄罗斯帝国在那里重大政策的缔造

---

① 〔俄〕M. A. 捷连季耶夫:《征服中亚史》第1卷,第441页。
② 王治来:《中亚通史·近代卷》,第280页。

143

者。"①中亚人对其心惊胆寒,称之为"半个沙皇"(也里木·帕的沙)。②

次年5月,俄军占领撒马尔罕,6月进入布哈拉城。当月18日和23日,双方签订了《俄国与布哈拉的商业条约》及三项补充条款,除了前述1866年9月克雷扎诺夫斯基的条件,布哈拉埃米尔还正式承认忽毡、乌腊提尤别和治扎克归属俄罗斯帝国,并支付了50万卢布的战争赔款。从此,布哈拉成为俄罗斯的属国。穆扎法尔不仅积极帮助俄国人吞并浩罕,更带领俄军扑灭包括自己儿子所率领者在内的各种反俄起义,这位埃米尔忠实地向沙皇履行了自己的臣民义务。大概欺软怕硬、内斗是内行确属当时中亚封建统治者的一贯作风。

更可笑的是,还在1866年5月28日,俄军攻克忽毡仅三天时,那位由布哈拉扶持起来的浩罕君主胡达雅尔汗就派人前往俄军营地,送来了一封信。"他在信中自称是白沙皇的朋友,并希望我们在'敌人'进入浩罕境内的情况下,不要停止对他的帮助,真像个同盟!这位汗王还说,他'尊敬和爱护'前来的俄国人,'胜过自己的臣民'。"这位中亚的统治者不明白,自己两面三刀的行径绝不会让俄国侵略者高看他们一眼。无论他再怎么卑躬屈膝,俄国的中亚政策始终包括征服浩罕,这是由英俄对抗的大形势决定的。正如陆军大臣米柳京在一份备忘录中所说,"俄国占领了中亚,这是与英国的谈判中唯一真正称手的工具","如果发生欧洲战争,我们就

---

① 〔英〕彼得·霍普柯克:《大博弈:英俄帝国中亚争霸战》,第342页。
② 王治来:《中亚通史·近代卷》,第281页。

应该特别重视控制该地区,它将把我们带到那个国家。通过统治浩罕,我们就可以不断地威胁英国在东印度的领土"。①

因此,胡达雅尔汗这样的封建统治者无论如何也想不到,罗曼诺夫斯基在7月下旬接到的训令是:"对浩罕要傲视,对胡达雅尔汗要鄙视,此人按其地位只是俄国的附庸而已。要是他感到受委曲(屈)而对我们采取行动,那就更好,就为我们提供了推翻他的口实。"②尤为值得注意的是,此时的浩罕军队已经在阿古柏的带领下入侵中国新疆。因此,不到两个月后,罗曼诺夫斯基再次接到政府训令:

> 供您对浩罕采取进一步行动时参考,请阁下遵守下述普遍原则:浩罕汗国剩下的全部国土直至天山山脉,迟早都将转归俄国统治……
> 因此,不应同浩罕缔结可能束缚我们下一步行动的任何形式的和约,但是,在我们的力量足以完全征服这一地区以前,拖延同它的谈判是有好处的。可以准许浩罕商队来往。③

三、"精明无为"

面对俄国在1860年代的扩张,英国分为两派:一派以印度总督

---

① Michael Edwardes: *Playing the Great Game, A Victorian Cold War*, London: Hamish Hamilton Ltd, 1975, pp.85—86.
② 〔俄〕M. A. 捷连季耶夫:《征服中亚史》第1卷,第410—411页。
③ 〔俄〕M. A. 捷连季耶夫:《征服中亚史》第1卷,第411—412页。

劳伦斯和印度事务大臣斯塔福德·瑙斯科特爵士(Sir Stafford Northcote)为首,奉行"精明无为"(masterly inactivity)的政策,对俄国扩张至多发表外交抗议,而不加以军事干涉;另一派则以罗灵逊(Sir Henry Rawlinson)和皇家地理学会为主,建议采取"前进政策"(forward policy),将印度的安全线往中亚推进,以对抗俄国的进逼。① 在这个自由党政府长期执政的时代,显然是前者占据了上风。劳伦斯等人的政策得到了新任英国首相罗素伯爵(John Russell, 1st Earl Russell)的首肯。

罗灵逊就曾于1865年在《季度评论》(Quarterly Review)刊发匿名长文抱怨,英国国内相当一部分新闻机构与意见领袖都认为,俄国在中亚的扩张可使"文明代替卑躬屈膝的迷信、残酷、堕落和普遍的苦难","这将有助于人类的普遍利益"。另一类人虽然没有这种幼稚的人道主义情怀,但仍然相信,"当文明与野蛮碰撞时,后者不可避免地将要让位",俄国灭亡希瓦、布哈拉和浩罕则是"遵循了完美的自然规律"。

这些人得出结论,假使俄国征服了中亚,第一,"我们反而有了一个合理和负责任的邻居,可以与之进行政治谈判";第二,"在欧洲政府的领导下,稳定的中亚自然会成为印度进出口贸易更好的客户,它总比之前那些用过境税和禁止性关税阻拦我们的西北边境野蛮人要好得多"。② 在这种背景下,像罗灵逊这样的对俄强硬派当然得不到英国政府的重视。情况到了1874年才发生根本变化。

---

① 王治来:《中亚通史·近代卷》,第267页。
② Henry Rawlinson: *England and Russia in the East: A Series of Papers on the Political and Geographical Condition of Central Asia*, pp.146-147.

第三章 两次革命之间的东方问题与中亚问题(1853—1874)

不过,"精明无为"并不是无所作为。印度总督劳伦斯评估,俄国如果取道阿富汗进攻印度,势必会遭受与英国在1839年一样的厄运。也就是说,只要阿富汗不倒向俄国人,印度就是安全的,所以没有必要对于俄国的扩张神经过敏。因此他在1867年9月建议,把中亚划分为英国的势力范围和俄国的势力范围。次年11月,俄国击败布哈拉汗国,正式将其纳为自己的属国,英国人遂再次提出了划分势力范围的建议。12月,自由党新党魁格莱斯顿继任首相,开始推动英俄两国划分中亚势力范围的谈判。

经过1868年保守党短暂执政,1869年自由党再次赢得大选。当年初,梅奥伯爵(the Earl of Mayo)代替劳伦斯,接任印度总督。用梅奥的话说,英俄之间应该存在一个"夹层","起到隔离带的作用,以减少英俄两个帝国直接接触而产生的不舒服感"。① 从2月起,自由党外交大臣克拉伦登伯爵(4th Earl of Clarendon)就"夹层问题"开始了同俄国漫长的谈判。按照英国人的理解,"夹层"就是英印政府的势力范围,不允许他国染指。换句话说,英国人可以承认布哈拉、浩罕是俄国的势力范围,但俄国必须承认阿富汗是英国的势力范围。然而俄国人理解的"夹层"却是一个完全独立于英俄两方的第三方势力。他们认为阿富汗等地应该是一个"独立的地区",可以自由选择是接受英国还是接受俄国的援助。

英俄双方冗长的谈判一直持续到1869年底,最终亚历山大二世做出了解释:俄国将保证阿富汗的独立地位不受侵犯。1873年

---

① G. J. Alder: *British India's Northern Frontier, 1865–1895: A Study in Imperial Policy*, London: Longmans Green and Co. Ltd, 1963, p.38. 转引自许建英:《近代英国和中国新疆(1840—1911)》,哈尔滨:黑龙江教育出版社,2014年,第93页。

147

初,英俄双方暂时达成了一份关于布哈拉和阿富汗边界的协定,此即"1873英俄协定"。

王治来指出,"在这个协定中规定俄国的势力范围不得超过阿姆河,俄国也保证不向阿富汗渗透。英国通过争取达成的这个协定,目的仍然是为了阻止俄国的南进,把阿富汗变成一个缓冲国"①。然而这份协议有几分可信度呢?即便俄国人说话算话,阿富汗北部与俄国势力范围接壤的边界线又在哪里?所有这些在后来二十年里,都将让英国人心神不宁、寝食难安。

即便俄国人说话算话,"1873年协定"也只明确了阿富汗东北部的边界,阿富汗西北部靠近希瓦汗国和土库曼斯坦处的边界仍属未定之数。更重要的是,阿富汗东面的中国新疆仍然是一片广阔的真空地带。如何填补这一真空?或者说得更明确些,如何把英俄之间的缓冲地带延伸到中国新疆?这成为当时英印政府需要考虑的重要问题。

在此,梅奥勋爵得出了与前任劳伦斯截然不同的结论。"劳伦斯认为正是俄国对阿古柏的威胁,英国才不能和阿古柏建立联系",以免过分刺激俄国人。但梅奥认为恰恰是出于俄国对阿古柏的威胁,英国才要"和阿古柏建立良好的关系",以免新疆落入俄国人手中,使其可以绕开阿富汗威胁印度。在英属印度和中国新疆的贸易上,"梅奥的目标则十分明确,解决和克什米尔内部的贸易障碍问题,以利于和阿古柏进行贸易"。②

自此,英俄"大博弈"的冷战战场,正式延伸到了中国新疆。

---

① 王治来:《中亚通史·近代卷》,第300页。
② 许建英:《近代英国和中国新疆(1840—1911)》,第93—94页。

四、俄国的进一步扩张

正当英国国内为中亚政策吵吵嚷嚷、争论不休的时候，俄国人开始了他们在中亚的进一步扩张，其首要目标就是彻底征服希瓦汗国。1872年12月4日，突厥斯坦总督考夫曼向沙俄政府特别会议提交了一份关于中亚形势的长篇报告，其中提到"希瓦同俄国的不正常关系"，主张进攻和征服希瓦。沙皇经由特别会议讨论后，于12月12日批准了考夫曼的计划。

在会议期间，外交大臣戈尔恰科夫亲王还发表了著名的公告，宣布废除1856年《巴黎条约》中涉及里海的条文。俄国的动作一时间引发了欧洲各国的热议，尤其是引发了英国的担忧。为此，1873年1月，沙皇派遣舒瓦洛夫（П. А. Шувалов，后任俄国驻英大使）前往英国解释俄国意图。他向英国人保证，俄国绝没有兼并中亚之意，俄军此去希瓦汗国的目的，是"惩罚盗匪行动，并收回50名俄国俘虏，教训希瓦汗国不要再那样做"。为了体现英俄"友谊"，舒瓦洛夫还秉承沙皇谕旨，"安排沙皇的女儿出嫁给维多利亚女王的儿子"。[1]

毫无疑问，一个帝国主义国家最清楚另一个帝国主义国家的承诺一文不值，英国人从来不会相信俄国的外交承诺，亦如俄国人从来不会相信英国的外交承诺。从某种程度上说，舒瓦洛夫并没有撒谎，俄国人确实不打算"兼并"中亚汗国，他们只是把中亚汗国

---

[1] 王治来：《中亚通史·近代卷》，第310—311页。

变成自己的附庸和保护国,不取兼并之名,而有兼并之实。正如苏联史学家所论:"一些西方作者说俄国指挥官和行政长官'屈服于继续推进的诱惑',然而,事实上,停止是没有问题,由于1868年撒马尔罕的归顺和将汗国降至属下地位以征税使布哈拉变得卑下,1873年,希瓦也经历了同样的程序。"① 可以说,俄国人对希瓦汗国的征服,只是复制了布哈拉的套路。

相较于浩罕和布哈拉,希瓦汗国更加倒霉,此番俄军不仅出动了突厥斯坦总督府的军队,还调动了奥伦堡和高加索两个总督府的军队协同作战,总计兵力超过1万人,于1873年春开始行动。在向印度和波斯求援未果后,希瓦统治者选择了向俄国人投降。5月29日,在遭遇零星抵抗后,突厥斯坦总督考夫曼趾高气扬地进入了希瓦汗国首都希瓦城。

不过俄国人对于希瓦的侵略也不是完全"和平"的,考夫曼还捎带着下令对胆敢袭扰俄军的约穆德部(Yomud,土库曼人的一支)采取了种族灭绝。这份有名的命令要求:"将这些游牧的约穆德人及其家小完全彻底清除消灭","其财产牲畜等物全部予以没收"。② 这种打着"文明"旗号的种族灭绝后来还会在浩罕和土库曼斯坦多次发生。

8月12日,双方签订了《俄国—希瓦和约》。条约大概有以下几方面内容:一、希瓦汗国支付220万卢布的战争赔款;二、割让阿

---

① 〔苏〕贾夫里·魏勒尔:《中亚近现代史》(节选),项焱译,载项英杰主编:《中亚史丛刊》第6期,贵阳:《贵州师范大学学报》增刊,1988年,第176页。
② 〔俄〕M. A. 捷连季耶夫:《征服中亚史》第2卷,新疆大学外语系译,北京:商务印书馆,1983年,第314页。

姆河右岸等大片领土;三、向俄国开放全境,允许俄国人在其境内购置房产;四、免除一切俄国商品的税收;五、承认俄国人在希瓦境内所有地方都享有领事裁判权;六、废除奴隶制,"解放"所有奴隶;七、希瓦汗国放弃所有外交活动,不管是商业还是政治,它们全部由俄国人"指导"。作为回报,沙皇承认希瓦汗国的"独立地位"。

可笑的是,在本国完全拒斥政治体制改革的俄国人,居然开始帮助希瓦埃米尔穆罕默德·拉希姆·巴哈杜尔汗(Muhammad Rahim Bahadur Khan)推行政治改革了。在俄国人的操纵下,希瓦的政治权力由咨议会(divan)掌握,该咨议会由七人领衔,其中四人由考夫曼任命,另外三人由穆罕默德·拉希姆·巴哈杜尔汗任命。[①] "希瓦汗国丧失了全部外交和内政的独立性,比起布哈拉汗国,在更大的程度上成为沙皇政府的附属国。"[②] 至此,俄国基本奠定了它对中亚三汗国的统治地位。

根据1868—1873年,俄国分别强迫浩罕、布哈拉和希瓦三个汗国签订的不平等条约,可以看出它们大体呈现出这样一个态势:越早签订条约的汗国受沙俄控制越轻,越晚签订条约的汗国依附沙俄的程度越重。三者附庸程度由轻到重分别是浩罕、布哈拉和希瓦。吴筑星指出:

> 俄国强使浩罕、布哈拉签订的条约,主要内容还是有利于俄国资本主义工商业向这两个汗国渗透扩张的商务条款。而同希瓦签订的和约,第1条就明确规定,希瓦汗承认自己是俄

---

① 以上《俄国—希瓦和约》的内容,参见王治来:《中亚通史·近代卷》,第311—312页。
② 吴筑星:《沙俄征服中亚史考叙》,第251页。

国皇帝的驯服臣仆,放弃对外建交与缔约的权利。不经俄国设置于中亚的最高当局同意,希瓦汗不能对邻国开战。①

不过,这个局面很快就得到了改变。尽管浩罕埃米尔胡达雅尔汗"是那样地'恭顺'","他不仅不打算采取任何行动去摆脱俄国的奴役和控制,去收复失地,反而更可悲地是对自己的儿皇帝身份心满意足,甚至利用这种身份来对付汗国内部的异己势力以巩固自己的统治",②俄国人还是准备直接吞并浩罕,他们所欠缺的只是一个借口。

借口很快就来了。在胡达雅尔汗的横征暴敛下,浩罕群众发动了多次起义。例如1873年,奥什(Ош,今属吉尔吉斯斯坦)和安集延发生了大规模的吉尔吉斯牧民起义。这位埃米尔不仅血腥地镇压了起义,而且随即遣使塔什干,向考夫曼求援。这个吞并浩罕的大好时机由于俄国人正忙于入侵希瓦汗国而被浪费掉了。

为此,美国驻俄大使馆秘书斯凯勒就建议俄国当局,不妨"采用英国的方式对待浩罕",即"要用'不声不响而又体面'的手段占领浩罕,无须招惹英国方面多余的议论、外交照会或抗议"。美国人给出的具体方法是:

> 向浩罕派遣俄国驻扎官,并有哥萨克负责警卫,其经费由俄国政府或者浩罕政府承担。这样,俄国商人便会自然而然地聚集在驻扎官的周围,浩罕人熟悉了俄国人,就再也不敢欺

---

① 吴筑星:《沙俄征服中亚史考叙》,第252—253页。
② 吴筑星:《沙俄征服中亚史考叙》,第253—254页。

负和排挤他们了。浩罕政府本身也会通过总督代表慢慢地养成服从总督意志的习惯。这样的政策执行若干年以后,当汗王去世(或者更早一些),一旦情况需要,便能顺利地使浩罕并入帝国。①

这个主意无疑是要复制英国人吞并印度的步骤。不过俄国人根本没工夫拖这么久,他们倒是更心仪美国人西进运动的做派。捷连季耶夫说道:

> 这个建议很好,而以英国为例则更妙。但这种曲意奉承、狡诈伪善的手腕是和俄罗斯人的性格不相称的。我们斯拉夫人的单刀直入的办法要比这好得多。此外,胡达雅尔汗不管臣民怎样经常作乱,他一意孤行,继续盘剥臣民,对反抗分子象(像)对牛羊似地(的)加以屠杀。这一切将直接导致自身的崩溃,我们只要等待着这一天的到来就是了。②

捷连季耶夫估计得不错,这一天很快就到来了。1875年7月下旬,浩罕再次爆发大规模起义,甚至连胡达雅尔汗的儿子和亲信都倒向了起义的队伍。当月月底胡达雅尔汗仓皇逃亡至塔什干,寻求俄国人的庇护。考夫曼随即派遣斯科别列夫(Михаил Дмитриевич Скобелев)率军前去镇压。

与之前中亚军队的所有表现如出一辙,浩罕起义军也喜欢把

---

① 〔俄〕M. A. 捷连季耶夫:《征服中亚史》第2卷,第393页。
② 〔俄〕M. A. 捷连季耶夫:《征服中亚史》第2卷,第393页。

头缩在掩体后面,将枪举过头顶凭空乱放。用捷连季耶夫的话说:"土著居民一般都深深地躲藏在掩蔽物的里面,他们自己往往看不到射击的对象,他们坚定地相信命运:'人射击,上帝掌管子弹的方向。'"①在这种情况下,俄国人毫无疑问可以仅仅付出个位数的伤亡就消灭所有来不及逃跑的中亚军队。

10月中旬,考夫曼给斯科别列夫下达了一个具有种族灭绝性质的命令,要求他率军"消灭希布察克人及其家小"。奇怪的是,俄国人一方面斥责胡达雅尔汗对待反叛者过于凶残,另一方面自己却远远凶残于胡达雅尔汗。即令一贯为俄国扩张摇旗呐喊的捷连季耶夫也承认,这是"如同在希瓦一样灭绝妇孺的野蛮行为"。②短短几个月内,斯科别列夫就血腥屠杀了当地4万多人。

次年3月2日,沙皇俄国正式吞并浩罕汗国,将其改名费尔干纳省。布哈拉和希瓦名义上的"独立地位"则要到1920年才告终结。这位斯科别列夫将军并没有随着中亚三汗国的陷落而放下屠刀,不久以后,他将用同样的方法血洗土库曼斯坦,并最终完成俄国对中亚的征服。

至此,突厥斯坦总督考夫曼已经成为中亚实际上的统治者。几乎与英国人统治印度如出一辙,考夫曼只在乎如何尽可能地榨取当地的资源和税收,而对社会改革不闻不问。正如美国史学家所言:

> 考夫曼有意不加改变地保留土著的风俗习惯。尽管对土

---

① 〔俄〕M. A. 捷连季耶夫:《征服中亚史》第2卷,第438页。
② 〔俄〕M. A. 捷连季耶夫:《征服中亚史》第2卷,第451页。希布察克人,属于布鲁特部(柯尔克孜人),中国历史文献多译为"奇卜察克部""乞卜察克部"。

著妇女的比较低的社会地位和穆斯林生活方式的某些其他性质表示遗憾,但他宁愿追随一项故意的忽视政策而不愿在这些问题上由于直接进攻而引起土著居民的气愤。……出于担心这可能引起和激化穆斯林的反抗,他甚至禁止俄国的东正教会派遣传教士到这个地区或在塔什干建立东正教主教辖区。①

比较清政府对于西域的统治,英俄帝国主义对于殖民地的统治尽管在技术方面领先,在统治方式上却要野蛮落后得多。满脑子只懂榨取财富的殖民主义者们,无论如何都不会去思考一体化的问题。毫不夸张地说,英俄殖民统治建立在军事强权和经济压榨的基础之上,而非建立在文化认同和社会改造的基础之上。表面上看,这种低成本高回报的统治模式,能够为其领土扩张提供源源不绝的动力,然而一旦某天这两个帝国主义的军事或者经济实力衰退,它们还能够继续有效占有这些殖民地吗?

吞并浩罕之后,1876年7月,考夫曼下令由斯科别列夫率军占领本属于中国领土的阿赖山区,"清政府正开始着手收复新疆,也无力顾及阿赖地区。于是,俄国势力又得以乘虚而入"②。俄国军队已经正式到达了新疆的周边,这为后来他们通过伊犁谈判敲诈清朝喀什噶尔以西领土奠定了基础。随着俄国人迅速填补中亚权力真空地带,英国人当然坐不住了;尤其是新疆,那里不受"1873年协定"的约束,不存在英俄之间的缓冲地带。

---

① 〔美〕韩百里主编:《中亚史》(节选),张文德、兰琪译,项英杰、兰琪校,载项英杰主编:《中亚史丛刊》第6期,第112页。
② 吴筑星:《沙俄征服中亚史考叙》,第283页。

1870年夏、1873年冬,英国殖民者两次派遣福赛斯使团前往喀什噶尔,并在1874年2月2日,与盘踞在新疆的阿古柏伪政权签订了非法的《英国与喀什噶尔条约》。该条约共12项条款,英国人除了得到那些俄国人在1872年得到的东西,还获得了在喀什噶尔的"片面最惠国待遇"和"领事裁判权"。阿古柏则俨然成了英国的"盟友"。①

除此之外,福赛斯使团更借此机会全方位地考察了南疆地区的山川形势、气候土壤、风土人情、政治统治和社会结构。正如恽文捷所说:"福赛斯一行的南疆测绘调查改变了许多英国战略学者对喀什噶尔和南疆战略地位的认识。"在福赛斯出访之前,英国国内政界军界还有相当一部分人认为,"一支携带了大规模现代化军事装备的军队不可能翻越喀喇昆仑山"。但福赛斯使团的报告打消了类似的争议,英国军事专家经过仔细分析发现,"如果俄国占领喀什噶尔,该地区就能成为俄国在帕米尔、坎巨提(Hunza)、雅辛(Yasin)、吉德拉尔(Chitral)和喀喇昆仑地区野战部队的后勤基地"。可以说,福赛斯第二次出访喀什噶尔,标志着英国人已经将其视作自己的势力范围了,"如何确保亲英土、反俄的阿古柏政权存在,就成为英属印度、伦敦印度事务部(India Office)和外交部(Foreign Office)的重要任务"。②

可能阿古柏未必真心相信英国人,真实情况也许如霍普柯克所说:

---

① 条约文本,参见〔英〕包罗杰:《阿古柏伯克传》,第257—262页。
② 恽文捷:《英国干涉左宗棠西征考论》,《社会科学》2016年第12期,第147页。"外交部"原文为"外务部"。

第三章 两次革命之间的东方问题与中亚问题(1853—1874)

英国人和俄国人原来都曾以为新疆会成为欧洲商品的巨大市场,但后来证明这是个假象。此外,阿古柏很显然只是在愚弄这两个强大邻邦,利用他们之间的互相嫉妒来保障自己的地位。毕竟,东方人对大博弈的把戏也同样在行。除了一文不值的承诺外,福赛斯此行没有从这位狡猾的穆斯林统治者那里获得任何东西。①

不管英国人是否真正得到了他们想要的东西,阿古柏肯定如愿以偿了。在英帝国主义的撮合下,奥斯曼帝国苏丹阿卜杜勒·阿齐兹一世(Abdullah bin Abdül-Aziz, Abdül-Aziz Ⅰ)在1874年给阿古柏下发了一道诏令,同意他的儿子世袭其王位。

根据包尔汉(卜尔汉·夏赫德)的翻译,诏书抬头称"阿古柏可汗"为"宗教正裔",是喀什地区的"唯一元首"。而这份来自遥远土耳其的诏书标志着这位昔日的浩罕娈童再也不用打着"和卓后裔"的招牌了,这些势力自此以后正式跟原本风马牛不相及的土耳其扯上了关系。

尽管这位土耳其苏丹口口声声说"希今后为人类社会的平安而努力",但他本人很快以其暴行震惊了欧洲舆论界,并在他发布诏令两年以后,即1876年5月30日遭到了罢黜。精神错乱的穆拉德五世(Murat Ⅴ)继位,三个月后,又被罢黜。8月31日,阿卜杜勒·哈米德二世(Abdül Hamid Ⅱ)接任土耳其苏丹,此时的奥斯曼帝国已经处在风雨飘摇之中。

---

① 〔英〕彼得·霍普柯克:《大博弈:英俄帝国中亚争霸战》,第381页。

1875年10月,奥斯曼帝国陷入了巨大的财政危机。黑塞哥维那和波斯尼亚很快爆发了大规模的农民起义,其迅速演变为基督徒和穆斯林之间的宗教战争。已经相当于独立国家的塞尔维亚和黑山(Montenegro,门的内哥罗)都出兵武装干涉了巴尔干的宗教战争。1876年夏天,战火很快波及保加利亚,使保加利亚沦为斯拉夫人和土耳其之间激烈争夺的战场。

斯拉夫人对于保加利亚的当地穆斯林采取了无差别的恐怖主义手段,奥斯曼帝国的军队则以更加野蛮的方式加以报复。据一名在伊斯坦布尔的英国特派评论员描述,土耳其人"犯下的'可能是本世纪最恐怖的罪行'","他们将数不清的村庄夷为平地,不分年龄和性别进行无差别地(的)屠杀,一个月内就杀害了至少1.2万名平民"。譬如在原本名不见经传的小镇巴塔克(Batak),土耳其士兵堵住了一座挤满了人的基督教堂,活活烧死教堂里的1000多名居民,该镇事发前共计有7000多人,其中有5000多人遭到残杀。① 此事在欧洲一经曝光,就引发了各界的强烈声讨。

俄国人瞅准时机,唆使塞尔维亚和黑山向土耳其宣战。但只用了不到三个月的时间,土耳其军队就打败了塞尔维亚,直逼其首都贝尔格莱德。又到了俄国人出手的时刻了!还在1873年10月,在俾斯麦的怂恿下,俄奥德结成了三皇同盟,共同协调欧洲及近东局势。在德国人的支持下,俄国沙皇和奥地利皇帝毫不客气地拿出了"柏林备忘录",迫使土耳其进行政治改革。"与此同时,他们还不甚客气地要求英国合作。"但此时的唐宁街已经换了主人。

---

① 〔英〕帕特里克·贝尔福:《奥斯曼帝国六百年:土耳其帝国的兴衰》,第621页。

第四章 英国东方政策与中亚政策的转变
（1874—1880）

……
我们不想打仗哟：
可老天哟，如果我们非得打，
我们有人，我们有船，
我们还有钱呢哟。
……

——伦敦音乐厅，1878年初。〔英〕帕特里克·贝尔福：《奥斯曼帝国六百年：土耳其帝国的兴衰》，栾力夫译，北京：中信出版社，2018年，第639—640页

在1877年我国与土耳其交战期间及1878年的柏林会议上，英国的极端挑衅行为自然而然地使我们产生了这样的念头：利用我们在中亚新占领的一些地区与英属东印度领地比较接近的条件，

可以经常给英国制造相当多的麻烦,借以转移英国对别国事务的干涉。……只有在和土耳其的战争结束之后,我们才获悉,英国当时尚未作好参战准备。它那种可怕的架在雷公式装甲舰上又重又大的三十八吨阿姆斯特朗来复线大炮在演习射击时,一个接一个的自己爆炸,炸死了炮手。

——〔俄〕M. A. 捷连季耶夫:《征服中亚史》第2卷,新疆大学外语系译,北京:商务印书馆,1983年,第506—507页

第一节 迪斯累利的东方政策(1874—1878)

1874年,保守党赢得了大选,其党魁迪斯累利(Benjamin Disraeli)继1868年之后再次入主唐宁街10号。前此自由党一贯奉行"精明无为"的政策,"对俄国在中亚的扩张本着'交好'的原则,态度暧昧,坐失良机"①。迪斯累利领导的保守党就曾抓住这点不放,在下议院大肆攻击格莱斯顿政府,并要求重新制定中亚政策,强硬地回击俄国人的行动。② 如今宾主易位,反对党成了执政党,如何兑现承诺,拿出一套方案以对抗俄国在欧亚大陆的全面扩张?这成为迪斯累利必须认真考虑的问题。然而他面临的形势却较以往更加严峻。

在东方问题上,1876年,巴尔干局势已进入白热化。土耳其政府在镇压保加利亚起义时,大肆屠杀斯拉夫人,引发了欧洲舆论界

---

① 朱新光:《英帝国对中亚外交史研究》,南京:江苏人民出版社,2002年,第48页。
② 朱新光:《英帝国对中亚外交史研究》,第54—57页。

的公愤。俄国政府抓住这个问题大做文章,随时都有可能介入巴尔干半岛。

对于英国更加不利的是,此番俄国已非单枪匹马,而是纠集德国、奥地利,以"三皇同盟"(Three Emperor's Alliance)的名义出面威逼英国,不仅要求英国政府配合它们施压于土耳其苏丹,促使其改革政治,赋予巴尔干民族更大的自治权,甚至希望在必要的时候瓜分奥斯曼帝国。迪斯累利毫不客气地拒绝了三国提出的"柏林备忘录"。新的克里米亚战争一触即发。

在中亚问题上,1875 年,浩罕爆发了反对俄国的大起义。俄军在残酷镇压起义之后,索性取消了浩罕的国号。次年 3 月 2 日,亚历山大二世签署命令,正式兼并浩罕,将其改名费尔干纳省,任命斯科别列夫为该省的行政长官。

斯科别列夫精明强干,心狠手辣,是 19 世纪俄国著名的军事家和步兵指挥专家。浩罕大起义爆发后,他接到突厥斯坦总督考夫曼的命令,日夜兼程,在后勤补给不畅的情况下,仅用几个月就血腥屠杀了 4 万当地人,成功镇压起义。此人其后更成了沙俄帝国的"救火队员",不仅参加了第十次俄土战争,还率兵征服了希瓦汗国。

如今的俄国军队已经远非昔日克里米亚战争时可比,圣彼得堡到奥伦堡的铁路全线贯通,其在中亚的前沿基地也从奥伦堡推进到了塔什干。一旦俄军能够实现从欧洲到中亚的快速机动作战,仅凭英国在印度的现有力量,能够实施有效防御吗?

一、来自"三皇同盟"的挑战

1943年,已至耄耋之年的英国政治地理学家麦金德,曾回忆起儿时的一段经历:

> 那时我还是刚刚进入地方语法学校的小男孩。一天我带回家一条新闻,那是从贴在邮局门上的电报得知的,拿破仑三世和他的全部军队已在色当向普鲁士人投降。英国人为之震惊,他们在精神上仍沉浸在特拉法尔加的伟大胜利和拿破仑自莫斯科溃败的振奋之中。[①]

作为一个精明的大英帝国高级策士,麦金德显然不会在公开场合仅仅追忆童年的幸福时光。他特别强调1870年普法战争给英国社会的震动,无疑是跟"二战"的现实紧密结合在一起的。大抵麦金德认定,以政治地理学的专业角度而论,第二次世界大战不过是1870年色当会战的延续,拿破仑帝国的解体塑造了英俄两强半个多世纪的争霸,而一个统一的强大德国着实搅乱了英俄之间的二元对峙。

本次从"欧洲革命"到"东方问题"的转化,不同于上次的地方是,中欧出现了一个新的强大政治实体——德意志帝国。如果说1848年革命的后续是欧洲旧式王朝再也无法阻挡民族主义的建国

[①] 〔英〕哈福德·麦金德:《环形世界与赢得和平》,《民主的理想与现实:重建的政治学之研究》"附录二",王鼎杰译,上海:上海人民出版社,2016年,第175页。

脚步，那么1871年革命的后续便是统一的德意志民族国家改变了欧洲政治版图。德意志帝国从诞生的那一刻起，就注定了不可能远离东方问题。

德国不与巴尔干半岛接壤，但有两个因素使它不得不积极参与巴尔干事务。第一，欧洲风起云涌的民族主义不仅冲击了奥斯曼帝国，也冲击了奥匈帝国，斯拉夫民族解放运动不仅威胁到土耳其人在巴尔干半岛的统治，也威胁到奥地利人在巴尔干地区的统治。虽然奥地利并没有加入新兴的德意志帝国，但德意志民族感情使得普鲁士人不能不把联合奥地利、维系奥匈帝国的版图作为其外交政策的重中之重。这意味着俾斯麦可以不管土耳其人的死活，但不会允许斯拉夫起义削弱奥地利人的政治影响力。

第二，对于德国人而言，最危险的事情莫过于东边的俄国与西边的法国联起手来。拉拢俄国使其不倒向法兰西，同样是德国外交的重点工作。但困难之处在于，奥匈帝国担忧巴尔干斯拉夫运动和东正教运动，沙皇俄国则鼓励巴尔干斯拉夫运动和东正教运动，两者的诉求相互矛盾。

俾斯麦拉拢"三皇同盟"，首要处理的事情便是协调奥匈和沙俄在东方问题上的争端。用俾斯麦本人的话说："俄国和奥地利之间不能维持和平，那么尽管我们可以容忍我们的朋友在相互敌对的战争中有胜有负，但是我们不能容忍两者之一受到如此严重的损伤和祸害，以致使其独立的、在欧洲具有同样发言权的大国地位受到威胁。"[①]很明显，在这个尺度下的"三皇同盟"与其说是一个

[①] 〔德〕奥托·冯·俾斯麦：《思考与回忆——俾斯麦回忆录》第2卷，杨德友、同鸿印等译，北京：生活·读书·新知三联书店，2006年，第185页。

军事联盟,倒不如说是一种新型大国协调机制。正如孙兴杰教授所说:"从理论上说,三皇同盟并不是真正的同盟,倒不如说是比较灵活的三角关系,所谓三角关系就是任何双边关系的变化都会影响到第三方。俾斯麦可以撮合三皇同盟,并不是三国彼此信任,而是彼此的不信任。"①

要之,维也纳体系在1848年革命和克里米亚战争之后,其实已经瓦解,笼罩全欧洲的普遍性王朝协调机制不复存在了,取而代之的是各个区域内部的大国协调。这些"同盟"或区域协调集团之间相互制衡,继续维系着欧洲的和平。

1875—1876年的波黑、保加利亚斯拉夫民族起义,首先就给"三皇同盟"的可靠性提出了一大挑战。这也是俾斯麦之所以积极响应俄国的号召,伙同奥匈一起向英国施压的原因。

为了维护"三皇同盟"的信誉,协调俄奥两国的分歧,俾斯麦采取了平分巴尔干半岛的策略,既支持奥匈帝国占领波斯尼亚和黑塞哥维那,又支持俄国占领比萨拉比亚。这个主张无疑跟英国"维持奥斯曼帝国完整"的东方政策相互矛盾,它会遭到英国人的抵制,毫不令人奇怪。用迪斯累利本人的话说,"'柏林备忘录'犹如放在土耳其喉咙上的一把利剑"②。

然而,迪斯累利遭遇的挑战还不只来自外部势力,它同样来自英国国内。

---

① 孙兴杰:《柏林会议与"东方问题"巴尔干化的起源》,《吉林大学社会科学学报》2019年第1期,第212页。

② William L. Langer: *European Alliances and Alignments: 1871-1890*, New York: Alfred A. Knopf,1962, p. 82. 转引自赵军秀:《英国对土耳其海峡政策的演变:18世纪末至20世纪初》,北京:中国社会科学出版社,2007年,第25页。

二、英国政府的骑墙态度

土耳其人在保加利亚的大屠杀引发了英国舆论界的口诛笔伐,其中不乏身世显赫之人。比如自由党领袖格莱斯顿(William Ewart Gladstone)就专门写过一本小册子,猛烈抨击土耳其政府的所作所为。他在议会辩论中更提议剥夺奥斯曼帝国对保加利亚的一切权力,必要时完全可以来一场"十字军东征"。总之,他"广泛煽动公众对'让人难以启齿的土耳其人'的反感情绪",甚至连维多利亚女王都表态,"如果我的国家要去亲吻阻挠自由和文明的野蛮人的脚",那她还不如放弃王位。①

对此,印度事务大臣索尔兹伯里(Salisbury)在1876年给迪斯累利的信中曾明确表示,国际国内环境已经发生了很大的变化,"固守过时的政策,使英国在列强中孤立、俄国的野心得逞,而英国得不到补偿"②。随着巴尔干危机逐步升级,尤其是在塞尔维亚和黑山对土耳其宣战以后,索尔兹伯里意识到,土耳其对斯拉夫人的统治已经崩溃,它不再能够发挥抵挡俄国南下的作用。即如他本人沮丧地承认的:"即使我们希望,我们也没有能力恢复土耳其对

---

① 〔英〕帕特里克·贝尔福:《奥斯曼帝国六百年:土耳其帝国的兴衰》,第631、633页。
② K. Bourne: *The Foreign Policy of Victorian England: 1830—1902*, Oxford: Clarendon P., 1970, p. 132. 转引自赵军秀:《英国对土耳其海峡政策的演变:18世纪末至20世纪初》,第27页。

起义地区的统治权","传统的帕麦斯顿政策应该结束"。①

然而,迪斯累利却依旧强硬地坚持1841年《伦敦海峡公约》的基本立场,这一立场得到了1856年《巴黎和约》的重申。迪斯累利从一开始就对"保加利亚惨案"抱有怀疑的态度,"在他看来,这些消息无异于'咖啡馆里的胡言乱语',在更加宏大的东方问题面前,这些事情充其量不过是一些次要问题"。为此,他在一系列公开演讲中谴责格莱斯顿"毫无爱国之心",强调必须支持奥斯曼帝国的独立自主,以反对俄国人的"诉诸武力的可怕提议"②。

外交大臣德比勋爵(Edward Henry Stanley,15th Earl of Derby)的态度则比较折中。他一方面强烈谴责格莱斯顿一伙人"发动十字军东征"的胡言乱语,另一方面又代表英国政府告知苏丹,必须严惩凶手,抚恤受害者。他这么做的初衷无疑是要调和国内两方面截然对立的意见。不幸的是,迪斯累利的顽固与德比勋爵的折中,后来分别引起了土耳其人和俄罗斯人的误会。

1876年11月4日,德比勋爵经内阁批准,向欧洲各大国发出邀请,提议指派两名全权代表参加在君士坦丁堡举行的大使级会议,以期用更广泛的欧洲协调来代替"三皇同盟"的"柏林备忘录"。

英国政府在邀请通告中宣传,本次君士坦丁堡会议将本着"土耳其的独立和领土完整""各国不谋求领土利益"的原则,促使欧洲各国代表和土耳其政府签署一项议定书,来保证塞尔维亚和黑山

---

① Lady Gwendolen Cecil: *Life of Robert Marquis of Salisbury*, Vol. II, London: Hodder and Stoughton Limited, 1921, p. 85. 转引自赵军秀:《英国对土耳其海峡政策的演变:18世纪末至20世纪初》,第27页。
② 〔英〕帕特里克·贝尔福:《奥斯曼帝国六百年:土耳其帝国的兴衰》,第632页。

维持现状、波黑和保加利亚实行地方自治。① 英国的提议得到了德国、法国、俄国、奥匈、意大利五大国的响应。11月18日,土耳其政府在英国的警告下不情不愿地接受了这次会议邀请。②

英国首席代表索尔兹伯里在会议上完全遵照德比勋爵的折中主义精神,既反对外国军队破坏土耳其领土完整,又主张土耳其必须听从外国的建议进行改革。用他的话说,英国政府"不能同意把外国军队引入土耳其领土的意见当作会议的建议,尽管这些意见是有理的或动机良好的",但是"英国决(绝)不会认同任何弊政和压迫,如果土耳其固执地反对现在正在做出的将把奥斯曼帝国置于一个更为安全的基础之上的努力,苏丹政府将承担其全部后果"。③ 这种外交辞令看起来面面俱到,滴水不漏,实际上模棱两可,含混不清,土耳其苏丹和俄罗斯沙皇就分别选择了对自己有利的一部分。

阿卜杜勒·哈米德二世当然乐意听到索尔兹伯里关于"不允许外国军队破坏土耳其领土完整"的表述,他发现这些话正好能够印证此前迪斯累利那些充满激情的演讲,因此,"他深信奥斯曼帝国一旦与俄罗斯开战,一定可以得到英国的支持"。④ 自以为有强大的盟友撑腰,1877年1月,奥斯曼帝国正式拒绝了君士坦丁堡会议的决议,理由是帝国早就有完整的宪政改革方案,没必要叠床架

---

① E.赫茨尔特编:《欧洲疆域沿革条约与地图集》第4卷,第2516—2517页,转引自朱瀛泉:《近东危机与柏林会议》,南京:南京大学出版社,1995年,第72页。
② 朱瀛泉:《近东危机与柏林会议》,第72页。
③ 《英国外交事务机密文件》,B集,第3卷,No.373,转引自朱瀛泉:《近东危机与柏林会议》,第76—77页。
④ 〔英〕帕特里克·贝尔福:《奥斯曼帝国六百年:土耳其帝国的兴衰》,第632页。

屋,再接受一份内容与之大同小异的改革建议。

苏丹及其政府显然高估了英国人的立场,就连德比勋爵和索尔兹伯里本人都对维护奥斯曼帝国的领土完整毫无信心,他们的底线不是巴尔干半岛,而是君士坦丁堡和土耳其海峡。在这个前提下,巴尔干也是可以放弃的。根据索尔兹伯里在给德比勋爵的报告中所说的,奥匈帝国的代表曾经问他,一旦俄国占领保加利亚、奥匈占领波黑,英国会采取什么态度。索尔兹伯里明确回答那位奥匈代表:"一旦奥所说的占领发生,英国采取措施保卫君士坦丁堡是不可避免的。"①

这个态度在沙皇亚历山大二世看来,就意味着,只要俄国人不进攻君士坦丁堡,英国就不会干预,"如果俄国人在其他地区对奥斯曼帝国展开行动,英国就不会插手"。② 这个理解不能说有错,但问题是,俄国无论在哪里动手,都会被英国人视为威胁君士坦丁堡。

因此,我们不会奇怪,在土耳其人看来,英国在第十次俄土战争期间发表"中立宣言"不啻背信弃义,但在俄国人看来,英国在战后强烈反对《圣斯特法诺条约》不啻两面三刀。这不能不说是英国外交的挫折。

---

① Lady Gwendolen Cecil: *Life of Robert Marquis of Salisbury*, Vol. Ⅱ, pp. 100−101. 转引自赵军秀:《英国对土耳其海峡政策的演变:18世纪末至20世纪初》,第27—28页。
② 〔英〕帕特里克·贝尔福:《奥斯曼帝国六百年:土耳其帝国的兴衰》,第633页。

三、第十次俄土战争

应当说,英国外交大臣德比勋爵和印度事务大臣索尔兹伯里对维护奥斯曼帝国在巴尔干的统治毫无信心。这是有充足依据的,因为"三皇同盟"根本不会去理睬这类关于"尊重奥斯曼帝国领土完整"的声明。在俾斯麦的撮合下,俄奥两国达成了瓜分奥斯曼欧洲部分领土的秘密协定,俄国人分得了保加利亚、塞尔维亚和黑山,并同意奥地利人在条件允许的情况下占领波斯尼亚和黑塞哥维那。"这样一来,俄罗斯在进攻奥斯曼帝国时就可以不必担心其侧翼会受到来自西方的威胁。"①

这项协议让沙皇亚历山大二世志得意满,加上他自以为得到了英国的默许,就更加有恃无恐了。1877年4月24日,俄国正式向奥斯曼帝国宣战,第十次俄土战争正式打响。5月,罗马尼亚宣布加入俄国一方,共同对抗土耳其。

几乎与罗马尼亚参战同时,5月6日,英国外交大臣德比勋爵照会俄国政府,阐明了英国的立场。(1)俄土战争只涉及土耳其的利益时,英国不会介入;但如果战事扩展,危及英国的切身利益,则英国政府将会采取包括参战在内的一切防御措施。(2)英国在近东和中东的切身利益包括埃及和苏伊士运河、君士坦丁堡和黑海海峡,还有波斯湾。

这份照会相当于一份中立宣言,被迪斯累利称为"我们政策的

---

① 〔英〕帕特里克·贝尔福:《奥斯曼帝国六百年:土耳其帝国的兴衰》,第633页。

准则"。① 照会一出,土耳其人立即感到自己被英国人出卖了。"奥斯曼帝国政府对英国尤为怨恨",一家有官方背景的报纸甚至在漫画里将英国人画成了"一群懦夫"。②

令欧洲观察家颇感意外的是,奥斯曼帝国并非如想象的那样不堪一击。装备了新式武器的土耳其军队甚至一度在普列文(Pleven,保加利亚北部城市)打得俄国多瑙河方面军丢盔卸甲。不过遗憾的是,新式武器不能弥补土耳其在国家动员能力和军队调度能力上的根本缺陷,土耳其人没有能力把普列文守军的优异表现转化为战略上的主动权,没有能力通过普列文要塞吸引俄军主力,并实施反包围战术。相反,他们让普列文要塞陷入了俄国的重兵重围之中。

俄国和罗马尼亚军队长达五个月的包围和封锁令3万多普列文守军弹尽粮绝,使他们不得不在12月10日开城投降。战争的天平迅速倒向俄国一方。三天以后,即13日,塞尔维亚向土耳其宣战,并占领了尼什(Niš)。黑山军队也紧随其后,乘势在黑塞哥维那攻城略地。"斯拉夫人的军队在巴尔干各地都取得了胜利。希腊人也威胁说要发动战争,还支持奥斯曼帝国境内希腊人居住的省份(包括克里特岛在内)发动叛乱。"③

在巴尔干方向,俄国多瑙河方面军兵分两路,一路翻越了巴尔干山脉,攻占了保加利亚首府索菲亚(Sofia),另一路则跨过希普卡

---

① 赵军秀:《英国对土耳其海峡政策的演变:18世纪末至20世纪初》,第29页。
② 〔英〕帕特里克·贝尔福:《奥斯曼帝国六百年:土耳其帝国的兴衰》,第638页。
③ 〔英〕帕特里克·贝尔福:《奥斯曼帝国六百年:土耳其帝国的兴衰》,第637—638页。

第四章 英国东方政策与中亚政策的转变(1874—1880)

山口,攻克了君士坦丁堡北面之重镇阿德里安堡(Edirne)。在高加索方向,俄国高加索集团军本来负责防御侧翼,现在也转入进攻,先后攻克了卡尔斯要塞(Kars)、阿尔达汉(Ardahan)、埃尔祖鲁姆(Erzurum)。

俄国多瑙河方面军统帅尼古拉大公(Nikolas Niklaevich, Grand Duke Nikolas)似乎没有终止战争的意思,他率军从阿德里安堡出发,兵临君士坦丁堡城下。这再一次引发了土耳其和英国的恐慌。随着俄军的节节胜利,善变的英国舆论又开始同情土耳其一方,"仿佛又回到了克里米亚战争的时候"。迪斯累利不顾其他内阁成员的反对,派出一支由五艘军舰组成的舰队前往马尔马拉海,参与保卫君士坦丁堡,这迫使俄国人最终停了下来。"英国公众普遍感到十分兴奋,充满爱国热情的人群涌入了议会广场,向首相欢呼。"①

1878年3月3日,俄土签订《圣斯特法诺条约》(Treaty of San Stefano)。主要内容有五条:第一,塞尔维亚和黑山完全独立,且领土面积增加一倍;第二,波斯尼亚和黑塞哥维那获得自治权;第三,土耳其割让外高加索地区的巴统(Batumi)、阿达罕(Ardakhan)、卡尔斯(Kars)等地给俄国;第四,俄国从罗马尼亚手中取得比萨拉比亚西南部;第五,建立大保加利亚公国,版图包括多瑙河到巴尔干山脉之间的平原、索菲亚地区、皮罗特(Pirot)、弗拉涅(Valjevo)、北色雷斯、东色雷斯部分地区、马其顿等地区。

英国人这才猛然感到,如果《圣斯特法诺条约》得以实施,他们

---

① 〔英〕帕特里克·贝尔福:《奥斯曼帝国六百年:土耳其帝国的兴衰》,第639页。

171

保卫君士坦丁堡可能会变得没有任何意义,因为土耳其海峡的战略价值变得十分可疑了。

四、柏林会议与英国战略重心的调整

《圣斯特法诺条约》一经曝光,就引发英国舆论的恐慌。迪斯累利评价道:"奥斯曼帝国苏丹成了俄国的臣属……在这种安排之下,原本被欧洲各国置于奥斯曼帝国政府管理下的土地和资源就完全落入了俄国手中。我们反对这种安排。"[1]他之所以会这么认为,在于俄国人的胜利从两个方面改变了黑海和东地中海的地缘政治格局。

第一,大保加利亚的南部濒临爱琴海,它一旦在俄国的庇护下成立,就使得俄国势力可以经巴尔干半岛绕过黑海海峡,染指东地中海。也就是说,英国人维护的"海峡战时封闭"原则变得毫无意义了。第二,俄国人占领外高加索地区的卡尔斯、巴统等地区,则使其能够完全掌控黑海海面,黑海海峡将很难再起到拦阻作用。[2]

对于英国人来说,好消息是,俄国的胃口实在太大,竟要扶持大保加利亚公国,这违背了其战前与奥匈的秘密协定中不谋求建立大斯拉夫国家的承诺。俄奥矛盾迅速激化。1878年3月下旬,印度事务大臣索尔兹伯里取代德比勋爵,出任外交大臣。他的上

---

[1] 〔英〕帕特里克·贝尔福:《奥斯曼帝国六百年:土耳其帝国的兴衰》,第641—642页。
[2] 参见赵军秀:《英国对土耳其海峡政策的演变:18世纪末至20世纪初》,第33—34页。

任,"不仅结束了内阁长期意见相左的分裂状态,而且使新内阁能采取大胆、积极的政策。这也是一些学者认为索尔兹伯里出任外交大臣成为英国海峡政策转折点的原因"①。

索尔兹伯里就任一周之后,就于4月1日发表外交通告,声明英国坚决反对《圣斯特法诺条约》。为了逼迫俄国人让步,英国政府甚至动员了预备役,并从印度调遣7000名陆军士兵驻扎马耳他,摆出一副不惜再打一场克里米亚战争的姿态。此时筋疲力尽的俄国军队已经很难同时与英、奥两国开启一场新的战争了。

更为重要的是,对于德国而言,一旦战争重新爆发,就意味着"三皇同盟"彻底解体,俄国很可能倒向其宿敌法国一边。俾斯麦不能容忍这种情况出现,他选择主动出击,在1878年6月13日,成功发起了柏林会议,参会方仍然是当初君士坦丁堡会议的六大国:英、法、德、俄、奥、意。为了维系大国协调的和平局面,俾斯麦的原则是以战前俄奥秘密协定为基础,重新划分巴尔干半岛的势力范围;对于引发各方不安的大保加利亚公国,则采取一分为二的政策。

仅就本次协调而论,俾斯麦是成功的。仅仅一个月之后,7月13日,各方就签署了《柏林条约》,以取代之前的《圣斯特法诺条约》。按照当初的俄奥协定,波斯尼亚和黑塞哥维那被划给了奥匈帝国。原先的大保加利亚则以巴尔干山脉为界线,被分成两半:巴尔干山脉以北的保加利亚本部获得自治权,由保加利亚大公管理,其人选不能由俄国单方面指定,而必须得到奥斯曼帝国和欧洲列

---

① 赵军秀:《英国对土耳其海峡政策的演变:18世纪末至20世纪初》,第34页。

强的一致同意;巴尔干山脉以南的东鲁米利亚(Eastern Rumelia)则仍归土耳其直接统治。

无疑,柏林会议的最大赢家是奥地利人,他们不费一枪一弹就白白从俄国人手里捡到了波黑大片领土。1878年6月21日,戈尔恰科夫的亲信幕僚若米尼(A. G. Jomimi,又译为"热梅尼")在给外交部副大臣尼古拉·卡尔洛维奇·吉尔斯(N. K. Giers,又译为"格尔斯")的信中,甚至以毫不怀疑的口气断定,奥匈帝国未来会成为英国、土耳其的盟友,与俄国为敌:

> 由于吞并波斯尼亚和黑塞哥维那而野心得到满足的奥国,可能再变成土耳其反对斯拉夫人的当然盟国,奥国所处的战略位置会使它成为一个十分重要的盟国。到那时候,英国所追求的目标——海峡的守卫——也就有人负责了。①

姑且不论这番预测是否准确,它至少反映了两件事实:第一,英、奥两国在反对《圣斯特法诺条约》上具有相同的利益诉求,并可能协同起来威逼俄国;第二,当奥匈获得了波黑的土地,土耳其的势力退到巴尔干山脉以南后,两国之间的地缘政治矛盾将不复存在,相反,它们都要面临俄国在东南欧扩张的问题。

尽管俾斯麦在原则上力图公正不偏地处理俄奥纠纷,但面对咄咄逼人的俄国,他不可能不袒护奥匈帝国。正如他在1879年9

---

① [俄]查尔斯·耶拉维奇、巴巴拉·耶拉维奇合编:《俄国在东方(1876—1880):从阿·约·若米尼给尼·克·吉尔斯的信中看俄土战争和伊犁危机》,北京编译社译,郑永泰校,北京:商务印书馆,1974年,第96页。

月10日所说的那样:"在这次战争中俄国政策所取得的,甚至在柏林会议后也仍然是巨大的成就,未能使俄国政策的那种激烈状态像爱好和平的欧洲所期望的那样平息下来。俄国的意图仍然是不安分的、气势汹汹的。"①把吃进嘴里的果实再吐一半出来给奥匈帝国,这当然引发了俄国人的不满,亚历山大二世就意识到:"俾斯麦时代的欧洲已经远远不足以让单独一个强国成功地进行扩张,哪里还有俄国的份?"②

尽管"三皇同盟"在1881年6月18日得到了延续,但本次柏林会议预示了俄奥两国将不可避免地因为巴尔干民族问题走向分裂。从这个意义上来讲,俾斯麦发起的柏林会议又远没有获得成功,也不可能真正获得成功。正如《剑桥俄国史》的作者所言,没有一个俄国人对于《柏林条约》感到满意,尤其是外交大臣戈尔恰科夫亲王:

> 俄国人虽然通过新协议在高加索和比萨拉比亚取得了一些领土,但他们仍然认定这是一个屈辱的挫折。戈尔恰科夫宣称柏林是"他生命中最黑暗的一页"。就像二十四年前的巴黎和会一样,圣彼得堡再次发现自己在外交上被孤立。然而不同于以往之处在于,这次有一个替罪羊。俾斯麦以"诚实的调停者"(honest broker)的身份对待与会国家,但是由于未能

---

① 〔德〕奥托·冯·俾斯麦:《思考与回忆——俾斯麦回忆录》第2卷,第206页。
② 〔英〕F. H. 欣斯利编:《新编剑桥世界近代史》第11卷《物质进步与世界范围的问题:1870—1898年》,中国社会科学院世界历史研究所组译,北京:中国社会科学出版社,1999年,第474页。

支持他的伙伴而首先遭到了俄国的不满。诚然,在接下来的几年里,亚历山大二世还会本能地回过头去寻求与德国展开新的合作,并最终于1881年再次建立"三皇同盟"。但是从长远来看,俄德关系受到的损害是无法弥补的。①

随着巴尔干民族逐渐脱离奥斯曼帝国的掌控,它们将变得越来越难以驾驭,这正如孙兴杰所说:"巴尔干半岛内部的'小霸主'之争与欧陆霸权以及海外霸权体系就像齿轮一样咬合在一起。巴尔干国家的民族主义运动脱离大国控制已成为常态,大国博弈与小国博弈形成了双层的体系,这也是巴尔干化的重要特征。两种体系的相互渗透,大国难以掌控小国,甚至被小国绑架。"②

与本书直接相关的是,过去英国的东方政策有两大支柱:一、维护奥斯曼帝国的完整;二、保证黑海海峡在和平时期不对任何外国军舰开放。它们在第十次俄土战争以后都越来越不合时宜,土耳其人丢掉欧洲领土已经是既成事实,而海峡封闭政策反过来绑住了英国人自己的手脚。这点将在几年以后的平狄危机中得到集中的体现。

几年前,1869年11月17日,苏伊士运河开通,从英国本土到达印度的时间缩短为不到一个月。其因具有巨大战略价值而引发了各方的垂涎,凭借海上力量横行欧亚大陆的大英帝国自然竭力要在运河问题上占尽先机。前述第十次俄土战争爆发之初,德比

---

① *The Cambridge History of Russia*, Volume Ⅱ: *Imperial Russia, 1689-1917*, edited by Dominic Lieven, Cambridge: Cambridge University Press, 2006, p.566.
② 孙兴杰:《柏林会议与"东方问题"巴尔干化的起源》,第217页。

勋爵的中立声明就把苏伊士运河放到了与土耳其海峡同等重要的地位,而柏林会议之后,运河的重要性超过了海峡。

可以说,英国东方政策的中心在此时已经挪到了埃及,他们在那里的主要对手将从俄国变为法国。这些改变又将影响到英国对于中亚,对于中国和中南半岛的基本态度。总之,本次战争和《柏林条约》对于英国东方政策的影响,正如赵军秀所论:"从维持土耳其领土完整到有限瓜分土耳其,从主张海峡对战舰关闭到试图改变海峡关闭规则,就这个意义讲,近东危机的确是英国海峡政策的'转折点'。"①

第二节 英国中亚政策的演变(1863—1880)

前文已述,早在1849年,亨利·罗灵逊爵士就把英国"精明无为"政策的根源归结到了伯恩斯头上。正是伯恩斯对多斯特·穆罕默德夸大其词的吹捧,让英印政府最终放弃了波斯,而专注于阿富汗。这在罗灵逊看来十分危险:多斯特·穆罕默德年事已高,他的继任者还能继续保持亲英的立场吗?还能继续有效地统治阿富汗吗?

英国人在这类问题上不是没有过教训。当初锡克王国的统治者兰吉特·辛格一直被视为"印度的朋友",奥克兰总督甚至不惜为他得罪了多斯特·穆罕默德,可是兰吉特·辛格死后呢?锡克

---

① 赵军秀:《英国对土耳其海峡政策的演变:18世纪末至20世纪初》,第39页。

王国马上陷入了混乱的局面。他的儿子卡拉克·辛格(Kharak Singh)在继位短短几个月后就遭到了废黜,后来神秘地死在了监狱之中。他的孙子瑙尼哈尔·辛格(Nau Nihal Singh)继而登上了王位,几个月后又神秘地死亡了。此时为 1840 年 11 月,距离兰吉特·辛格病逝仅仅过去了一年半。

在这一年半的时间里,锡克军队规模急剧膨胀两倍,已经超出了财力可以容忍的限度。军方因为得不到充足的财政拨款而频繁发动政变,并于 1843 年谋杀了国王舍尔·辛格(Sher Singh)。到头来印度方面还是不得不卷入锡克的内乱之中。1845 年,英国殖民者发动了第一次锡克战争(Anglo-Sikh War),至 1849 年第二次锡克战争结束时,旁遮普(Punjab)正式沦为英属印度的一个邦。四年之中,英军总共损失了超过 5000 人。

相较于锡克王国,阿富汗的情况更加复杂。即便对上述问题的回答是肯定的,仅凭阿富汗一国之力也不足以守住赫拉特。赫拉特的安危还取决于西面的波斯。如果俄国取道波斯进攻赫拉特,印度的西北大门还能安然无恙吗?

一、"前进政策"

1858 年,罗灵逊当选为英国下议院议员,成为一名坚定的保守党党员,旋即又进入印度委员会(Council of India)。次年初,罗氏临危受命,出任英国驻德黑兰公使,以修补两年多以前因战争而惨遭毁坏的两国关系。他在备忘录中写道:"俄国必定会采取最令人

第四章 英国东方政策与中亚政策的转变(1874—1880)

担忧的行动来提升其在东方的影响力。"①

具体而言,俄军将会分兵两路,一路经阿姆河包围希瓦等中亚汗国,另一路从里海出发进取土库曼地区。这两路俄军在控制布哈拉、浩罕之后,就会进逼赫拉特,最终将阿富汗囊括到其实力范围之内。能否守住赫拉特,不仅关乎印度与阿富汗的关系,更取决于英国与波斯的关系。② 从后来的历史进程看,罗氏对于俄国的进军路线基本判断准确。

基于这个判断,罗灵逊在德黑兰就职期间,不仅主动拜访波斯沙哈以示谦恭,更广泛出击,四处结交波斯权贵。这使他在波斯宫廷大受欢迎。然而不幸的是,几个月后,1859年6月,自由党领袖帕麦斯顿出任英国首相,新任政府认为,过多卷入中亚事务不仅会增加英国的财政负担,而且不利于在欧洲和近东缓和同俄国的关系。这让罗灵逊之类的强硬派遭到了冷遇。帕麦斯顿政府剥夺了印度政府与波斯交往的权力,把波斯事务全盘交给了外交部。外交大臣约翰·罗素,亦即后来的自由党首相,十分反感罗灵逊的作风,迫使他在上任仅仅六个月后辞职,黯然回国。③

十五年过去了,迪斯累利率领保守党以巨大的优势击败自由党,重新掌握大权,正是罗灵逊等强硬派重见天日的大好时机。他

---

① Rawlinson Memo., April 30, 1859, L/PS/3/53, 145. 转引自赵萱、刘炳林、刘玺鸿:《"英俄大博弈"时期的中亚变局——基于亨利·罗林森的人生史考察》,载孙晓萌主编:《亚非研究》2018年第1辑(总第13辑),北京:社会科学文献出版社,2018年,第52页。

② 赵萱、刘炳林、刘玺鸿:《"英俄大博弈"时期的中亚变局——基于亨利·罗林森的人生史考察》,第52—53页。

③ 赵萱、刘炳林、刘玺鸿:《"英俄大博弈"时期的中亚变局——基于亨利·罗林森的人生史考察》,第54页。

借机出版了专著《英俄在东方》(*England and Russia in the East*)。正如霍普柯克所言,此书"加深了人们对俄国野心的担忧":

> 尽管这本书的论调并没有超出他本人以及自威尔逊(按,Robert Wilson)、麦克尼尔(按,John McNeill)和德莱西·埃文斯(按,George de Lacy Evans)时代以来前进派人物的一贯主张,但它还是对英国内阁和包括新任总督在内的印度防卫者们产生了相当大的影响。正如大博弈时代的其他著述一样,时机决定一切。当时也有书和文章质疑罗灵逊以及前进学派的观点,但在媒体的一片排俄声浪中,这些质疑遭到冷落。①

罗灵逊著作之所以热销,无疑得益于俄国在中亚的快速扩张。该书在出版当年就得以再版,罗氏在第二版序言中强调:"我满怀忧虑地指出,在这短暂平静的间隙,也是危机即将到来的前夕,我们应该认识到英国占领赫拉特的重要性,我认为这是东方未来历史的转折点。然而它本质上遭到了曲解,既没有得到英格兰的关注,也没有得到印度的重视。"②在他看来,"没有什么天然的

---

① 〔英〕彼得·霍普柯克:《大博弈:英俄帝国中亚争霸战》,张望、岸青译,北京:中国青年出版社,2015年,第390页。按,原文"Rawlinson"译为"罗林森",为了维持译名统一,引用时改成"罗灵逊";威尔逊、麦克尼尔和德莱西·埃文斯皆为"大博弈"早期的鹰派,霍普柯克著作的第82—85、139—141、190—192页分别介绍了他们的主要观点。其中,本书在讨论"第一次赫拉特危机"时,介绍过麦克尼尔。

② Henry Rawlinson: "Preface to the Second Edition", in *England and Russia in the East: A Series of Papers on the Political and Geographical Condition of Central Asia*, London: John Murray, 1875, p.vi.

或人种的原因,使得赫拉特和坎大哈非得跟喀布尔绑定在一起不可"①。为了保卫印度北部边界,英国完全有理由占领赫拉特和坎大哈,"我们迟早会在坎大哈和赫拉特驻军,但驻军将是阿富汗人的朋友,而不是他们的敌人"。②

概括一下,罗灵逊的建议分为两个部分:第一,改善同波斯的关系,尽可能地把波斯从俄国人手里拉过来;第二,必要时英军直接出面控制赫拉特与坎大哈,这样,即便阿富汗倒向俄国方面,也不会威胁到印度的安全。显然,他的建议与前此英印政府把阿富汗打造成"夹层"或"缓冲带"的设想大异其趣,例如前任印度总督梅奥勋爵就曾嘲笑罗灵逊"胆小如鼠"(Timidites),是一名"严重的恐俄症患者"(ultra-Russophobists)。③

总之,罗灵逊强调,在俄国的扩张面前,英国人不能束手束脚,必须同样以扩张回应。这类建议被称为"前进政策"(forward policy)。鹰派人物迪斯累利和索尔兹伯里分别出任首相和印度事务大臣,意味着"前进政策"终于获得了抬头的机会。罗灵逊的著作受到了迪斯累利的激赏。首相大人在罗灵逊的提醒下,认识到英印政府的中亚政策必须改弦更张。1876年4月,他任命鹰派党员罗伯特·李顿(Robert Bulwer Lytton)代替诺斯布鲁克出任印度总

---

① Henry Rawlinson: *England and Russia in the East: A Series of Papers on the Political and Geographical Condition of Central Asia*, p.355.

② Henry Rawlinson: "Preface to the Second Edition", in *England and Russia in the East: A Series of Papers on the Political and Geographical Condition of Central Asia*, p.vii.

③ Mayo to Argyll, Simla, 2 June 1870 & 26 May 1871. I. O. L. &R. REEL 313/1, pp.493 & 177. 转引自赵萱、刘炳林、刘玺鸿:《"英俄大博弈"时期的中亚变局——基于亨利·罗林森的人生史考察》,第56页。

督,则标志着"前进政策"正式取代"精明无为",成为英印政府在中亚的指导方针。①

在迪斯累利的推荐下,李顿伯爵在前往印度的路上认真读完了《英俄在东方》一书。该书令李顿备受鼓舞,他于当年9月在给印度事务大臣索尔兹伯里勋爵的信中说道:"和俄国开战的前景令人激动不已,但我一点也不担心印度。如果难免一战,宁早勿晚。在世界的这个角落,我们比俄国强大两倍,无论是进攻还是防守,我们都拥有更好的基地。"②历史终究没给李顿伯爵"跟俄国打一仗"的机会,但罗灵逊的书将为李顿贸然发动第二次阿富汗战争,提供理论依据。

二、多斯特·穆罕默德之后的阿富汗局势

1863年,多斯特·穆罕默德在英国人的支持下,发兵进攻仍向波斯朝贡的赫拉特政权。5月26日,他终于如愿以偿,结束了赫拉特的分裂状态,将其正式纳入了自己的统治。十四天以后,6月9日,多斯特溘然长逝。"这就是一位真正伟大的爱弥尔(按,埃米尔)的结局,他一定会含笑于九泉之下,因为他知道他已将阿富汗的所有行省重新统一起来了。"③

不出罗灵逊所料,多斯特·穆罕默德死后,阿富汗重新陷入了

---

① 李顿刚刚到任加尔各答,就喜获麟儿,此子正是1932年率领调查团赴中国东北调查"九一八"事变的维克多·李顿(Victor Bulwer Lytton)。
② 〔英〕彼得·霍普柯克:《大博弈:英俄帝国中亚争霸战》,第389页。
③ 〔英〕珀西·塞克斯:《阿富汗史》第2卷上册,张家麟译,北京:商务印书馆,1972年,第792页。

第四章　英国东方政策与中亚政策的转变(1874—1880)

政治纷争。他的五位妻子共生育并抚养成人了 12 个儿子。按照前埃米尔的遗嘱,时年 40 岁的希尔·阿里(Sher Ali)将继承汗位,成为新的埃米尔。为了取得英印政府的承认,多斯特·穆罕默德一早就将自己身后的安排通知了时任印度总督额尔金伯爵(James Bruce, 8th Earl of Elgin)。① 希尔·阿里甫一登基,就正式通告额尔金。然而额尔金还没有来得及回复希尔·阿里的来信,就在当年 11 月 20 日,随着多斯特共赴黄泉了。

继任印度总督劳伦斯对于阿富汗的内部事务不感兴趣。希尔·阿里要求英印政府承认其子穆罕默德·阿里为他的继承人,并以 6000 支步枪作为赠礼。劳伦斯爵士虽然答应承认穆罕默德·阿里的储君地位,但拒绝提供枪支。此后,希尔·阿里的多位兄弟都发动了反叛,而英国人大体处于不干预的观望状态。直到 1869 年初,埃米尔才基本平息了叛乱。没过多久,英印总督也换成了梅奥伯爵。

1869 年 3 月,希尔·阿里会见了刚刚到任的梅奥,他向梅奥提出了两个请求:第一,"鉴于俄国继续向他的王国推进而感到严重的惶恐,希望英国政府在他一旦受到外来进攻时,保证给他援助";第二,英国政府除了希尔·阿里本人及其后裔,"在整个阿富汗(将不承认)任何人为朋友"。②

此时,梅奥总督正为如何将阿富汗打造成英俄势力之间的缓冲带而焦虑不已,自然不愿看到阿富汗走向分裂,让北方邻居有机可乘。他很爽快地答应了希尔·阿里的第二个请求,并支援了 60

---

① 这位额尔金伯爵就是第二次鸦片战争中下令放火焚烧圆明园的英军指挥官。
② 〔英〕珀西·塞克斯:《阿富汗史》第 2 卷上册,第 808 页。

万卢比的资金和大量武器,包括6500支步枪、4门攻城炮、2门榴弹炮,以及一支由6门山炮组成的炮兵部队。但所有这些援助的前提是不能激怒北方的俄国人,因此梅奥巧妙地回避了埃米尔的第一个请求。

饶是如此,来自印度的援助仍然是巨大的。希尔·阿里自印度返回后,就听从了梅奥的建议,在阿富汗推动了许多现代化的改革,诸如成立枢密院、改革税制、建立邮政系统和常备军等。正因如此,学者对于这位埃米尔多有不错的评价:"他学识渊博,了解外部世界的变化,关注欧洲的工业革命进程,希望改变自己国家的面貌,是现代国家文明和工业变革的倡导者。""他在一定程度上了解欧洲国家和俄国的历史,懂得改革对保证国家独立发展的必要性。在他的统治时期,阿富汗取得了较快的发展,国家出现了一些繁荣景象。"[1]英印政府对于这些改革也大多不遗余力地提供支持。可以说,此时英印与阿富汗的关系处在了一个十分良好的阶段。但1872年2月8日梅奥伯爵突然被刺,两者之间的"蜜月"终结了。

继任的诺斯布鲁克男爵是个坚定的精明无为派,他一贯奉行格莱斯顿政府不要在中亚挑衅俄国人的政策。出于对俄国扩张的恐惧,希尔·阿里在1873年主动联系诺斯布鲁克,提议双方签订防卫协议,共同抵御来自北方的威胁。在格莱斯顿的授意下,诺斯布鲁克严厉拒绝了这个请求。不仅如此,他还在其他几件事情上申斥了希尔·阿里。"埃米尔一直把英国人当作朋友,而现在他的提议被断然拒绝,这让他火冒三丈。"[2]讽刺的是,三年以后,李顿接替

---

[1] 张敏:《阿富汗文化和社会》,北京:昆仑出版社,2007年,第247页。
[2] 〔英〕彼得·霍普柯克:《大博弈:英俄帝国中亚争霸战》,第389页。

第四章 英国东方政策与中亚政策的转变(1874—1880)

诺斯布鲁克担任印度总督,英国人却反过来要求阿富汗人跟他们签订共同防卫协议了。迪斯累利命令李顿在任期间,务必将阿富汗和俾路支斯坦纳入印度的防卫同盟。然而,此时的阿富汗埃米尔却跟俄国突厥斯坦总督考夫曼搭上了线。

李顿曾满怀信心地认为,中亚人民不满俄国统治久矣,一旦英俄开战,"诸汗国将奋起倒戈反对他们的俄国主人,并将在印度北部边界呈'火海'之势蔓延开来"。① 讽刺的是,他的对手考夫曼总督却以同样的逻辑,认定英国在印度的统治不得人心,"印度民众是反叛高手,一旦放出消息说俄阿联军即将来解放他们,那么火药桶随时会被点燃"②。

因此,当欧洲革命引发东方问题,而东方问题又引发英俄对抗之时,考夫曼就集结了一支4万多人的部队,随时待命。如果第十次俄土战争期间停泊在马尔马拉海的英国军舰胆敢向俄军开炮,这些军队将立即启程前往印度。于是,夹在英属印度和俄属中亚之间的阿富汗,就是他不得不去面对的屏障。考夫曼在1878年6月18日,即柏林会议召开第一次会议的日子,命令斯托列托夫(Nikolai Stolietov)少将率领一支由250人组成的军事代表团,出使喀布尔,以逼迫阿富汗人与俄军合作。③

准此而论,英国印度总督和俄国突厥斯坦总督,都想将阿富汗纳入自己的联盟体系。

---

① 〔英〕彼得·霍普柯克:《大博弈:英俄帝国中亚争霸战》,第389页。
② 〔英〕彼得·霍普柯克:《大博弈:英俄帝国中亚争霸战》,第408页。
③ 〔美〕沙伊斯塔·瓦哈卜、〔美〕巴里·扬格曼:《阿富汗史》,杨军、马旭俊译,北京:中国大百科全书出版社,2010年,第98页。

三、第二次阿富汗战争

李顿赴任后的第一件大事,就是在迪斯累利的授意下,为维多利亚女王加冕印度女皇筹办一场盛大的豪华庆典。他没有想到,白沙瓦专员前往阿富汗,向希尔·阿里通告自己就任印度总督和英国女王加冕印度女皇,竟引发了埃米尔的极大恐惧。希尔·阿里以为,英国人想借机要求在赫拉特设立一个使团或专门机构,以抵制俄国在中亚的推进。"如果他接受了这个要求,那他害怕被指控采取了敌视俄国的一个步骤。他还害怕接受一个英国使节,将导致一个俄国使节突然进入阿富汗。最后,他担心使团在狂热的喀布尔的安全问题。"[①]总之,埃米尔在5月22日的回信中说明了上述忧虑,要求暂缓派遣英国使团。

"李顿认为这实际上是对他的建议的一种委婉的拒绝,因此很发火。"当年7月,他给希尔·阿里写了第二封信,重申他派遣使团的愿望。李顿在信中说:"假若殿下匆促地拒绝了现在坦率地向你伸出的友谊之手,将总督阁下的友好意愿当作毫无价值,迫使他把阿富汗看成是已经自动脱离同英国政府的联盟和支持的一个国家,那将使总督感到实在的遗憾。"[②]

李顿的回复无疑是一种战争威胁,其效果只能是使埃米尔更加担忧英国人。珀西·塞克斯(Percy Sykes)就曾对李顿的傲慢态度抱憾不已。塞克斯指出:

[①] 〔英〕珀西·塞克斯:《阿富汗史》第2卷上册,第848—849页。
[②] 〔英〕珀西·塞克斯:《阿富汗史》第2卷上册,第849页。

第四章 英国东方政策与中亚政策的转变(1874—1880)

他确实应该得到更好的劝告去通知希尔·阿里,说英国政府已明确决定用军队、武器和金钱来保卫他反对外来侵略。这样一个声明如用一封辞意恳切的信传达过去,几乎可以肯定地说会造成一种友好气氛,并使希尔·阿里成为我们的忠诚可靠的盟友。再说,它还会避免使阿富汗在陷入第一次阿富汗战争后不到一个多世代又遇到第二次战争的恐怖,也可以避免大不列颠在生命和钱财上的巨大耗费。①

然而李顿的做法却使得气氛更加紧张。他得知俄国使团进入喀布尔后,勃然大怒,认定阿富汗人已经倒向了俄国一边。傲慢的印度总督从来不会考虑到,如果不是考夫曼大军压境,希尔·阿里根本不愿意接待俄国使团,这根本不等于俄国人插足了阿富汗事务。

距离俄国斯托列托夫使团到达喀布尔仅仅一个月,李顿就决定强行派遣一支使团出访阿富汗。使团由250名英属印度教导团的骑兵组成,人数与俄国使团完全一样。8月14日,李顿致信希尔·阿里,宣布使团已经出发,要求埃米尔保证使团的安全。但信件石沉大海,领队的卡瓦尼亚少校(Louis Cavagnari)也被阿富汗边境哨所指挥官拒绝入境。

伦敦现在怀疑阿富汗已经同俄国达成了秘密协定,故向埃米尔发出最后通牒,限其于11月20日日落前允许英国使团来访,并

---

① 〔英〕珀西·塞克斯:《阿富汗史》第2卷上册,第850页。

就接纳俄国使团一事向英国正式道歉,否则英国将立即对其展开军事行动。截止日期十天以后,印度方面收到了希尔·阿里的回信,信中表示同意英国使团出访喀布尔,但没有就俄国使团一事道歉。然而,好战的李顿伯爵无视了这封回信。三支英军骑兵纵队就这样攻入了阿富汗境内。第二次英国侵略阿富汗战争正式爆发。

3.5万英军分兵两路,一路通过开伯尔山口占领阿富汗东部城市贾拉拉巴德(Jalalabad),另一路则直取西南部城市坎大哈,接着东西两线齐头并进,攻入喀布尔。希尔·阿里赶忙要求考夫曼履行承诺,出兵救援。毫不令人意外,考夫曼以严冬季节为由拒绝了他的请求。无计可施的埃米尔首先释放了一直被软禁的长子雅库布·汗(Yakub Khan),命他摄政,自己则在几名俄国军官的陪同下,仓皇逃往俄罗斯。不幸的是,希尔·阿里抵达俄国边境时,却被考夫曼下令禁止入境。倒霉的希尔·阿里一边被英国人步步紧逼,另一边又被俄国人弃如敝屣。前者因为"友邦"被迫接待了一支俄国使团而悍然侵略,后者的联盟承诺则一文不值。希尔·阿里于1879年2月绝望地在阿富汗北部城市巴尔赫(Balkh)死去,他的遭遇再一次证明了帝国主义国家丝毫不比中亚那些封建宗教领袖更讲信用,什么"契约精神"只不过是骗人的鬼话。

在英国人的威逼下,新继任埃米尔的雅库布·汗被迫在1879年5月26日,与英军指挥官卡瓦尼亚少校签订了《甘大麦条约》(*Treaty of Gundamak*):一、把开伯尔山口等毗邻印度的战略要地割让给英国;二、同意英国在喀布尔等大城市设立常驻机构;三、由英国掌控阿富汗的外交权。总之,将阿富汗变为英国的保护国。

霍华德·汉斯曼(Howard Hensman)在1882年出版的著作中坦承,签署了条约并不代表万事大吉:

> 我们不仅要指望统治者本人的诚意,还要指望他能够控制狂热的臣民。在《甘大麦条约》中,我们盲目相信存在着这种可能。我们已经直接控制这些臣民一段时间了,现在,在强加给他们这份条约以后,我们发现他们会屈服于更强大的力量,但绝不屈服于他们的命运。当军队在他们中间的时候,我们可以信任他们,但是我们的行动只是暂时的,在我们寻找那些要惩罚的人的时候,一点也不能指望获得他们的积极帮助。①

英国人蛮横的霸权主义作风反而使他们陷入了一个新的泥潭:他们可以轻易打败埃米尔的军队,迫使埃米尔接受他们的不平等条约,但他们无法掌控阿富汗群众。此时英国人才发现,随着条约的签订,他们的对手已经由埃米尔本人,变成了埃米尔的臣民。

令人欣慰的是,往后的事情几乎重演了1841年的故事。当年9月,喀布尔民众率先起来反抗英国"太上皇"。这位卡瓦尼亚少校也像他的先辈伯恩斯、麦克诺顿一样,被愤怒的阿富汗群众杀死。汉斯曼抱怨道:"雅库布·汗太软弱,在运用权威时犹豫不决,这个权威可是我们大张旗鼓承认的。他的属下太腐败,也无法令

---

① Howard Hensman: *The Afghan War of 1879-1880*, New York: Nova Science Publishers, Inc., 2018, p. 64. 该书1882年初版于伦敦。

人相信。"①因此,英印军队压根不相信雅库布·汗能够平息局面。

事变发生后,雅库布·汗曾低声下气地请求英军不要进入阿富汗,他会处置那些煽动暴乱的人,但这遭到了英军将领弗雷德里克·罗伯茨爵士(Sir Frederick Roberts)的拒绝。罗伯茨很快率军杀回喀布尔。英国人认定,雅库布·汗要对事变负责,这位埃米尔立即宣布退位,宣称他宁可在印度做一名卑微的割草工也不愿意再统治阿富汗了。于是,英国人将他流放到了印度。

为了报复阿富汗人的叛乱,罗伯茨于10月底在喀布尔进行了血腥的大屠杀。汉斯曼曾厚颜无耻地为此辩护:

> 弗雷德里克·罗伯茨爵士处死那些因在9月头几周参与行动而罪有应得的人,没有什么比这做法更加公平了。面对这种做法,我们可能得不到任何赞扬。在我们的巡回法庭中有句老话'绞死那些可怜虫,好让陪审员去吃饭'是不为人知的:如果有人偶尔要抱怨说,应该依法将那些人定罪,而不是仅仅出于怀疑就绞死他们,那么我们的头儿和他的委员就更应该相信,没人会在乎这样的抱怨。②

他的话恰恰暴露了英国人在喀布尔恣意处决人犯,完全是凭借主观臆断。一位教导团军官后来绘声绘色地描述了当时的恐怖景象:"一长排冰冷的绞架正对着荒凉的寓所。绞架下的犯人被严

---

① Howard Hensman: *The Afghan War of 1879–1880*, p. 65.
② Howard Hensman: *The Afghan War of 1879–1880*, p. 78.

密监视着,他们手脚被捆,跪在地上。随着一声令下,一个个活生生的人就被吊死在绞架上,尸体来回摇摆。这些人都是主谋……他们面对着曾经施暴的现场被吊死。"①

1880年2月,希尔·阿里的侄子阿卜杜·拉赫曼(Abdul Lahman Khan)在俄国突厥斯坦总督考夫曼的支持下,潜回阿富汗北部,再一次煽动起反抗英国统治的民族起义。复杂的阿富汗局势终于让英国政府感到力不从心了。此时格莱斯顿和自由党利用迪斯累利在阿富汗战争中的错误,再次夺回了首相和执政党的宝座。6月8日,双手沾满阿富汗和印度人民鲜血的李顿伯爵灰溜溜地离开了加尔各答,他的职位由里蓬侯爵(the Marquess of Ripon)接任。英国政府的中亚政策,绕了一大圈,再次回到了"精明无为"的老路上。

四、中亚问题的新焦点

不同于奥克兰对多斯特·穆罕默德,也不同于李顿对希尔·阿里,里蓬侯爵对待拉赫曼的"亲俄"态度,显得十分"宽容"。加尔各答经过冷静分析,断定虽然拉赫曼受到俄国人扶持,但他的内心"可能既不亲俄也不反英","如果是这样,也许英国人不该一味反对他寻求王位,反倒要主动欢迎他,以抢占考夫曼的先机"。②

英印政府因此采取了较为务实的态度,主动将王位让给拉赫曼。双方签订协议,英军撤离阿富汗全境,并不再要求其割让南部

---

① 〔英〕彼得·霍普柯克:《大博弈:英俄帝国中亚争霸战》,第420页。
② 〔英〕彼得·霍普柯克:《大博弈:英俄帝国中亚争霸战》,第424页。

领土,仅在喀布尔留下一名穆斯林特使作为联络代表,绝不干涉阿富汗内政。拉赫曼则同意除英国外不与其他任何外国势力发生关系,亦即同意英国监督其外交权。

1880年7月22日,40岁的阿卜杜·拉赫曼正式加冕为阿富汗埃米尔,并很快得到英国承认。拉赫曼用自己的行动证明了他是一个精明强干的统治者,能够保证阿富汗国内政局的稳定。至此,当年梅奥勋爵的"夹层政策",在阿富汗基本得到了落实。

回顾罗灵逊等借助迪斯累利政府而大行其道的新一代前进政策派,他们的主张基本与前辈相同。其独特的地方首先在于,对俄国的进军路线有更准确的判断,毕竟此时俄军已经真正踏上了征服中亚的道路。在这条进军路线的南端,有一个城市受到了罗灵逊等人的重视。这正如罗灵逊本人所说:

> 对印度而言,谋夫(Merv。按,亦翻译成"梅尔夫",今属土库曼斯坦的马雷地区)是当前和未来东部问题的利益中心点。只要卡拉库姆大沙漠(the great desert of Karakum)仍然是从俄国咸海—里海基地到穆尔加布(Murghab)河谷之间的屏障,阿富汗人就会安然无恙,我们也可以在印度推进行政改革,而不必对北方邻国的事务提心吊胆;但是,如果俄国二十年前的运动重演,如果土库曼草原(Turcoman Steppe)也像吉尔吉斯草原(Kirghiz Steppe)那样被俄军跨越,那么俄国的边境线就会从克拉斯诺沃茨克(Krasnovodsk。按,位于土库曼斯坦西部)推进到谋夫——无论出于什么目的或基于什么挑衅,局势将会完全改变。阿富汗将会受到直接威胁。同理,先前俄国人

第四章　英国东方政策与中亚政策的转变(1874—1880)

已经进入了锡尔河谷地,如果现在又允许他们进入穆尔加布河谷地,赫拉特就一定会遭受跟突厥斯坦和奇姆肯特同样的命运。①

罗灵逊没有说错,未来十年里,俄国人真的这么做了,而谋夫也将成为下一代前进政策派喋喋不休的话题。

其次,罗灵逊出版著作的时期,正值中国新疆沦陷于阿古柏之手时。在他看来,那里是一片可供俄军南下的真空地带。最初一代前进政策派还没有强调过新疆的重要性,因此,罗灵逊才会在书中大肆鼓吹扶持阿古柏政权。万幸的是,就在第二次阿富汗战争的那年年初,即1878年1月,清军将领刘锦棠以迅雷不及掩耳之势席卷南疆,消灭了盘踞在新疆的中亚侵略者,新疆才终于没有落入西方帝国主义的手中。

然而,我们在庆幸之余,有理由疑惑:为什么堂堂总理衙门,以及北洋大臣和驻英公使等清廷外交高官,都像被英国人施了魔法一样,竟然上奏朝廷,要求把新疆让给中亚侵略者?

第三节　英国对清政府军事、外交的渗透
（1874—1878）

1874年2月2日,英印政府背着中国私下与阿古柏伪政权缔

---

① Henry Rawlinson: "Preface to the Second Edition", in *England and Russia in the East: A Series of Papers on the Political and Geographical Condition of Central Asia*, p.vi-vii.

结《英国与喀什噶尔条约》，建立所谓"外交关系"。自此以后，如何强迫或诱骗清政府承认阿古柏政权的合法性，就成了英国对华外交的重要内容。

驻华公使威妥玛(Thomas Francis Wade)连续收到外交部、印度事务部与英属印度发来的秘密文件，指示他在这一阶段的重点工作就是配合印度方面扶持阿古柏政权。尽管威妥玛本人对于阿古柏政权的前途并不看好，他曾在致外交部的密件中强调：

> 我确信，无论如何缓慢，中国正在步入西方国家发展的正途。印度方面对俄国压制阿古柏非常着急，认为俄国占领喀什噶尔将会对我们的贸易和北部安全造成威胁。除此之外，我看不到他们还能有什么收获。可以确定的是，我们与坐落于最低海拔也有 11 000 英尺(按，约 3353 米)的喀喇昆仑关口另一边的喀什噶尔，绝不可能进行非常繁荣的贸易。然而，即使中国能够承认阿古柏为其属臣，我认为阿古柏政权也难以延续超过一到两代人之久。如果中国能够抓住机会，就可以用和平方式重获喀什噶尔。否则，俄国必然像我们兼并德兰士瓦(Transvaal)那样将其吞并。①

然而作为一名职业外交官，威妥玛不能不落实英国政府的外交方针。这就需要他想尽一切办法迫使中国承认阿古柏政权，亦即迫使中国承认天山南路是英国的势力范围。

---

① Wade to Tenterden, 4, June, 1877, F. O. 17 /825. 转引自恽文捷：《英国干涉左宗棠西征考论》，《社会科学》2016 年第 12 期，第 147 页。

阿古柏政权的残暴野蛮本性使威妥玛意识到,这个政权不可能长久。如果通过武力威胁迫使清政府承认一个注定要倒台的政权,不仅到头来还是不能阻止清政府收复新疆,更有可能搭上中英关系的前途。于是,诱使清政府自己承认阿古柏政权,就成了他的不二之选。

正在此时,日本入侵中国台湾的事件,给了他绝佳的机会。

一、"海防论"的由来

1871 年,琉球国宫古岛岛民向日本萨摩藩上缴年贡的船队在返回途中遭遇台风,漂流至中国台湾东南部。船上 69 人当中,3 人溺死,54 人被台湾当地居民杀害,仅 12 人生还回国。等到 1874 年,日本政府突然利用此事大做文章,宣称琉球是日本属国,一则试图借机吞并琉球,再则以此为借口出兵中国台湾。

当年 5 月 10 日,日军登陆台湾屏东县射寮村,很快与台湾当地居民接战。这是日本政府自明治维新以来第一次发动对外战争,也是近代中日关系史上第一次重要的外交事件。清廷得闻奏报,一面命令直隶总督兼北洋大臣李鸿章,配合恭亲王奕䜣领导的总理衙门出面交涉,一面命令沈葆桢为钦差大臣,督率福建水师赴台监视日军,又命福建巡抚王凯泰、福建陆路提督唐定奎率兵 25 000 人备战待命。中日战争一触即发。

当年 6 月,清政府要求总理衙门出面交涉的消息,第一时间传到了中国海关总税务司赫德(Robert Hart)那里,他在 12 日给好友,即中国海关驻伦敦办事处税务司金登干(James Duncan Campbell)

195

的去信中就说道:"日本人武力占领了台湾。中国已告诉日本,台湾是中国的,所以日本人现在要末(么)撤兵要末(么)开战,二者必居其一。"①到了10月9日,清政府派遣福建巡抚王凯泰率兵赴台的消息传到英国国内,甚至有英国媒体报道:"中国已对日宣战。"②当天赫德就在给金登干的电报中预言:"日本公使两星期后离北京,战争几乎确定无疑,如中国能抵抗最初的进攻,则可最后获胜,日本的成功取决于第一次打击。"③

英国人显然不希望看到中日开战,让俄国坐收渔利。在这危急关头,驻华公使威妥玛奉命协调中日争端。在谈判过程中,日方不仅无理取闹,还利用清政府昧于西方国际法和外交规则的弱点,大做文章。据赫德的描述,9月30日,日本特使大久保利通在总理衙门辩论时理屈词穷,就大肆抨击西方的国际法学著作,例如瓦泰尔(Emeric de Vattel)的《国际法》和马滕斯(Klarl von Martens)的《外交手册》,意图回避国际外交惯例。但总理衙门对于这些惯例颇为生疏,只能回答:"十分感谢。但不管怎么说,台湾仍然是我们的!!"对此,赫德评论道:"日本人想使我们陷入一场国际法论点的争吵之中;而由于他们有一位法国法学家、一个李仙得和一座大图书馆,所以他们引用恰当段落的能力较强。我们避免讨论,只说:

---

① 陈霞飞主编:《中国海关密档——赫德、金登干函电汇编:1874—1907》第1卷《信件·1874—1877》北京:中华书局,1990年,第67页。
② 《金登干致赫德》(1874年10月9日,伦敦),载陈霞飞主编:《中国海关密档——赫德、金登干函电汇编:1874—1907》第1卷《信件·1874—1877》,第148页。
③ 陈霞飞主编:《中国海关密档——赫德、金登干函电汇编:1874—1907》第8卷《电报·1874—1895》,北京:中华书局,1995年,第20—21页。

第四章　英国东方政策与中亚政策的转变(1874—1880)

'好吧;但台湾是我们的。'这就是今天的确切形势。"①

但现实情况是,日本人之所以愿意坐下来跟清政府咬文嚼字,玩弄国际法条文,是因为他们的军队陷于台湾的山川沟壑之中,进退维谷,已不可能实现吞并台湾的野心。因此,1874年11月初,中日双方最终接受英国的调解。中国无端赔款50万两白银,还变相承认了日本对于琉球的宗主权,真是"赔了夫人又折兵"。

威妥玛正是利用了这个机会,于中日签订协议之时,命令汉文秘书梅辉立(William Frederrick Mayers)前往天津面见直隶总督兼北洋大臣李鸿章,公然要求清政府把伊犁割让给沙俄,把天山南路割让给阿古柏,承认天山为英俄势力范围的分界线。不得不说,他选择这个时机向李鸿章提出放弃新疆的要求,是经过深思熟虑的。

不到一个月之后,即1874年12月10日,李鸿章上呈《筹议海防折》,挑起了"海防"与"塞防"之争,正是对威妥玛要求的最好呼应。1990年代后期,所谓"现代化史观"甚嚣尘上,许多学者抱着"不过正则不足以矫枉"的态度,肆意吹捧李鸿章,不仅将他举为中国近现代海军建设的奠基人,更称他为中国近代第一流的外交家。然而,李鸿章真的懂什么是近代外交吗?所谓近代海军在多大程度上是出于维护中国主权的目的,又在多大程度上是为了保障李

---

① 《赫德致金登干》(1874年9月30日),载陈霞飞主编:《中国海关密档——赫德、金登干函电汇编:1874—1907》第1卷《信件·1874—1877》,第137页、第139页注释②。李仙得(Charles W. Legendre)为美国退役准将,是日本军队里仅有的3名美国人之一。1867年,美国"罗佛号"(Rover)船在中国台湾海面触礁,有海员7人被台湾当地人杀害。李氏曾为此带兵到台湾寻衅。此番日本政府正是看中了李仙得的这一经历,认为他是最佳的带路人,遂聘请他为日本赴华专使使团参赞。同上书,第139页注释③。

197

合肥个人的政治地位而建立的?王绳祖先生在1980年代初就曾敏锐地指出,所谓"弃塞防保海防"的实质,是李鸿章"阴谋扩大淮军系军阀的势力,与湘军系对抗"①。十几年过去后,许多学者对于该问题的理解反而大大倒退了。

二、对于国防政策的舆论操纵

英帝国主义干预清政府外交国防事务,无非经由两个渠道:其一,通过操纵舆论,使"民情"倒向自己一方,给清廷决策者造成压力,甚至控制清朝大员的思想意志;其二,唆使在华有权有势的英国人出任清政府的决策顾问,为其制定政策方针。简言之,一则依靠新闻媒体,再则依靠英籍客卿。

仅就前者而言,正如恽文捷所说:"19世纪70年代上海和香港等口岸发行的中英文西式报纸是中国政界和知识界获取国际时事信息的重要渠道。"重要者,如英文《字林西报》《北华捷报》等自不必说,英国商人美查(Ernest Major)于1872年创立的中文报刊《申报》,尤以"英国投资人雄厚的财力、广泛的社会关系以及多样的信息来源,在江南地区拥有巨大影响力"②。

从1874年11月威妥玛正式要求清政府承认阿古柏政权开始,《申报》就突然发表大量关于西北边事的文章,比如《论告贷》(1874年11月30日第1版)、《译论中国告贷事》(1875年1月23日第1版)、《译字林新报论中华新行告贷一事》(1875年3月15日

---

① 王绳祖:《中英关系史论丛》,北京:人民出版社,1981年,第171页。
② 恽文捷:《英国干涉左宗棠西征考论》,第148页。

第1版)、《论新报言土耳其国事》(1875年8月9日第1版)、《续述土国负债》(1875年12月14日第1—2版)、《论借饷征回事》(1876年3月3日第1版),等等。这些评论当然不会直接说阿古柏如何如何仁慈,新疆群众如何如何安居乐业。它们无一例外地抓住了清政府收复新疆最大的障碍,即军费问题。

左宗棠为了筹集远赴新疆的粮饷,曾通过胡光墉等人向上海的外国银行借款,以解燃眉之急。此时《申报》就大做文章,宣称英国等西方强国靠向外放贷发家致富,清政府却反其道而行之,后患无穷。这些文章甚至拿出土耳其的例子,宣称土耳其因告贷而不堪重负,饱受西方列强凌辱。试思,中国国力相比奥斯曼帝国如何?倘举债西征,其后果较之土耳其又如何?

这些言论看似客观公正、科学合理,但其议题设定已经决定了它们只能得出这样的结论:西征耗费财力,不如放弃新疆;一旦清朝陷入债务陷阱,届时国家分裂、民族受辱,危害远较失去新疆为大。讽刺的是,二十几年后,当各国银行团争先恐后向清政府大举放贷时,《申报》又转而鼓吹"借款强国论"了。究其实质,正如刘增合教授所言,"光绪二年前半年,是左宗棠运筹举借外款的关键岁月。这期间,《申报》为阻止西征借款而转载和撰写的社论呈现一边倒的倾向,……其间甚至编造和传播谣言,该报通过转载外电消息,散布朝廷举借外债数额高达2000万两,担忧平定新疆叛乱之役将会拖垮中国财政,……通过营造阻借舆论,冀能最大限度影响清廷的决断"[①]。

[①] 刘增合:《"舆论干政":〈申报〉与同光之际的西征新疆举债》,《新闻与传播研究》2015年第7期,第57页。

彼时中国新闻媒体行业尚且一片空白,这给了英国殖民势力自由发挥的广阔空间,《申报》之类的英资报刊几乎控制了中国人了解外部信息的一切渠道。其力量之大,甚至左右了各部重臣和封疆大吏对于形势的判断。例如刘增合教授就曾仔细对比过《申报》社论与直隶总督李鸿章、山西巡抚鲍源深、刑部尚书崇实等高官的"弃疆"奏疏:

> 基本可以证实,崇实、李鸿章、鲍源深三位参与决策的督抚和部臣,在奏疏信息来源、观点模仿和逻辑借鉴方面,《申报》社论(包括该报关于西北战况的负面报道)明显具有向导性和启发性,李鸿章奏疏中干脆称,自己是屡屡参考"外国新闻纸"和"西路探报",这显然包括为《申报》提供社论、战况消息的《字林西报》《晋源西报》等英文报纸,由此推知,中文报纸《申报》起到了展转中介的作用,它将英方背景的各类英文媒体与清廷大员的决策行为、决策方向联结起来,旨在影响朝政决策走势。①

除去借款一事以外,《申报》等英资报刊也十分善于在战况上大做文章,如遇西征清军行动稍有迟缓,便不惜造谣生事,宣称清军无力收复南疆,不如就此罢兵。李鸿章自不必多言,沈葆桢、丁日昌等人也多依据《申报》社论,要求清廷放弃新疆。

左宗棠就对英国人操纵中国舆论以阻挠西北战事苦恼不已,

---

① 刘增合:《"舆论干政":〈申报〉与同光之际的西征新疆举债》,第60页。

"尤对李鸿章、沈葆桢、丁日昌等东部大员动辄搜罗报纸言论,据以入告内廷的行为,十分愤慨"。① 他曾多次在书信中抱怨英人居心不良,"东部诸侯"误听误信。例如他在 1875 年给前任浙江巡抚杨昌浚的一封信中说道:

> 洋事坏于主持大计者自诩洞悉夷情,揣其由来,或误于新闻纸耳。此等谬悠之谈,原可闭目不理,无如俗士惟怪欲闻,辄先入为主。公谓忌之者多,不知忌之者尚托空言,此则以无为有,足惑视听。江浙无赖士人优为之,处士横议,托于海上奇谈,都人士遂视为枕中秘矣。所系在颠倒是非,辩言乱政,不仅江浙一时之害。②

杨氏为官浙江时,曾鼎力襄助左宗棠平定西北,不想此时《申报》竟然利用杨乃武一案多方炒作,促使清廷将其革职。这也让左帅见识到了西方媒体如何制造热点,以达成其目的。

又如,左宗棠此时也提醒两江总督沈葆桢千万留神报刊舆论:

> 吴越人善箸述,其无赖者受英人数百元即编新闻纸,报之海上奇谈,间及时政。近称洞悉洋务者,大率取材于此,不觉其诈耳。③

---

① 刘增合:《"舆论干政":〈申报〉与同光之际的西征新疆举债》,第 64 页。
② 左宗棠:《答杨石泉》,《左宗棠全集》(书信二),刘泱泱等校点,长沙:岳麓书社,2009 年,第 505 页。
③ 左宗棠:《与两江总督沈幼丹制军》,《左宗棠全集》(书信二),第 513 页。

他在给台湾兵备道吴大廷的信中,索性直接点名批评李鸿章鼓吹的弃疆之论全部来自《申报》造谣:

> 《申报》乃称回部归土耳其,土耳其已与俄、英通款贸易,中国不宜复问!合肥据以入告,并谓得之亦不能守,此何说也?《申报》又云,弟与金和甫军进喀什噶尔,数战未能取胜。金军现在古城、济木萨,其地是准部非回部;弟在兰州,因办粮运、待协款,别部屯田哈密,前行尚屯关内,何曾越吐鲁番、辟展、乌什诸城以规喀什噶尔乎?此等风谣从何而起?岂庸妄者流授之意也。①

按照事前战略规划,金顺率军经古牧地、乌鲁木齐,进取玛纳斯,主要负责北疆,根本不曾前往喀什噶尔,《申报》居然造谣其在喀什噶尔连吃败仗,可说完全不顾事实。偏偏李鸿章居然对这等小报造谣深信不疑,"据以入告",诚令人担忧。

这些论述淋漓尽致地刻画了英国人如何善于利用现代媒体技术,操纵一国政治。但像左帅这样了解现代舆论奥秘的清廷大员,又有几人呢?

利用"筹款问题"大做文章的当然不只《申报》主笔,更有堂堂英国驻华公使。② 或者可以说,《申报》舆论只是在配合威妥玛的

---

① 左宗棠:《答吴桐云观察》,《左宗棠全集》(书信二),第513—514页。
② No. 117, Wade to Derby, 8 July 1876, F. O. 17/825; No. 118, Wade to Forsyth, 6 April 1876, F. O. 17/825.

第四章 英国东方政策与中亚政策的转变(1874—1880)

行动。当初李鸿章甫一挑起"塞防"与"海防"之争,就受到了威妥玛的关注。他设法获取了相关讨论的全部奏折,对其仔细加以研判。精明的英国公使很快发现,影响左宗棠西征的最大障碍就是"财政困难"。他将这些奏折的副本以"1876年1月12日第10号发文"之名寄往伦敦。① 自此以后,利用借款打压左宗棠西征,就从报刊舆论上升为外交政策。

在威妥玛的精心安排下,福赛斯于1876年4月8日在天津与李鸿章会晤。在李福之会两天前,威妥玛曾写过一封长信给福赛斯,暗授机宜。威妥玛在信中指出,"左宗棠西征最致命的难题是缺乏军费",根据他的估算,西征新疆每年需要开支军饷500万英镑,"还必须在俄国交付战争物资3个月内向其支付硬通货",而各省协饷所得共计"约900万英镑"。折算下来,左宗棠还需要自行筹集300万英镑的款项,其中半数可以通过关税获得,另一半就不得不向列强借款了。威妥玛建议福赛斯从此点入手,说服李鸿章放弃新疆;如有可能,再说服李鸿章上奏朝廷,建议与阿古柏结盟,共同抵御俄国。②

然而,这项问题事关重大,李鸿章不敢轻易答应福赛斯。于是威妥玛决定进一步就借款问题施加压力。1876年3月10日,英国领事馆就上海洋行借款一事照会总理衙门,声称在"马嘉理事件"

---

① Wade to Foreign Office, 5 March 1877, F. O. 17 /825. 以上两条皆转引自恽文捷:《英国干涉左宗棠西征考论》,第150页注释②③。
② 恽文捷:《英国干涉左宗棠西征考论》,第150页。

203

解决之前,领事馆会阻挠英国商民向中国提供借款。① "这些照会,是威妥玛为解决马嘉理事件而掀起的外交讹诈和战争叫嚣的一部分,在实际利益上,也符合英方对新疆的一贯政策。"②

从后续的历史看,威妥玛的策略显然发挥了作用,不特李鸿章顺从其意,上奏朝廷要求接受阿古柏成为清朝的属国,即令原先支持左宗棠的沈葆桢,也转而反对收复新疆。左宗棠曾愤怒地给其同乡帮办刘典写信:

> 昨接雪岩信,说威妥玛前此阻借,系由吴人怂恿。俗云家鬼弄家神也。沈幼丹前奏,或亦由若辈撺掇而成耶?不然何今是昨非乃至于此!
>
> 沪局新闻纸公然把持国政,颠倒是非,举世靡靡,莫悟其奸。而当事者不但不加诃禁,又从而信之,甚且举以入告,成何事体,可为浩叹!③

寥寥数语,十分清楚地说明了《申报》是如何与威妥玛等英国外交官暗自勾结,干预中国内政的。

---

① No. 118, Wade to Forsyth, 6 April 1876, F. O. 17/825. 转引自恽文捷:《英国干涉左宗棠西征考论》,第 150 页注释⑨。该照会条目参见〔英〕威妥玛:《知照滇案未经妥结之前英商民不能助行中国筹借款项之事》,载《清季各国照会目录》,张德泽编,《近代中国史料丛刊》续编,第 80 号,沈云龙主编,台北:文海出版社,1974 年,第 65 页。
② 刘增合:《"舆论干政":〈申报〉与同光之际的西征新疆举债》,第 58 页。
③ 左宗棠:《与刘克庵》,《左宗棠全集》(书信三),刘泱泱等校点,长沙:岳麓书社,2009 年,第 49—50 页。刘克庵,即刘典,湖南宁乡人,曾任甘肃按察使、帮办陕西军务,协助左宗棠平定西北叛乱,收复新疆。

三、赫德介入海防事务

李志茗称,自镇压太平天国运动起,晚清幕府发生了许多变化:"(1)幕府人员剧增,幕僚社会地位得到了提高;(2)幕府规模扩大,职能增多;(3)幕府中设立了各种办事机构,使幕府政府化。"[①]不仅幕府规模在扩大,幕府构成也在正规化。一方面,许多幕僚在镇压太平天国和平定西北叛乱、收复新疆的军事行动中脱颖而出,从幕后走向台前,出任正式行政职务;另一方面,许多行政官员又充当了幕僚的角色。在这个过程中,英国人赫德堪称典型。他担任的"海关总税务司"是正式行政职务,但此人往往以幕僚的身份左右着中国政局。

近三十年来,所谓"现代化史学"每每将赫德举之上天,目其为中国海关税收和外交现代化的第一人,务必与之前"帝国主义爪牙"的定性大唱反调,此亦"非过正不足以矫枉"。应当承认,赫德作为大清王朝的雇员,官阶最高达到正一品,确实具有较高的业务素质,也没有少为其雇主操过真心。他对于中国海关税收现代化的功绩诚不可否认,但所有这些都有赖于一个前提:中国的利益与英国的利益不矛盾。正如张志勇所说:"赫德是英国人,又是中国的官员,这就决定了他在参与中英交涉过程中对中英双方的利益都要顾及,但是在中英矛盾尖锐,这种矛盾威胁到英国在华的根本利益时,赫德就毫不犹豫地完全站在了英国的一方。"[②]

---

① 李志茗:《晚清四大幕府》,上海:上海人民出版社,2002年,第345页。
② 张志勇:《赫德与晚清中英外交》,上海:上海书店出版社,2012年,第104页。

并且，我们需要对"中英矛盾"做更广义的理解，这种矛盾不仅发生在中英双方直接交涉的过程中，也发生在中国内部的现代化改革过程中。毕竟很难想象，在19世纪西方殖民主义体系大发展的时期，中国这样一个大国的现代化进程会不跟英国利益产生复杂的关系。所谓"海防现代化"就是显著的例子。

赫德一直关注清政府的海军建设，这已经远远超出了他的职权范围。1874年初，赫德曾跟金登干开玩笑："就费脑筋而言，我宁肯'主管'（福州）船政局二十年而不愿在海关呆（待）一年！"①这话不是说说而已，赫德一直在寻找介入清政府海军建设的机会。很快，"牡丹社事件"就让他部分实现了自己的抱负。

6月26日，正值清政府正式对日交涉台湾问题时，赫德就颇为兴奋地意识到，"台湾事件稍稍推动了一切事情的发展。中国的达官贵人准备使用装甲舰、低舷铁甲舰、弹射器、弩、克虏伯大炮、废铜烂铁——以及任何人叫他们去获得的其他东西！"用他的话说，不需要耗费"牛角"，就可以"做一把勺子"。②果然，北洋大臣李鸿章很快就因苦于缺乏新式军舰，央求赫德从中联络英国厂商，购买新式军舰，以应对日军的侵略。

为此，赫德、金登干四处游说，宣称英国军火巨头阿姆斯特朗

---

① 《赫德致金登干》（1874年1月20日），载陈霞飞主编：《中国海关密档——赫德、金登干函电汇编：1874—1907》第1卷《信件·1874—1877》，第3页。
② 《赫德致金登干》（1874年6月26日），载陈霞飞主编：《中国海关密档——赫德、金登干函电汇编：1874—1907》第1卷《信件·1874—1877》，第81页。按，苏格兰传统习惯以牛角为材料制作汤勺，是故当地有句民谚："我要是做不成一根汤勺，就要浪费一只牛角。"赫德反其意用之，即指此时怂恿中国人购买英国军火，不需要付出什么，就可以得到丰厚的回报。同上书，第82页注释②。

第四章 英国东方政策与中亚政策的转变(1874—1880)

公司(W. G. Armstrong & Co.)生产的蚊子船和快碰船造价低廉,性能优越,是克制大型铁甲舰的利器。在他们的劝说下,清政府先后斥资200多万两白银,以高出一倍的价钱从阿姆斯特朗公司购买了十几艘蚊子船和快碰船。"从此,赫、金便充当了英国军火商向中国出售军火的掮客。1876年3月,总理衙门更正式任命金登干为驻伦敦代购舰只的代理人。"①后来的甲午海战证明,这些被赫德、金登干吹得神乎其神的蚊子船、快碰船,除了价钱贵得异乎寻常,几乎没有发挥什么作用。②

须知赫德、金登干之为清政府购舰鞍前马后,忙得不亦乐乎,不仅是为了让英国政府和军火商讹诈中国一笔,更与西北局势有关。有充足的文献证据证明,他们一直在关注中国会不会武力驱逐阿古柏政权,会不会强硬地要求俄国必须归还伊犁。

例如金登干在伦敦就随时为赫德提供欧洲关于中俄新疆争端的消息。1874年7月31日,他致信赫德:"俄国和中国会发生战争吗?请看附上的《晨邮报》剪报。对于俄国和中国是否会为争夺东土耳其斯坦而开战一事,外交部不太信任报纸的报道。"③几天以后,8月4日,他又致信赫德:"德国报纸透露,如中国进攻喀什,中俄之战难免,一万九千中国部队驻防边境,中国武装起来以备与俄

---

① 陈霞飞主编:《中国海关密档——赫德、金登干函电汇编:1874—1907》第1卷《信件·1874—1877》,第141页注释②。
② 参见汪敬虞:《赫德与近代中西关系》,北京:人民出版社,1987年,第353—354页。
③ 《金登干致赫德》(1874年7月31日),载陈霞飞主编:《中国海关密档——赫德、金登干函电汇编:1874—1907》第1卷《信件·1874—1877》,第107页。

一战。"① 又如9月30日,赫德致信金登干,分析道:"中国肯定要竭力从阿古柏那里要回一些领土;但她也同样肯定地不愿冒与俄国开战的风险。"②

当时英国轻工业独步世界,对他们而言,最好的情况是中国这个庞大的市场统一且开放。他们不希望中俄开战,亦如他们不希望中日开战,否则列强各自在中国划分势力范围,各自实行贸易保护,英国商品将何去何从?更何况英国在中亚的军事力量相较于俄国而言捉襟见肘,一旦新疆局势失控,俄国趁机南下,印度岂不危在旦夕?

最妥帖的办法就是把清政府的注意力引向东部海疆,以使英印政府扶持阿古柏政权成为既成事实。正如许建英所论,英国利用各种渠道在华鼓噪"弃疆论","很难说没有对李鸿章产生影响,同年12月10日,李鸿章向清廷上奏《筹议海防折》,挑起'海防'与'塞防'之争"。③ 今天各种"翻案文章"络绎不绝,尤其将李鸿章"海防"之论视为其作为中国现代海军先驱的重要主张,殊不知这是他不自觉地贯彻了英国人意志的结果。

赫德对于中国当然有感情,他有心于中国军事现代化当然不假,但所有这些都要围绕一个前提,即英国能够充分掌握中国海

---

① 《金致赫第25号》(1874年8月4日经恰克图),载陈霞飞主编:《中国海关密档——赫德、金登干函电汇编:1874—1907》第8卷《电报·1874—1895》,第11页。
② 《中国海关密档——赫德致金登干》(1874年9月30日),载陈霞飞主编:《中国海关密档——赫德、金登干函电汇编:1874—1907》第1卷《信件:1874—1877》,第135页。
③ 许建英:《近代英国和中国新疆(1840—1911)》,哈尔滨:黑龙江教育出版社,2014年,第137页。

军,以便中国的军事力量在未来可能发生的英俄冲突当中,站在英国人一方。忽略这个前提,就不足以公正地评价赫德对于中国现代化的作用,甚至于会片面地强调:"他玉成中国现代化海军、海军船厂和军工业的创立。……大清海关不断扩展,以及随之而来,在广阔的中国沿海加建不少灯塔、铺设不少海底电缆,以及建立一套可供东亚各国共用的气候预报系统。"①

须知一项军事技术的应用与推广不仅关乎技术本身,更关乎它背后的政治权力关系。后来日本军国主义不也"热心地帮助"段祺瑞政府推行军事现代化吗?我们能为此赞扬他们对于中国现代化的"不朽功劳"吗?

金登干曾敏感地向赫德表示,中国人利用日本侵台事件赴英国购买军火,"但我预料他们会用这些军火来反对我们的"。② 正因如此,赫德等人才会一再试图排挤他国人员,以使英国人独立把控清政府的海军建设。卢汉超指出:

> 清政府筹建海军时,指定南、北洋大臣为主持者,当时任职的是李鸿章和沈葆桢。以李、沈之尊,尚且划分南北界线,赫德却企图通过总海防司的职位,独综其全,统而有之。他拟定并交总理衙门的海防司章程中,由南、北洋大臣所派的监司官员,仅列衔会办,毫无实权。赫德虽称凡海防司所领粮饷军

---

① 〔英〕马克·奥尼尔:《赫德传——大清爱尔兰重臣步上位高权重之路》,程翰译,香港:三联书店(香港)有限公司,2017年,第139页。
② 《金登干致赫德》(1874年9月4日),载陈霞飞主编:《中国海关密档——赫德、金登干函电汇编:1874—1907》第1卷《信件·1874—1877》,第127页。

火,应先移文监司官员,由监司官员转禀南、北洋大臣核准发给,但同时又规定用人、支饷、造械诸事,唯赫德一人主之,虽南、北洋大臣不得侵越,实际上是使监司官员成为"关督第二",仍是赫德在中国海关独霸一方、层层架空清政府那一套模式的故伎重演。制定这种足以使他进退自裕、游刃有余的章程,最是赫德的拿手好戏。①

1879年4月,日本正式吞并琉球,深受震动的清政府病急乱投医,曾一度基本接受了赫德的方案。只是赫德没有想到,一个在李鸿章手下襄办洋务的小小候补知府突然出现,破坏了他的计划。

薛福成在得知"将以赫德总司南北洋海防"后,大吃一惊。他上书李鸿章指出:

> 夫赫德之为人,阴鸷而专利,怙势而自尊,虽食厚禄,受高职,其意仍内西人而外中国。彼既总司江海各关税务,利柄在其掌握,已有尾大不掉之势。若复授为总海防司,则中国兵权饷权,皆入赫德一人之手。……数年之后,恐赫德不复如今日之可驭矣。……如欲延揽洋将以供任使,宜致书出使大臣,访求专门名家,而又能受南北洋调遣者,酌量订募,庶免太阿倒持之患,其获效亦必胜用赫德远甚。②

---

① 卢汉超:《中国第一客卿:鹭宾·赫德传》,上海:上海社会科学院出版社,2009年,第117页。
② 薛福成:《上李伯相论赫德不宜总司海防书》,载马忠文、任青编:《中国近代思想家文库·薛福成卷》,北京:中国人民大学出版社,2014年,第94—95页。

薛氏抨击赫德人品拙劣,"阴鸷而专利,怙势而自尊",可能未必公正,但他说的"其意仍内西人而外中国",是不争的事实。以财权军权统统委于赫德一人,未来英帝国主义再次侵略中国及其周边时,赫德将倒向何方? 中国岂非不知不觉就沦为英国的保护国?

　　薛福成的对策很明确,赫德如果想要染指中国的军权,就不能再把控中国的财权,如果想要把控中国的财权,就不能染指中国的军权。聘用西方先进技术人员参与中国现代化建设,不能只限于某一强权,必须广泛招募,博采众国。这封上书一下子点醒了李鸿章,他"踌躇旬日,始撮举书中要语,函达总理衙门"。总理衙门很快采纳了薛福成的建议,通知赫德专心海军事务,辞去总税务司一职。赫德果然不愿意丢掉他的立足之本,"遂罢此议"。①

　　"海防论"是一个缩影,不管赫德如何对中国抱有感情,也不管李鸿章的初衷是什么,只有在英俄冷战的大背景下,它才能得到一个公正的理解。薛福成的担忧并非无的放矢,他在中英《烟台条约》谈判中目睹的一切,都是其主张之合理性的最好注脚。

四、"马嘉理事件"与清廷外交决策权的失守

　　1875年2月21日,英国驻华使馆翻译马嘉理(A. R. Margary)在云南腾越地区与当地少数民族发生冲突,被少数民族武装打死。此即著名的"马嘉理事件"。负责交涉的驻华公使威妥玛一贯善于

---

① 薛福成:《上李伯相论赫德不宜总司海防书》文末识语,载马忠文、任青编:《中国近代思想家文库·薛福成卷》,第95页。

利用外交事件漫天要价,不久前利用调停中日纠纷之机,要求清政府放弃新疆就是例子,此番马嘉理被害,更是天赐良机。为此,威妥玛甚至完全无视英国方面的调查报告,坚持认为云南巡抚要为此事负责,借机把一起普通的刑事案件上升到国家政治的高度,以此提出赔款、开辟印藏交通通道、开放通商口岸等不合理的要求。究其实质,就是要实现英印政府渗透中国西藏的夙愿。

但凡中国官员对于英方要求稍有异议,威妥玛便暴跳如雷,无理取闹。他时而宣布谈判破裂,时而又宣称开启谈判,其反复无常令清政府官员无所适从。崇厚便评论:"威妥玛的谈话是不能当真的——一会儿这个、一会儿那个——今天说是,明天又说否。……暴怒、愤恨、咆哮,任性而发,使我们只好不理。"也许威妥玛要的就是这个效果,他本人事后承认,"我并不怀疑,我在言词中和在书面中所发表的意见,有很多在事情上或在态度上是中国政府所讨厌的。在态度上、在我于辩论中的时常失态,我并不辩驳"。[1] 从中英交涉的过程和结局看,威妥玛的反复无常、任性而为,得到了他希望的效果。

当总理衙门拒绝英方的无理要求后,威妥玛盛怒离京,到英国在长江的军舰上耀武扬威。4月20日,李鸿章密函总理衙门,内称美国副领事毕德格(William N. Pethick)告知,英国上下两院群情激奋,要求印度总督出兵云南,又说威妥玛离京时曾与俄国使臣密商,"将来英兵进滇,俄兵亦由伊犁进,使中国首尾不能相顾"。赫德也告知,"英国现派兵五千人,由蓝贡海口至云南交界驻扎",随

---

[1] 〔美〕马士:《中华帝国对外关系史》第2卷《一八六一——一八九三年屈从时期》,张汇文等译,北京:商务印书馆,1963年,第327页。

时准备入侵中国。①

总理衙门得信后大为紧张,赶紧委派李鸿章出面安抚"暴躁"的威妥玛。李鸿章出马,对于英方而言可谓一举两得,一则可以掌控对方的谈判代表,再则可以借助李鸿章施压清廷,令其放弃新疆。威妥玛因此得以在处理"马嘉理事件"的交涉中将新疆问题一并提出与李鸿章讨论。②

在李、威交涉的过程中,赫德以李鸿章私人顾问的身份发挥了极大的作用。因此,一幅滑稽可笑的景象出现了:一个普通的刑事案件,在英国外交官的无理取闹之下,被上升为中英两国之间的政治事件,而这场政治事件又变成了两个英国人之间的私下解决。"奕䜣等人唯恐谈判破裂,便请赫德出面调停,并将谈判'各情告之'。赫德正好乘机献策,要清政府同意添开北海、温州、芜湖三个口岸,他并时时充当威妥玛和总理衙门间的传话人。"③

于是,赫德与威妥玛,一个唱红脸,一个唱白脸。每每威妥玛以"离京"相要挟时,赫德总要"从旁劝说"清廷官员赶紧妥协,以免遭罪。例如1876年7月15日,赫德就到上海跟威妥玛密商。16、17日,他将密商结果寄送天津海关税务司马福臣(A. Macpherson),21日,再由马福臣转送直隶总督官署,并当场翻译。该信的内容着实把赫德的角色展现得淋漓尽致:"听威大臣口气,英国实在看此

---

① 李鸿章:《致总署 论滇案》(光绪元年三月十五日),《李鸿章全集》第31册《信函三》,顾廷龙、戴逸主编,合肥:安徽教育出版社,2008年,第195页。
② S. T. Wang(王绳祖): *The Margary Affair and the Chefoo Agreement*, Oxford: Oxford University Press, 1940, pp.78, 123. 转引自恽文捷:《英国干涉左宗棠西征考论》,第150页。
③ 卢汉超:《中国第一客卿:鹭宾·赫德传》,第103—104页。

事甚为要紧,恐不肯从权轻易了结。""若李中堂到烟台同威大臣商量明白,威大臣即可奏报本国,请英国照所商量办法了结,此系尽头一著。若不照此议,实无别项和睦办法。"①

尤其值得一提的是,赫德煞有介事地说道:"西国情形现为土耳其事日有变动,英国朝廷愿趁此机会叫别国看明白,该国力量既能在西洋作主,又可在东方用兵,随意办事。"②这番故弄玄虚的表述,恰恰暴露了英国人最担心什么。真实情况与赫德吹嘘的正好相反,彼时英国在东方问题上正受到俄、德、奥三国威逼,在中亚问题上面对俄军扩张又拿不出很好的应对办法。

清朝统治者不知马嘉理案本来就是一起普通的刑事案件,根本无须上升到政治高度,是昧于西洋法律;不知英国在对外关系上处境困难,根本无暇东顾,是昧于国际政治。威妥玛和赫德利用李鸿章等人对于西方世界和周边形势的无知,联手狠狠讹诈了中国一把。

担惊受怕的清政府选择了听从李鸿章的建议,即顺从威妥玛的意志,移师烟台,继续谈判。1876年8月21日,烟台谈判正式开始。李鸿章几乎每天深夜都要就当天谈判内容请教赫德。当李鸿章对于谈判前途没有把握时,赫德便胸有成竹地回答他:"不必担忧。只要你与我在一起工作,就会毫无困难。在我俩事先未取得

---

① 《直督李鸿章奏英使因滇案要索不遂出京接据赫德由沪来函奏明请旨折》"附译总税务司赫德在上海寄来洋文密信恭呈御览",《清季外交史料》第1册卷6,第20、22页,王彦威辑,王亮编,王敬立校,北京:书目文献出版社,1987年,总第117—118页。

② 《直督李鸿章奏英使因滇案要索不遂出京接据赫德由沪来函奏明请旨折》"附译总税务司赫德在上海寄来洋文密信恭呈御览",《清季外交史料》第1册卷6,第21页,总第117页。

第四章　英国东方政策与中亚政策的转变(1874—1880)

一致意见以前,你不必言,不必行,不必允诺任何事情。"①明眼人一看便知,赫德这条建议相当于收缴了中方谈判权利,将其尽归于自己的掌控之中。这也难怪美国人马士(Hosea Ballou Morse)会说,中英谈判"最大部分的功劳归于赫德"。②

在两个英国人的操纵之下,9月13日,《烟台条约》正式签订。英国人居然不费一兵一卒就获得了远远超出他们预期的权益:一、获得了巨额赔款;二、开了印藏之间的交通线;三、通过开放宜昌、芜湖、温州、北海,把商业特权扩展到了整个长江流域和毗邻中南半岛的北部湾;四、把治外法权的适用范围,由沿海口岸推广到了中国内陆。

在烟台谈判中,威妥玛就借机向李鸿章提议,由英国出面调停清政府与阿古柏的争端。有赫德从旁撺掇,本来就对收复新疆不抱信心的李鸿章很快就接受了威妥玛的建议。9月20日,中英双方缔结《烟台条约》几天后,李鸿章就发函总理衙门,转告威妥玛的意见,即接受英方调停。阿古柏派人越过左宗棠,直接与北京沟通纳贡请降事宜。③

身为李鸿章幕僚的薛福成正是这场外交闹剧的亲历者和见证人。他在目睹了英国人如何把控中国外交之后,能不对某国人士总揽中国之财权、军权忧心忡忡？能不设想要是当初烟台谈判的

---

① [英]裴丽珠:《赫德爵士》,第139页,转引自卢汉超:《中国第一客卿:鹭宾·赫德传》,第107页。
② [美]马士:《中华帝国对外关系史》第2卷《一八六一——一八九三年屈从时期》,第335页。
③ 李鸿章:《致总署,述威使代喀酋乞降》(光绪二年八月初三日),《李鸿章全集》第31册《信函三》,第478页。

中方顾问不是英国人赫德而是别国专家,结局会如何?如果中国拥有自己的舆论渠道,能抵消《申报》的不良影响,结果又会如何?

对此,左宗棠洞若观火:

> 论洋务者非不知滇案就地可了,英人特欲开通西路,广销鸦片,掀波作浪,虚言恫喝,其技已穷;而顾不敢以正论出诸其口者,误于沪之《申报》耳。《申报》本江浙无赖士人所编,岛人资之以给中国。其中亦间有一二事迹堪以覆按者,然干涉时政,拉杂亵语,附录邸报,无纸不然。纤人之谈,不加究诘,置之不论足矣,合肥竟以入奏,并议撤西防以裕东饷,何耶?……俄、英佟婚媾,佟仇雠,十余年前尚战争不已,彼此忌嫉,至今如故,其衅端则肇于争印度、争土耳其。其因怀利而怀忿,西人所知。……《申报》谓喀什噶尔回酋附土耳其以通俄、英,我军攻之为失算,不知何据?合肥即奏请停兵勿进,而分置头目羁縻之。……然则撤西防以裕东饷,不能实无底之橐,而先坏万里之长城,不其慎矣!①

《申报》一则声称英军势大,绝不肯对滇案善罢甘休,再则鼓吹阿古柏政权有英、俄、土耳其作为外援,却丝毫不提英俄两国在土耳其问题上已经剑拔弩张,根本无力分心于东亚事务。只可惜当时中国满朝文武皆庸碌如李鸿章之流,经不住《申报》及威妥玛、赫德之流的诓骗,像左宗棠这样了解世界形势者,实在少之又少。

---

① 左宗棠:《答两江总督沈幼丹制军》,《左宗棠全集》(书信二),第517—518页。

第四章 英国东方政策与中亚政策的转变(1874—1880)

五、英方对于郭嵩焘的把控

英国人对于清廷收复新疆的干预不会因为《烟台条约》的签订而告终结。在赫德的运动下,清政府派遣郭嵩焘出任驻英公使,迈出了外交现代化的第一步。这一步虽然在向前进,却不可避免地走在了歪路上。

赫德利用自己跟洋务派的关系,几乎包办了郭嵩焘出使英国的一切。他在1876年11月17日给金登干的去信中,对于公使郭嵩焘、副使刘锡鸿、两名使馆秘书、四名随员、四名译员、两名医生、六名军人及女眷、仆人共计70余人到伦敦以后住在哪里,分别住几间房,去哪里游玩,甚至请什么样的佣人,怎样收拾房间,统统做了细致的安排。① 我们当然可以把这解释为赫德热心助人、珍惜与郭氏的友谊,但中国的驻外使团被英国人掌握得如此透彻,不也是一件很可怕的事吗?

郭嵩焘出使英国后,与赫德交流更加频繁。他曾赞扬道:"赫德精核缜密,条理井然。中国求如此人才,固不可得矣。"又赞扬金登干,"论事稳练有识。西洋人才实盛!"②赫、金二氏确实"精核缜密""稳练有识",郭嵩焘这么赞扬他们本无可厚非,若拿此话大做文章,未免有深文周纳之嫌。然而郭氏不只是欣赏二人,更是每遇

---

① 《赫德致金登干》(1876年11月17日),载陈霞飞主编:《中国海关密档——赫德、金登干函电汇编:1874—1907》第1卷《信件·1874—1877》,第460—461页。
② 郭嵩焘:《郭嵩焘日记》第3卷,本社校点,长沙:湖南人民出版社,1982年,第214、586页。

不懂之处,便去信征询其意见。

赫德知道抓住郭嵩焘不放,威妥玛当然也知道抓住郭嵩焘不放。其二人尽管此时多有芥蒂,却不约而同地选择了以郭嵩焘为突破口。原因很简单:郭氏虽然贵为外交官,但其实既不懂国际关系,也不懂西北防务,更曾援引赫德的主张称左宗棠"塞防"之论"为无根之辞",明确支持李鸿章"弃塞防保海防"。①

1876年11月6日,威妥玛返回英国述职,并顺带休假。他一面指派使馆代办傅磊斯(Hugh Fraser)和梅辉立继续就承认阿古柏政权一事向总理衙门施压,另一面在英国频繁接触郭嵩焘,想尽办法对其施加影响。

在威妥玛、福赛斯等人的不断劝说下,1877年3月22日,郭嵩焘致书李鸿章,建议把天山南路割让给阿古柏,称"但得一镇守乌鲁木齐之大臣,信义威望足以相服,可保百年无事。若徒恃兵力攻取,旷日持久,耗费无已",又建议把伊犁卖给俄国人,"责其准所赎价交易而鬻之彼"。② 这完全坐实了英国人以天山为分界线与俄国划分南北势力范围的企图。

5月28日,郭氏又在威妥玛的精心安排下,与赛义德·阿古柏·汗在伦敦亚洲学会的晚宴上会面,在英国人的穿针引线之下,双方很快达成了"谅解"。6月22日,郭嵩焘会见威妥玛,提出了几个条件,希望赛义德·阿古柏·汗能够同意:一、"自认中国属藩";

---

① 郭嵩焘:《条议海防事宜》,《郭嵩焘奏稿》,杨坚校补,长沙:岳麓书社,1983年,第339—347页。
② 郭嵩焘:《伦敦致李伯相》,《郭嵩焘诗文集》卷11,杨坚点校,长沙:岳麓书社,1984年,第193—194页。

二、"所据南八城,应献还数城,以为归诚之地";三、"天山北路尚有未安静者,要之皆系回部,应同谕令息兵";四、"须英国耽〔担〕承以后不再滋事"。① 可见,郭氏基本同意了英国人的调停方案。但就是这个方案,也不能得到赛义德·阿古柏·汗的同意,他在次日看到郭嵩焘的条件后,表示所谓"臣服"只能是名义上的,不能负有任何对中国的实质性义务。②

六天以后,即 29 日,清军攻占吐鲁番的消息经由傅磊斯传回国内。英国人预感到再不迫使双方接受调停,恐怕就来不及了。③ 印度事务大臣索尔兹伯里勋爵与威妥玛、福赛斯一同研究后,修改了郭嵩焘的方案,并以外交部的名义向郭嵩焘提交照会:

1.阿古柏埃米尔承认为中国属国。埃米尔拥有对其当年所占疆域的完全管辖权;他愿意定期遣使赴京朝贡并按礼制称呼中国皇帝。

2.喀什噶尔王国和中国之间应划定边界。

3.应立约规定必要时相互协助事宜。④

---

① 郭嵩焘:《郭嵩焘日记》第 3 卷,"光绪三年五月十二日",第 235 页。
② Forsyth to Wade,23 June 1877,F. O. 17/825.转引自恽文捷:《英国干涉左宗棠西征考论》,第 52 页。
③ Forsyth to House of Commons,9 July 1877,F. O. 17/825.转引自恽文捷:《英国干涉左宗棠西征考论》,第 52 页。
④ Foreign Office Memorandum,7 July 1877,F. O. 17/825.转引自恽文捷:《英国干涉左宗棠西征考论》,第 152 页。另,据黎庶昌所录,该照会中文文本为:"一、喀什噶尔愿以中国大皇帝为主。但现在所据之地,总须准他专管,由牙古波阿密尔按时派使进贡。所呈贡文内,总须有称臣字样。二、中国与喀什噶尔,必须将界址划清。三、订明两国如应该帮助处,必须彼此互相帮助。"黎庶昌:《英国汉文照会》,《西洋杂志》,谭用中点校,贵阳:贵州人民出版社,1992 年,第 23 页。

7月16日,郭嵩焘在住所与威妥玛、赛义德·阿古柏·汗会晤,福赛斯、禧在明(Sir Walter Caine Hillier,英国驻华使馆汉文副使)、马格里(Macartney Halliday,郭氏之英文翻译官)等人与会。席间,禧在明、马格里告知郭嵩焘,阿古柏已经死于库尔勒,其子继承埃米尔之位。① 令人诧异的是,郭氏既知阿古柏政权命不久矣,亦知英国人之所以喋喋不休,原因乃在于"尤惧俄罗斯侵有其地,谋为印度增一屏障",却仍然在25日上奏朝廷,建议接受英国调停,放弃南疆西四城。②

由此我们不会奇怪,何以直到1877年7月25日,阿古柏身亡两个月以后,刘锦棠收复南疆指日可待之际,郭居然仍上奏朝廷,力主接受英国调停,放弃南疆西四城!③ 所幸清朝统治者最后选择的是富有远见的左宗棠的意见,而未尝听信李鸿章、郭嵩焘。

其实郭氏何尝不知道英人狡诈?当初他在出使英国之前,曾受慈禧太后接见。太后问道:"赫德替中国办事,尚有心腹否?"郭氏答道:

> 赫德是极有心计的人,在中国办事亦是十分出力。然却是英吉利人民,岂能不关顾本国?臣往尝问之:君自问帮中国,抑帮英国?赫德言我于此都不敢偏袒,譬如骑马,偏东偏西便坐不住,我只是两边调停。臣问:无事时可以中立,有事

---

① 郭嵩焘:《郭嵩焘日记》第3卷,"光绪三年六月初六",第49页。
② 郭嵩焘:《使英郭嵩焘奏英外相调处喀什噶尔情形折》,《清季外交史料》第1册,第201—202页。
③ 恽文捷:《英国干涉左宗棠西征考论》,第151—152页。

不能中立,将奈何? 赫德笑言:我固是英国人也。可见他心事是不能不帮护英国。①

赫德尚且如此狡诈,何况威妥玛辈? 可见彼辈洋务派大员对于英国殖民主义者的心术并不糊涂。然而他们对于国家主权和国际政治等大节之处却始终朦朦胧胧,往往分不清该争什么权益,该如何与列强打交道。心中殊无定见,又岂能不被外人左右?

从形式上看,清政府是雇主,赫德等人是雇员,但实质上是掌握了知识权力的后者,掌控了前者。正如汪敬虞先生所说:"海关税务司执行的是他本国的对华政策,他的真正主人是他本国的政府。"②不要忘了,克莱武和东印度公司也曾是孟加拉王公或莫卧儿王朝的雇员。

我们今天每每将此辈洋务派认作"现代化的先驱""中国近代外交的开创者",但他们与真正的外交家还相差很远,大体上还在以处理官场人际关系那一套去处理外交事务。这些洋务派不仅包括郭嵩焘、李鸿章,也包括随后出场的崇厚。这些人给中国造成的麻烦不仅限于喀什噶尔伪政权,更包括伊犁交涉和中法越南战争。

---

① 郭嵩焘:《郭嵩焘日记》第3卷,"光绪二年七月十九日",第49页。
② 汪敬虞:《赫德与近代中西关系》,第51页。

第五章 新的战争危机 (1879—1889)

俄国毫不掩饰,她决心有朝一日拥有君士坦丁堡。她自始至终地渴望博斯普鲁斯海峡。她最坚决的对手是英国。她认为自己同奥地利和德国是可以"平起平坐的";但到目前为止,还不能收买英国。尽管如此,俄国始终抱有这样一种希望,即当事态发展到一个决定性阶段时,可以协助我们吞并埃及来获得我们的默许。开罗是君士坦丁堡的代价。

……俄国政治家心怀不满于我们占领埃及而不给他们任何补偿。我们夺取了埃及的权力;我们控制了苏伊士运河;但我们一如既往地强烈拒绝俄国进攻君士坦丁堡。

——〔英〕马尔文:《抵达赫拉特大门的俄国人》。Charles Marvin: *The Russians at the Gates of Herat*, New York: Charles Scribner's Sons, 1885, pp.24-25.

突厥斯坦、阿富汗、跨里海、波斯——对于许多人而言,这些名字都只透着一种十分遥远的感觉,或者是某种关于离奇沧桑和逝去浪漫的记忆。对我来说,我承认它们都是棋盘上的棋子,棋盘上正在进行一场统治世界的博弈。

——〔英〕寇松:《波斯与波斯问题》。George N. Curzon: *Persia and the Persian Question*, London: Frank Cass & Co. Ltd, 1892, p.3.

第一节 征服土库曼与平狄危机(1879—1885)

总结前文论述可知,从《巴黎和约》到第二次入侵阿富汗战争结束,即 1856—1880 这二十多年时间里,英俄两国在东方问题和中亚问题上出现了一系列政策上的转变。俄国方面,克里米亚战争的失败迫使它做出了两项调整。第一,俄国人已经明确,英国在东方问题上的底线是君士坦丁堡和土耳其海峡,因此,俄国在不触动这两个底线的前提下,尽可能地扩张其在巴尔干半岛的势力,试图通过扶持大保加利亚而在陆上绕开土耳其海峡;第二,英国在亚洲腹地力量不足,俄国应加紧控制中亚,在波斯和阿富汗同时对英属印度保持威胁,以平衡土耳其海峡问题。

英国方面在东方问题上的态度是,如果实在没有办法维护奥斯曼帝国在巴尔干的统治,就退而求其次,守住君士坦丁堡和土耳其海峡,并把关注的焦点转向埃及和苏伊士运河。在中亚问题上,自由党和保守党分歧明显,即分别主张"精明无为"和"前进政策"。"精明无为"由两部分构成:第一,在波斯问题上,默认俄国对德黑兰的影响力,专注于控制波斯湾;第二,至少保住阿富汗"完全中立"的地位,与俄国划定阿富汗北部边界。"前进政策"则针锋相对地主张:第一,与俄国抢夺对德黑兰的控制权;第二,确保控制阿富汗的外交权,如若不然,就出兵抢占赫拉特和坎大哈。

　　1880年4月自由党再次执政,几个月后第二次阿富汗战争结束,意味着"前进政策"再次受到挫折。但是,前进政策派不是一无所获,英国人至少取得了阿富汗的外交权,他们不用担心阿富汗倒向俄国一边了。剩下的问题就是尽早与俄国划定阿富汗的北部边界,以代替模糊不清的"1873年协定"。其中,阿富汗西北边界因靠近赫拉特而尤为敏感,尤其是土库曼被俄国征服以后,赫拉特就直接暴露在俄军的枪口之下了。

一、征服土库曼斯坦

　　自1877年春季开始,俄国人就已经着手入侵土库曼斯坦了。其首要目的在于占领土库曼斯坦境内的阿哈尔-帖克绿洲和谋夫绿洲,这两片绿洲分别毗邻波斯东北部和阿富汗西北部,控制了它们,就可以获得前往波斯和阿富汗的通道。

　　俄军的方案是先夺取阿哈尔,后占领谋夫,行动主要由高加索军区负责,"高加索军队成建制地渡过里海,以里海东岸的曼格什拉克(按,Mangyshlak)和克拉斯诺沃茨克(按,Krasnovodsk)作为重要基地,投入征服中亚的最后阶段的战斗"①。这支俄军的指挥官是洛马金将军。令俄国人遗憾的是,此次进兵虽然一度占领了阿哈尔-帖克绿洲的门户克孜尔-阿尔瓦特(Kizil-Alvart),但在5月末时因为给养供应不上而不得不黯然撤退。

---

① 吴筑星:《沙俄征服中亚史考叙》,贵阳:贵州教育出版社,1996年,第288页。

第五章 新的战争危机(1879—1889)

1878年7月柏林会议结束以后,俄国人卷土重来,恢复了对土库曼人的进攻。但本次进攻在病死2000人的情况下,同样因为给养供应不上而被迫撤退。两次讨伐土库曼斯坦都狼狈撤军,使得俄国高层感到颜面尽失。1879年1月21日,圣彼得堡召开了一场决定"外里海政策"的特别会议。会议决定放弃使用小规模部队逐步蚕食土库曼斯坦的策略,改为使用大部队直取阿哈尔-帖克绿洲的中心区域格奥克-帖佩(Geok-Tepe)。两天以后,沙皇亚历山大二世批准了该方案,并任命拉扎列夫将军接替平庸无能的洛马金,负责本次军事行动。

恼羞成怒的俄国侵略者决定这回要好好惩罚一下胆敢反抗的土库曼人。例如1879年3月18日,格罗杰科上校在给参谋总部的考察报告中就指出:必须像消灭约穆德人那样消灭土库曼人,尤其是要消灭土库曼的帖克部族。他说道:

> 突厥斯坦部队1873年对约穆德部族采取了军事行动,即无情地消灭途中的进攻者,并向屠杀后残存者索取大量马匹或部分现款作为巨额赔偿。只有采取这种行动对付帖克人,才能取得相应的成效。这将是我皇帝陛下最人道的业绩之一……土库曼人的存在是地球上的一个污点,土库曼人使人类蒙受耻辱。如果说买卖黑人不受各国法律的约束,那么,土库曼人也应置于同等地位。①

---

① 〔俄〕M. A. 捷连季耶夫:《征服中亚史》第2卷,新疆大学外语系译,北京:商务印书馆,1983年,第328页。引文中的"突厥斯坦部队"原文为"土耳其斯坦部队",为译名统一,改之。

然而这次俄国军队还是没有摆脱平庸无能的洛马金及他的坏运气。6月18日,俄军先头部队从里海东岸的军事基地切基什利亚尔出发,扫清前往格奥克-帖佩的通道。这时总指挥拉扎列夫却突然因水土不服而身染重病,不多久他的两肩就长出了硕大的痈疮。主力部队更是拖拖拉拉直到8月11日才做好出发的准备,这时拉扎列夫又染上了肺气肿,他于26日凌晨死在军中。待在军中担任副手的洛马金不得不暂代主帅职务,这是他两年之内第三次带兵出征土库曼斯坦。

9月初,俄军主力抵达格奥克-帖佩地区的中心据点坚基利-帖佩要塞。① 趾高气昂的洛马金根本没有把土库曼人放在眼里,他对下属训话说:"帖克人跟塔什干人一样;而在塔什干,1500个俄国人打败了20万当地人。"②

9日,傲慢的俄国人在既没有同土库曼人举行任何谈判,又不曾要求对方投降的情况下,直接开炮轰击帖克大营。土库曼首领表示愿意投降,要求俄军暂停炮击、射击2个小时,好让他去说服帖克守军和居民放下武器。洛马金无情地拒绝了。凶残的俄国侵略者对于当地任何人,不管有没有武器,不管是不是妇女儿童,一律赶尽杀绝。

---

① 国内大多数著作都把坚基利-帖佩要塞,误认为"格奥克-帖佩"。根据捷连季耶夫的相关记录,"格奥克-帖佩"是绿洲名,为阿哈尔绿洲的一部分,"坚基利-帖佩"则是建立在绿洲之中某座山上的要塞。参见〔俄〕M. A. 捷连季耶夫《征服中亚史》第3卷,西北师范学院外语系译,北京:商务印书馆,1986年,第20页注释①;吴筑星:《沙俄征服中亚史考叙》,第293页。
② 吴筑星:《沙俄征服中亚史考叙》,第294页。

一位帖克妇女曾跪倒在俄国骑兵的马蹄旁,举着还在吃奶的婴儿,痛哭失声地喊道:"即使你们要把我们杀光,也请至少可怜这些孩子吧!"根据洛马金的电报:"在6个小时当中,我们的12门大炮继续不断地对村庄居住区进行轰击,那里集中了阿哈尔的几乎所有的居民,包括妇女和儿童,超过2万人。"当屠杀的消息传回俄国国内时,竟然没有一家报纸对此表示谴责和反对。①

事实证明,洛马金这人除了残杀妇女儿童是把好手,其他地方确实一无是处。俄军的暴行反而激起了土库曼人的殊死抵抗,他们利用地形和工事做掩护,全民皆兵,四面出击,打得俄国侵略军落荒而逃。

再次失败的俄国人也再次总结了教训,他们认为还是后勤补给出了问题,毕竟从里海东岸到达格奥克-帖佩要穿过广阔的沙漠。但这回他们的解决方案变得更加直接:修建一条"跨里海铁路"(the Transcaspia Railway),把外高加索地区和中亚地区串起来。从此以后,跨里海铁路就成了英国新一代前进政策派关注的焦点,并直接影响了英国后来的政治地理学。

发了狠心的俄国统帅部这次从突厥斯坦军区调来了赫赫有名的斯科别列夫,让他兼任外高加索军区总司令。这位坚信"用大炮才能唬住东方人"的浩罕刽子手为本次出征做了细致的准备工作,他甚至发明了一种装满石油的炮弹,据说算得上"原始的凝固汽油

---

① 王治来:《中亚通史·近代卷》,乌鲁木齐:新疆人民出版社,2004年,第363—364页。引文中的"阿哈尔"原文译为"阿喀耳"。

弹",专门用来招呼土库曼人的地堡工事。① 更重要的是,为了解决后期保障的难题,斯科别列夫赴任时还带上了安南科夫将军(General Annenkoff,又译为 M. N. Annenkov),以统一指挥协调军事运输。这位安南科夫将军对于俄国跨里海铁路的修建起到了至关重要的作用。②

1881 年 1 月 1 日,俄军兵分三路,直扑格奥克-帖佩地区。12 日,斯科别列夫下令总攻。俄军引爆地雷,炸开了坚基利-帖佩要塞的围墙,不由分说,一口气杀光了藏在地堡里的 6500 名土库曼人。接着斯科别列夫又下令,烧毁附近一切村庄,如遇村民,不分男女老幼一律处决。他的骑兵部队一直追了 15 千米远,几个小时内就杀害了 8000 个毫无抵抗能力的土库曼平民。

在正式占领坚基利-帖佩要塞后,俄国人又整整抢劫了四天四夜,"头一天里,士兵们强行拿走的只是吃的东西:绵羊、鸡、糁米","第二天就开始拿地毯、钱、妇女的装饰品。……"俄国士兵把抢劫来的物品贱卖给随军而来的亚美尼亚商人,使这些商人"常常用一杯白酒就获得一件价值一百卢布的东西!"③一名亚美尼亚翻译官后来对他的英国朋友说:"整个城市堆满了尸体。我亲眼见过被刺刀砍成碎块的婴儿。许多妇女先被强奸,后被杀死。"斯科别列夫这样为他的暴行辩解:"我坚信一项原则,对敌人屠杀得越彻底,所

---

① Alex Marshall: *The Russian General Staff and Asia, 1800-1917*, London and New York: Routledge, 2006, pp.61-62.
② Charles Marvin: *The Russians at Merv and Herat, and Their Power of Invading India*, London: W. H. Allen & Co., 1883, pp.358-359.
③ 〔俄〕M. A. 捷连季耶夫:《征服中亚史》第 3 卷,258—259 页。

第五章 新的战争危机(1879—1889)

获得的和平就越长久。你对他们打击得越狠,他们保持安静的时间就越长。"①某种程度上他是对的,一位英国观察员后来报告说,"突厥人在听到俄国军乐队演奏时,都能瑟瑟发抖",这种恐惧感来源于"格奥克-帖佩的风暴"。②

俄国计划进攻土库曼的消息刚刚传到英国,就引发了政界的担忧。为了平息英国人的不安,1879年7月9日,俄国驻英大使舒瓦洛夫再三向英国外交大臣索尔兹伯里勋爵保证,俄国无意夺取位于赫拉特西北侧的交通要道谋夫,这次行动只是为了惩罚帖克人。16日,俄国外交大臣吉尔斯也向英国驻俄大使保证,绝不会占领谋夫。30日,他再次做出了这样的保证。为了让英国人安心,9月19日,沙皇还特别批准其向英国方面重复这一保证。③

毫无疑问,不管是沙皇亚历山大二世,还是外交大臣吉尔斯、驻英大使舒瓦洛夫,他们的承诺统统一文不值。占不占领谋夫只取决于中亚前线的俄国指挥官。对此,英国人心知肚明,但他们除了假装相信这样的保证,又能做些什么呢?仅凭英属印度那些当地军队,吞并阿富汗尚且力有不逮,如何能够抵挡俄国军队前进的步伐呢?

谁也没有想到,就在俄国人刚刚取得征服土库曼的胜利时,意外发生了。1881年3月13日,亚历山大二世在检阅完部队返回冬宫的途中被刺身亡。继任的亚历山大三世把注意力转回国内事务

---

① 〔英〕彼得·霍普柯克:《大博弈:英俄帝国中亚争霸战》,张望、岸青译,北京:中国青年出版社,2015年,第434—435页。
② George N. Curzon, *Russia in Central Asia*, London: Longmans, Green and Co., 1889, p. 84.
③ 王治来:《中亚通史·近代卷》,第377页。

和欧洲矛盾,对于他而言,强化在国内的警察统治远比对外扩张更为迫切,欧洲的外交事务也远比在亚洲的领土扩张更为重要。俄国在亚洲的扩张进入了为期十年的缓和期,直到这位沙皇在1894年11月驾崩为止。在这个政策转向中,首先倒霉的就是斯科别列夫。

5月6日,俄国正式宣布兼并土库曼斯坦,将其置于高加索总督区的管辖之下,斯科别列夫荣膺第一任土库曼省省长。他的好运到头了。亚历山大三世很快以土库曼大屠杀引发舆论不满为由,解除了斯科别列夫的职务,但真实原因很可能是他不满意斯科别列夫飞扬跋扈的作风。不久前还风光无限,如今却一无所有,这让斯科别列夫无论如何都接受不了。他整日寻花问柳,借酒消愁。不到一年以后,即1882年7月7日,斯科别列夫就因突发心脏病暴毙,据说他是在莫斯科的一家妓院里倒下的。①

不过亚历山大三世的政策转向,并没能约束中亚前线俄国军官的私自行动。他们在土库曼斯坦西南侧的一次小规模军事冒险,差点引发全面战争,中亚"大博弈"将马上迎来它最紧张的时刻。

二、谋夫陷落与阿富汗西北分界

1882年7月,埃及爆发了由进步军官阿拉比(Ahmed Arabi)领导的民族大起义。狡诈的英国人一方面公开承诺不武力入侵苏伊

---

① 〔英〕彼得·霍普柯克:《大博弈:英俄帝国中亚争霸战》,第435页。

士运河中立区,另一方面又撕毁承诺派兵入侵苏伊士运河中立区。天真的埃及起义军还是低估了英国人的无耻程度,并未分兵防守这片中立区。苏伊士运河的沦陷导致起义形势急转直下,9月15日,埃及陷落,起义失败。

英国人当面一套背后一套,视信誉如粪土的做法,引发了欧洲各国的强烈不满,尽管它们的信誉记录也比英国好不到哪里去。其中当然包括俄国人,"俄国极为反对英国继续留在埃及。俄国发现英国不愿从埃及撤出时,就决定在东方重开中亚问题,建立一个与英国对抗的新基地。这就选定了谋夫。……俄国如能控制赫拉特,就可以对英国施加压力。所以俄国占领谋夫,决非谋夫本地的问题引起的,因为当时谋夫的帖克人是很平静的,并未危及俄国人的安全"[①]。

此时选择占领谋夫,恰到好处。1881年6月,俄国与德国、奥匈帝国成功续订了《三皇同盟条约》,欧洲外交打开局面,可以使它腾出手来进一步解决中亚问题。相反,英国人却陷入了非洲中部人民的革命浪潮之中,至1884年初,马赫迪起义军已经兵临苏丹首都喀土穆(Khartoum)城下,格莱斯顿政府根本无暇顾及中亚。

出于沙皇亚历山大三世"热爱和平"的秉性,俄国攻占谋夫是由小股部队以偷偷摸摸的方式完成的。这支俄军的统帅名叫阿里汉诺夫(Alikhanoff),只有中尉军衔。阿里汉诺夫具有中亚血统,因此十分适合这类偷偷摸摸的军事行动。他专门走访过谋夫城,对此地的情况了如指掌。

---

① 王治来:《中亚通史·近代卷》,第384页。

1884年2月14日,在阿里汉诺夫的带领下,俄军兵不血刃地占领了谋夫城。外交大臣吉尔斯以很随意的方式向英国方面通告了这一消息,"英国人痛苦而清醒地意识到,圣彼得堡此前一次次的承诺均为谎言"。舆论随之哗然,"英国的反俄派几乎和俄国人一样兴奋,因为这正好应验了他们的预测"。① 谋夫事件促使英国形成了新一代前进政策派,并广泛影响了英国各界。与前辈们一样,新一代的前进政策派没有能力阻止俄国人在亚洲的扩张,却能够得心应手地为亚洲人民制造灾难。

　　俄国征服中亚三汗国和吞并土库曼斯坦,分别给印度造成了不同方向上的压力。征服中亚三汗国主要由突厥斯坦军区完成,威胁的是阿富汗东北和正北方向,所以之前的"1873年协定"也主要涉及这一侧的势力划分。而吞并土库曼斯坦是由高加索军区完成的,它使阿富汗的西北部完全暴露在俄国军队的枪口之下。或者说得更直白一些,赫拉特就在阿富汗西北部,俄军征服中亚三国不直接威胁赫拉特的安全,但征服土库曼斯坦就相当于站在了赫拉特的大门口。因此,未来英俄划分中亚势力范围的焦点也转向了阿富汗西北侧。

　　1882年,亚历山大三世登基不到一年,就煞有介事地向英国自由党政府提议,由双方组成一个联合委员会来划定阿富汗的北部边界。当时英国政府没有接受,这回它却主动找上门来了。直到俄军占领谋夫,一贯奉行"精明无为"的自由党政府才陡然间感到,俄国在土库曼斯坦的军事行动,比在中亚三国的军事行动对印度

---

① 〔英〕彼得·霍普柯克:《大博弈:英俄帝国中亚争霸战》,第442—443页。

第五章　新的战争危机(1879—1889)

造成的威胁还要大。毕竟布哈拉等国与印度北部之间还横亘着巍峨的山脉和广袤的沙漠,但从谋夫出发经赫拉特和坎大哈到达印度没有任何天然屏障。用英国前进派的话说,"在1878年时,考夫曼要想向喀布尔和印度进军,还需要花六个月的时间从俄国奥伦堡铁路系统的终点向布哈拉边境集结兵力",如今俄国人只要从靠近阿富汗西北的阿斯卡巴德(Askabad)南下就足够了:

　　他们距离克孜尔-阿尔瓦特铁路系统(the railway system—Kizil Arvat)的终点只有六天的路程。……阿斯卡巴德到赫拉特之间的距离只有388英里(按,约624千米);要翻过的最高的一座山是高出周围仅仅900英尺(按,约274米)的小山,没有河流阻挡,没有沙漠横亘,没有任何一处能够阻止俄国人推进到"印度钥匙"(key of India。按,指赫拉特)的城墙之下。此外,我们撤离了坎大哈(按,指第二次英阿战争结束,英军撤离坎大哈),就相当于把赫拉特交给了俄国,无论何时,她只要喜欢,就能早我们两个星期抢占赫拉特。[1]

2月29日,英国政府正式向俄国提出抗议,反过来主动要求俄国人与其联合划分阿富汗的北部边界,尤其是西北边界。俄国同意了这个提议。1884年7月,经过协商,双方决定派代表组成阿富汗边界联合委员会(Joint Afghan Boundary Commission),并定于10月13日在谋夫西南侧的绿洲城市萨拉赫斯(Sarakhs)会面——萨

---

[1] Charles Marvin:"Preface",in *The Russians at Merv and Herat,and Their Power of Invading India*,pp.v—vi.

233

拉赫斯是"1873年协议"确定的阿富汗边界的最西端。

英国方面的代表是拉姆斯登(Peter Lumsden)将军,俄国方面的代表是泽列诺伊(Zelenoy)将军。"委员会的任务是用科学方法将边界线永久确定下来,替代1873年勘定的版本。那个老版本只是依据当时非常粗陋的地图将边界线大致勾勒出来而已。"①因此,一个叫作"科学边疆"(Scientific Frontier)的术语随之出现,成为当年英国政界、军界,甚至学术界讨论的热点。②

俄国人要求阿富汗北部边界划分必须遵循"民族的要求"(ethnographical claim)。③ 他们会有这个想法一点都不令人奇怪,"民族的要求"本来就是其扩张的一贯借口,在巴尔干半岛和亚美尼亚自不必说,在中亚同样如此。哈萨克人、突厥人、蒙古人或是别的什么民族,但凡其中有些部落臣服于沙皇,整个民族的事务就都成了沙皇俄国的内部事务。比如,某些哈萨克部落宣布臣服于沙皇,则一切哈萨克人游牧的地区都要成为俄国的势力范围。这次俄国则宣称土库曼人是它的臣民,因此阿富汗境内一切土库曼人活动区域,都应该划归俄国土库曼省。

对于这类利用跨境民族进行扩张的行为,恩格斯于1866年谈到波兰民族解放问题时就曾指出:

> 欧洲没有一个国家不是一个政府管辖好几个不同的民族

---

① 〔英〕彼得·霍普柯克:《大博弈:英俄帝国中亚争霸战》,第444页。
② 对于这个概念的学术史讨论,参见袁剑、刘玺鸿:《"科学边疆"及其实践——19世纪后期英国围绕印度西北边疆的治理策略及其影响》,《世界历史》2018年第6期,第73—84页。
③ 王治来:《中亚通史·近代卷》,第396页。

(nationalities)。……没有一条国家分界线是与民族(nationalities)的自然分界线,即语言的分界线相吻合的。法国境外有许多人,他们自己的语言是法语,同样,德国境外也有许多人,他们说的是德语,这种情形大概还会继续存在下去。欧洲最近一千年来所经历的复杂而缓慢的历史发展的自然结果是,差不多每一个大的民族都同自己机体的某些末梢部分分离,这些部分脱离了本民族的民族生活,多半参加了其他某一民族(people)的民族生活,已经不想再和本民族的主体合并了。①

因此,我们不会奇怪,为什么民族问题会如此悖谬地发生在俄国头上:它一方面在巴尔干大谈民族自决,另一方面却在波兰大搞民族监狱;一方面大肆屠杀土库曼人,另一方面却要"保护"阿富汗境内的土库曼民族。

英国人理所当然地拒绝了俄国方面的无理要求,他们针锋相对地主张,阿富汗的边界只能遵循自然地理线。这个提议看似与俄国截然相反,但与其帝国主义的本性殊无二致,所谓"自然界线"的依据其实并不是当地历史文化的自然形成结果,而是英国人的军事便利。因此,我们同样不会奇怪,为什么后来英印政府会撇开中国西藏地方与印度当地居民之间形成的自然分界线,而依据他们掌握的山川形势生造出一条非法的"麦克马洪线"来。

可以说,英俄两国的要求形异而实同,两国争端的根源乃是相

---

① 〔德〕恩格斯:《工人阶级同波兰有什么关系?》,《马克思恩格斯全集》(第一版)第16卷,中共中央编译局译,北京:人民出版社,1964年,第175—176页。

同性质的国家对于相同的权力有着相同的兴趣。否则我们无论如何没有办法理解这一基本事实:"阿富汗这个独立主权国家的边界,竟要由英、俄两个强国来决定,既不要阿富汗人参加这个边界委员会,也不考虑阿富汗当局对自己国家边界的意见和要求。"①

"民族的要求"和"自然的界线"这两种方案的斗争,最终聚焦到了谋夫与赫拉特之间一个原本不为人知的偏远绿洲小城平狄(Pandjeh,又译为"彭狄")头上。

三、平狄危机与英国外交的困境

平狄距离赫拉特不过 140 英里(约 225 千米),跟赫拉特同处于一片绿洲带,北面则与谋夫尚有沙漠阻隔。如果说谋夫还是赫拉特外围的塔楼或碉堡,那么平狄就是赫拉特的最后一道城门。1840 年,当时的印度总督奥克兰勋爵就明确担保平狄属于赫拉特地区。直到 1880 年,俄国地图还把平狄划在阿富汗境内。正如王治来先生所论:

> 住在平狄的萨利克人有 8000 户,他们不仅多年来向阿富汗埃米尔纳贡,而且是谋夫的帖克人的死敌,常同后者作战。萨利克人是被一片沙漠地同谋夫分开的,从来没有想成为俄国臣民的愿望,坚决反对俄国人兼并他们的企图。②

---

① 王治来:《中亚通史·近代卷》,第 395 页。
② 王治来:《中亚通史·近代卷》,第 397 页。引文中的"埃米尔",原文为"异密","平狄"原文为"彭狄",为了保持译名统一,引用时改之。

第五章 新的战争危机(1879—1889)

但在俄国兼并土库曼斯坦后,平狄的位置发生了变化。它的主要居民是萨利克部族(Salik),属于广义上的土库曼人。按照"民族的要求",它应该臣服于沙皇,被划进土库曼省,而非阿富汗。

1884年11月,英方首席谈判代表拉姆斯登将军甫一到达赫拉特,就发现有俄军在附近秘密活动。他清醒地意识到:"在从阿富汗手里夺取平狄之前,俄国人是不会派代表来参加委员会的。"至于俄国人何时展开夺取平狄的行动,拉姆斯登推测是在次年春天积雪融化之后,"届时他们就能够调动更多的部队确保成功"。①

为了防备俄国人的偷袭,印度当局调动了两个军团做好准备,随时北上保卫赫拉特,其中一个军团的指挥官就是大名鼎鼎的"喀布尔刽子手"罗伯茨将军。不仅如此,英国人还专门派遣军事顾问进入平狄协助阿富汗人进行防御。

1885年3月13日,在英国的压力下,圣彼得堡郑重声明,只要阿富汗人不采取敌对行动,俄军就绝不会主动进攻平狄。② 乍看上去,俄国人似乎放弃了这片赫拉特西北侧的小绿洲,但这份声明有一个前提,即"阿富汗人不采取敌对行动"。众所周知,只要俄国人愿意,阿富汗人无论如何都会"采取敌对行动"。这份声明除了推卸战争责任,没有任何意义。所以就在俄国外交部做出声明的同时,俄军前线指挥官科马洛夫(Komarov)已经完成了对平狄的合围。

---

① 〔英〕彼得·霍普柯克:《大博弈:英俄帝国中亚争霸战》,第453页。"平狄",原文为"彭狄"。
② 〔英〕彼得·霍普柯克:《大博弈:英俄帝国中亚争霸战》,第454页。

按照科马洛夫(Komarov)将军的密令,已经荣升为谋夫总督的阿里汉诺夫亲自上阵。他再次利用自己的中亚血统,乔装成土库曼人进入平狄,"挑唆阿富汗人开第一枪"。但在英国顾问的告诫下,阿富汗人没有上当。恼羞成怒的科马洛夫索性在3月25日向平狄发出了一道最后通牒,大意是谴责阿富汗在平狄的驻军威胁到了俄国的安全,限定他们在五天之内全部撤军,否则就要以武力将他们赶出这座城市。

阿富汗人怎么可能随便放弃在自己领土上驻军的权利?3月31日,最后通牒刚一到期,科马洛夫就下令向平狄进军。据说在俄国军队的步步紧逼下,阿富汗人还是开了第一枪,击伤了一匹属于哥萨克骑兵的马。科马洛夫等的就是这一刻,他当即宣布"我们的士兵已经血洒战场",下达了总攻平狄的命令。

据阿里汉诺夫的记载,阿富汗守军表现得非常英勇,在两个连队全部牺牲后才不得已撤出了阵地。[①] 讽刺的是,信誓旦旦要协助阿富汗人守卫平狄的英国顾问团队却早就溜之大吉,逃得无影无踪。历史再一次证明,英国人的承诺与俄国人的承诺同样一文不值。

平狄事件引发了英国人前所未有的强烈反弹。鉴于从平狄到赫拉特无险可守,英国人几乎肯定俄军会在某个时候突袭赫拉特。英国政府在给印度总督达弗林伯爵(The Earl of Dufferin)的训令中明确指出:"如俄国袭击赫拉特就意味着向英国宣战。"4月27日,格莱斯顿内阁经由议会授权,特别拨款1100万英镑作为战争预算。

---

① 〔英〕彼得·霍普柯克:《大博弈:英俄帝国中亚争霸战》,第455页。

第五章 新的战争危机(1879—1889)

这是自克里米亚战争以来英国数额最大的战争拨款。① 全面战争一触即发。

然而英国人面临的最大困难是,仅凭他们在印度的陆军实力,实在没有把握阻止俄国人南下。这就需要英军开辟第二战场,以牵制俄国对于印度的进攻。地点选在哪儿?最合适的无疑就是黑海腹地,用英国人自己的话说,就是"需要在海峡保卫印度"。不幸的是,在这个紧要关头,英国人突然发现,自己一直以来竭力维护的土耳其海峡封闭原则,现在反过来束缚自己了。格莱斯顿政府随即表示,英国没有义务对欧洲各国遵守海峡封闭原则。有利时就奉若圭臬,不利时就弃如敝屣,真可谓此一时也,彼一时也!

英国单方面撕毁由自己主导的国际条约,再次引发了全欧洲的不满,这反而成了俄国人的外交红利。1881年续订的《三皇同盟条约》第3条明确规定:

> 德奥两国承认,达达尼尔和博斯普鲁斯海峡对战舰关闭的规则具有欧洲各国必须遵守的性质。……两国将共同监视土耳其,使其不能对任何国家破例地解除关闭海峡的规定,如破坏这一规定,将视为土耳其对受伤害国宣战……②

---

① 赵军秀:《英国对土耳其海峡政策的演变:18世纪末至20世纪初》,北京:中国社会科学出版社,2007年,第49—50页。
② William L. Langer: *European Alliances and Alignments 1871-1890*, New York: Alfred A. Knopf, 1931, p.419. 转引自赵军秀:《英国对土耳其海峡政策的演变:18世纪末至20世纪初》,第51页。

"三皇同盟"重申土耳其海峡原则,本来是为了协调俄国与奥匈的关系,现在却成为俄国人抵御英国海军的有力武器。

4月8日,俄国外交大臣吉尔斯会见德国驻俄大使,坚决要求德国按照《三皇同盟条约》条款向土耳其施压,敦促土耳其恪守海峡封闭原则。同时,俄国外交部也向土耳其发布照会,警告土耳其如果同意英国战舰穿越海峡,"将视为向俄国宣战"。①

平狄危机成了德、俄、奥"三皇同盟"的试金石,精明的俾斯麦果断宣布支持俄国人的主张,联合奥匈、意大利等国向土耳其发出警告,要求它不得拒绝国际条约义务,不得向英国皇家海军开放海峡。奥匈帝国甚至威胁土耳其,"如果土耳其能采取中立立场,奥匈将负责劝说巴尔干诸国在事态中保持平静"。② 言下之意,如果土耳其向英国军舰开放海峡,奥匈帝国就可能伙同俄国挑起新一轮巴尔干民族独立浪潮。

对英国人来讲更要命的是,就连始终敌视"三皇同盟"的法国,此刻也站在了英国的对立面上。或者说,平狄危机成了法国人报复英国的好机会,因为英国人首先在苏伊士运河问题上耍了花招。

1851年,英国政府获得埃及许可,出资修筑连接亚历山大和开罗的铁路。英国人计划未来让这条铁路向东穿过西奈半岛,途经叙利亚、两河流域,一直延伸到波斯湾,从而大大缩短欧洲到印度的距离。法国人当然不甘落后,他们暗中支持法籍工程师费迪

---

① 赵军秀:《英国对土耳其海峡政策的演变:18世纪末至20世纪初》,第51页。
② Barbara Jelavich: *The Ottoman Empire, the Great Powers, and the Straits Question 1870-1887*, Bloomington: Indiana University Press, 1973, p.138. 转引自赵军秀:《英国对土耳其海峡政策的演变:18世纪末至20世纪初》,第51页。

南·莱赛普斯(Ferdinand Marie Lesseps)取得了主持修建苏伊士运河的权力。在此基础上,1854年,法埃双方签署开凿和租让苏伊士运河的合同,并于1856年补充了该合同。1857年,国际苏伊士海运运河公司成立,法国占据了52%的股份,埃及占有44%的股份,法方成了运河的实际控制者。

对此,英国人勃然大怒。他们的铁路规划是东西走向,法国人的苏伊士运河则是南北走向,如果苏伊士运河开凿,那么从开罗到叙利亚的铁路计划就要全部泡汤。因此,英国方面一开始就全力阻挠苏伊士运河计划。至1859年,苏伊士运河破土动工。英国人眼看运河开凿已属既成事实,遂改变策略,转而试图夺取运河的控制权。

1869年,苏伊士运河通航,仅最初两年,英国商船就占到了通过运河船只总数的75%。[①] 这更让英国人垂涎运河的控制权。1875年,英国人利用埃及财政破产的有利时机,以仅仅397.6582万英镑的低廉价格从埃及人手中收购了全部44%的股份,一跃成为苏伊士运河的第二大股东。一位法国评论家就指出,英国购买运河股票"完全是一种政治行动,包含着危险的因素。虽然这件事不等于英国对埃及的占领,但却是占领的开端"。这一预言不幸在七年后得到了应验。[②]

1882年7月11日,英军开始侵略埃及。8月20日,英军违反国际惯例夺取运河区。9月15日,英军攻占开罗,成功镇压阿拉比

[①] H. L. Hoskins: *British Routes to India*, New York: Octagon Books, Inc., 1966, p.372. 转引自赵军秀:《英国对土耳其海峡政策的演变:18世纪末至20世纪初》,第59页。
[②] 杨灏城:《埃及近代史》,北京:中国社会科学出版社,1985年,第157页。

起义。为了平息外界的猜疑,英国人宣称占领行动只是"暂时的",一旦埃及恢复秩序就全部撤军。例如格莱斯顿首相就公开表示:"我们不会采取(长期占领埃及的)措施,因为这样的措施与女王陛下政府的原则和观点相违背,与我们对欧洲的承诺相违背。"①事实证明,在撒谎方面,英国与俄国等其他一切帝国主义国家如出一辙。正如杨灏城所说,"据统计,1882 年至 1922 年的四十年间,英国政府的头面人物许下暂时占领或撤军的'诺言'和'保证'达六十六次之多。这些'诺言'和'保证'犹如五彩缤纷的肥皂泡,转瞬即逝。而英军无定期地留驻埃及,赖着不走,却是事实"②。

1882 年 10 月 30 日,平定阿拉比起义仅仅一个半月后,英国政府就开始考察如何统治埃及了。在驻土耳其大使,亦即后来的印度总督达弗林的建议下,英国政府决定不直接掌管埃及政治,而是躲在幕后暗中操纵。也就是说,不是派人控制埃及内阁,而是派人充当埃及中央和地方要害部门的"顾问"或"总监",这几乎就是前述美国人斯凯勒所建议的俄国在征服中亚时应当采取的"英国方式"。③ 埃及逐渐成为英国事实上的殖民地。

英国人在埃及的扩张行为引发了法国人的强烈不满。按照 1875 年英法两国的协定,双方对于埃及政府采取"共管"或"双重监督"。1883 年 1 月,英国人却单方面结束了"双重监督",抛开法国独自掌控埃及。他们哪里会想到,两年多以后就爆发了平狄危

---

① 阿明·赛义德:《埃及政治史——从 1798 年法国占领到 1952 年帝制崩溃》,开罗,1959 年版,第 150 页,转引自杨灏城:《埃及近代史》,第 231 页。
② 杨灏城:《埃及近代史》,第 231 页。
③ 参见本书第三章第二节第四小节"俄国的进一步扩张"。

机。法国人能不借着这个机会好好教育教育两面三刀的英国人?

不要说法国了,就连英国的传统盟友土耳其都站在了"三皇同盟"一边,坚决不允许英国军舰通过海峡。毫不夸张地说,这是英国外交史上最黑暗的一刻。"英国所受到的阻力,实质是欧洲各国联合反对英国,反映了英国在欧洲的外交孤立。"用索尔兹伯里后来的话说:"我们在欧洲是十分孤立的,我们经常提及的'欧洲协调'变成了反英的协调。"①

按照霍普柯克的说法,平狄危机之所以安然化解,还有赖于阿富汗埃米尔阿卜杜·拉赫曼。当听到平狄守军惨遭俄国屠杀时,阿卜杜·拉赫曼表现得异常平静,他称这些损失不值一提。"埃米尔不愿意看到他的国家因两个好斗的邻邦而再次被卷入战争",所以英国人才选择放弃了战争手段。② 言下之意,似乎英国人正是为了阿富汗人的利益才准备发动战争的。毫不客气地说,这种观点纯属胡说八道,究其实质,不过是变相地给英帝国主义涂脂抹粉。事实上,英国人放弃战争手段根本无关乎阿富汗埃米尔什么事,只是因为他们现在得不到任何国家的支持。

1885年5月初,英国下议院在多次讨论后最终决定放弃战争选项,自由党政府遂转而向俄国提出谈判建议,这得到了俄方的同意。笼罩在欧亚大陆上的战争阴云终于散去。6月,阿富汗西北边界谈判正式开始。俄国坚持要求占有平狄绿洲,作为交换,它愿意

---

① John Conway Perkin: *The End of the Game, Anglo-Russian Relations Concerning Central Asia, 1899-1907*, (PHD) Acadia University, 1985, p.3. 转引自赵军秀:《英国对土耳其海峡政策的演变:18世纪末至20世纪初》,第52—53页。

② 〔英〕彼得·霍普柯克:《大博弈:英俄帝国中亚争霸战》,第457—458页。

放弃平狄以西的祖勒菲卡尔山口(Zulfikar pass)，英方同意了这个要求。

9月10日，伦敦公布了"英俄协定书"(Anglo-Russian Protocol)，正式确定了上述交易，并委托联合界务委员会具体划定阿富汗的西北边界。双方经过讨价还价，在1887年7—8月间，最终签署了划分阿富汗西北边界的新协定。该委员会的英方首席代表是李奇微(Sir West Ridgeway)将军，故而这条边界线又称"李奇微线"。当年俄军的最远控制线形成了今天阿富汗西北边界的雏形。

平狄危机有惊无险地渡过了，但它给英国外交带来的刺激是巨大的。对于英国人而言，真正解决平狄危机并不只是与俄国达成某项边界协定那么简单，更在于如何修补与其他欧洲列强的关系，比如，拉拢本来敌视"三皇同盟"的法国。除了频繁地做出撤离埃及的"承诺"，以博得法国人的好感，英国人还打算慷他人之慨，帮助法国人获得一些甜头。

1883年底，中法战争爆发。战争期间，英国人就一直试图促使双方休战。1885年3月23日—4月4日，清军在镇南关战役中取得大捷。此时正值平狄危机期间，英国人更是唯恐战争扩大，遂不断通过在华外交官和海关总税务司给李鸿章施加压力，意图调停中法双方。此时赫德再次出马，操纵中法谈判，帮助法国通过《中法新约》得到了一切它没能在战场上得到的东西——征服越南、在中国西南边境开口通商、享受特殊的商务利益等，而仅仅给予中国

第五章　新的战争危机(1879—1889)

与越南往来"必不有碍于中国威望体面"这一虚文。①

时任法国外交部部长佛莱新讷(Charles de Freycinet)在1885年6月条约签署后，曾再三表示对赫德、金登干的谢意。② 他曾当面对金登干说："我很高兴，由于英国人的尽力，我们终于成功。"③对于英方操纵中国外交的事情，就连英国人的玩具李鸿章也心知肚明，他在答复张之洞、彭玉麟等人的责问时，不得不承认"查进和议者二赤，我不过随同画诺而已"。"二赤"即为"赫"，指赫德。正如卢汉超教授所论："李鸿章的回答当然有推卸责任的意思，但由此也可见赫德在中法和谈中的作用，在他导演的这幕情节复杂的'和平剧'中，连李鸿章这样一个有实权的清政府大员也成为'随同画诺'的傀儡了。"④

我们完全有理由说，"不使黄龙成痛饮，古今一辙使人哀"乃是英国人为了缓和关系而给法国送的一份大礼。再想想美国人斯凯勒所说的"英国方式"，想想达弗林操纵埃及的建议，真令人不寒而栗！我们今天是不是还要把这些东西视为"现代化进程"而大加吹捧呢？

当然，赫德如此热心地促成中法调停可能还有别的盘算。

---

① 陈文桂：《中法战争期间赫德"业余外交"研究》，《近代史研究》1996年第6期，第167页。
② 佛莱新讷，又译为"法来西讷"，于1879年11月28日至1880年9月23日、1882年1月30日至8月7日、1885年4月6日至1886年11月11日，三次出任法国外交部部长。
③ 〔英〕金登干：《金致赫第506号》，6月28日伦敦，载陈霞飞主编：《中国海关密档——赫德、金登干函电汇编：1874—1907》第8卷《电报·1874—1895》，第489页。
④ 卢汉超：《中国第一客卿：鹭宾·赫德传》，上海：上海社会科学院出版社，2009年，第136页。

245

1885年11月,《中法新约》墨迹未干,印度总督达弗林就以"缅甸国王私自罚款英国木商公司230万卢比"为由,挑起第三次侵略缅甸战争。一个月后,英军攻占缅甸首都曼德勒,俘虏缅王锡保。次年1月,英印殖民政府正式宣布将缅甸并入英属印度。英国人调停中法战争是一种政治交易,他们帮助法国人完全夺取越南并打开中国云南、广西边境,而法国人则默许他们占领缅甸。这场政治交易缓和了英法在亚洲的矛盾。类似的事情在西方殖民史中再常见不过了,未来它还会发生在北非的埃及和摩洛哥,并决定欧洲历史的走向。

缅甸全盘沦陷,标志着中国云南门户洞开。为了解决中缅边界问题,光绪十二年(1886)六月二十三日,大清总理各国事务衙门大臣庆亲王奕劻与英国驻华公使欧格纳(N. R. O'Conor)在北京签署《中英缅甸条约》。条约共五款,主要内容如下:一、英国允许缅甸每十年向清王朝进贡一次;二、中国承认英国在缅甸的一切特权;三、中英两国应派员勘定中缅边界,另立通商事务专章;四、英国同意暂缓派员由印度进入西藏,但原则上藏印之间应开放通商;五、条约由中英两种文字记录,一式三份,将在英国首都伦敦互换两国政府的批准书。

其中,第三条规定未来"勘定中缅边界"。事实上,缅北地区久沐华风,中英缅甸谈判期间,缅北群众纷纷举旗反抗英印统治,稳祚土司、木邦土司等更投禀云南地方政府,要求内附。驻英公使曾纪泽也上书总理衙门,建议我军抢占八莫,控制怒江上游,把缅北划为中英之间的缓冲区。

此情此景,即令英国殖民主义者自己也觉得统治乏力,其外交大臣曾向曾纪泽表示,愿将怒江、萨尔温江以东,暹罗北界以北划给清廷作为属地。英军安德生(Adamson)少将亦曾得到训令,"如果他发现八莫已被中国军队占领,就不要再去占领"。① 可惜的是,清政府不仅抱定不可"衅自我开"的观点,白白浪费讨价还价的筹码,更未曾利用英国方面一时的让步,据理力争,以致将缅北地区拱手让人。

条约第四款直接涉及西藏问题。应当说,这是一个自相矛盾的条款。英国一方面允诺暂缓派员进入西藏,另一方面又在原则上要求开放中国西藏边界。正是条文的含混不清,给后来英印殖民军队侵略西藏大开方便之门。

可以说,清王朝从《缅甸条款》仅仅得到了"每十年进贡一次""暂缓派员由印度进入西藏"之类的空头许诺,却将大半个西南边疆暴露在英印殖民军队的枪口之下。《缅甸条款》签署还不到两年半,1888年3月20日,英军便悍然发动了第一次入侵西藏战争!

第二节 新外交政策与"新地理学"(1886—1889)

1886年8月,保守党再次赢得大选,历任前迪斯累利政府印度事务大臣、外交大臣的索尔兹伯里侯爵出任新一届首相。他上台后面临的最迫切的问题就是如何打破英国孤立无援的外交困境,恰好这时东方问题再次浮出了水面,给了英国人一个绝佳的机会。

---

① 朱昭华:《中缅边界问题研究》,哈尔滨:黑龙江教育出版社,2013年,第74页。

有趣的是,这次俄国人对于巴尔干民族独立的态度却跟以往截然相反了。

一、英国的新外交政策与两次《地中海协定》

1885年,土耳其的东鲁米利亚省(Eastern Roumelia,今保加利亚南部)爆发起义,宣布加入保加利亚,拥戴保加利亚的亚历山大大公为统一国家的君主。按照1878年《柏林条约》的规定,保加利亚大公的人选不能由俄国单方面指定,而必须获得奥斯曼帝国和欧洲列强的一致同意。亚历山大大公就是这样一位经由多方同意的保加利亚国君。俄国人很快发现,这位亚历山大大公摆脱俄国控制的倾向日益明显。然而,沙皇绝不能容忍一个不听命于己的大公操纵保加利亚的统一。

1886年8月,俄国利用其驻索菲亚使馆的武官,策动保加利亚境内亲俄势力发动政变,绑架了亚历山大大公,并于9月迫使其宣布退位。此举反而引发保加利亚进一步脱离俄国的民族主义浪潮,他们成功迫使俄国人释放了亚历山大大公。

迫于俄国人的压力,亚历山大大公获释后,任命了以斯塔姆博洛夫(Stefan Nikolov Stambolov)为首的三名摄政者代其行使统治权,直到国民大会推举新的大公。他随后离开了保加利亚,此生再也没有回来。显然,在这个保加利亚民族主义高涨的时刻推举大公,一定对俄国人十分不利。

为了阻止国民大会推举大公,俄国派遣一名叫作考尔巴斯(Kaulbars)的将军前往索菲亚,充当保加利亚人的"顾问"。然而,狂妄自大的考尔巴斯对保加利亚内政横加干涉,不仅公开要求推迟选举,更要求释放那些参与绑架亚历山大大公的嫌疑犯。考尔巴斯引发了保加利亚群众的强烈反感,国民大会非但没有听从考尔巴斯的建议,反而宣布提前选举。

11月,沙皇宣布与保加利亚断交,召回了考尔巴斯和全部俄国领事。"就这样,在巴尔干地区高涨的民族主义热情的阻挠下,俄国人遭受了严重的挫折。"①俄国不会眼睁睁地看着保加利亚这块极具战略价值的土地从它手中溜走,它再度陈兵巴尔干,战争一触即发。只不过这一次居然不是针对土耳其,而是针对从土耳其争取到自治的斯拉夫东正教国家。

俄国的战争威胁引发了欧洲的担忧,尤属奥匈帝国反应最为强烈。从地缘上看,俄国想要制伏保加利亚,必须首先控制其北面的罗马尼亚。如果真是那样,俄国势力将通过波兰、罗马尼亚和塞尔维亚三面包围匈牙利,届时多瑙河下游途经的塞尔维亚、罗马尼亚和保加利亚,将全部沦为俄国的势力范围。这个后果是奥匈帝国无论如何都无法容忍的。11月13日,奥匈帝国外相卡尔诺基(Guctav Kalnoky)在匈牙利议会发表演说,公开表示俄国无权单独决定保加利亚的命运,如果俄国执意这么做,则奥匈必将予以武力还击。巴尔干民族运动这一次随时都有可能升级为俄国和奥匈之间的大规模战争。

几乎与此同时,沙皇亚历山大三世在接见新任法国驻俄大使时直接表示,俄国希望看到法国强大,两国应该携起手来,共渡难

---

① 〔英〕帕特里克·贝尔福:《奥斯曼帝国六百年:土耳其帝国的兴衰》,栾力夫译,北京:中信出版社,2018年,第666页。

关。欧洲再一次出现了俄法同盟对抗德奥同盟的苗头。这对于亟待走出外交困境的英国来说,无疑是个极大的好消息。

1887年,保加利亚国民大会推举科堡家族的费迪南(Prince Ferdinand of Coburg)出任大公。欧洲各国很快依据《柏林条约》承认了他的当选。这是保加利亚政治上的一次重大胜利,除了群众高涨的爱国主义热情,还要归功于斯塔姆博洛夫领导有方。"对保加利亚和保加利亚人来说,他是国家实现统一和自由的英雄。同时,他富于远见,了解他的人民,全身心地投入保加利亚人的事业之中。"[1]在费迪南当选后,这位"保加利亚的俾斯麦"仍将以首相的身份,辅佐他七年之久,并坚持奉行对抗俄国霸权的政策。

索尔兹伯里首相公开表示支持费迪南大公当选,理由是其所属的萨克森科堡(Coburg)家族与维多利亚女王有亲属关系,但更重要的原因是,"索尔兹伯里侯爵很乐于看到一个团结而民族主义情绪高涨的保加利亚出现在巴尔干地区,因为这样一个国家可以阻挡俄罗斯扩张的脚步,填补土耳其人留下的权力真空"[2]。于是我们看到,1887年的情况正好与1878年反了过来,当年俄国人想促成大保加利亚,而英国人反对,如今却是俄国人反对大保加利亚,英国人乐见其成。

在反对俄国干涉巴尔干的基础上,英国与奥匈帝国有了合作的空间。还在1886年10月,沙俄与保加利亚断交之前,英国就不失时机地向奥匈帝国发出秘密照会,要求它相信,在某种形势下,奥匈需要英国的支持。11月,英国政府通过备忘录的形式,再次向

---

[1] 〔英〕帕特里克·贝尔福:《奥斯曼帝国六百年:土耳其帝国的兴衰》,第667页。
[2] 〔英〕帕特里克·贝尔福:《奥斯曼帝国六百年:土耳其帝国的兴衰》,第666页。

奥匈申明了联合行动的必要性。但此时的奥匈帝国反应十分冷淡,它在给英国的复照中明确指出,英国关心的是君士坦丁堡和土耳其海峡,奥匈则关心巴尔干半岛的欧洲民族和基督徒,两者的诉求完全不是一回事。① 但等到 1887 年,费迪南当选新一任保加利亚大公时,情况发生了变化。

这一年,第二次《三皇同盟条约》到期,俄奥两国在巴尔干半岛上的矛盾,因为保加利亚民族主义运动,而变得无法协调,这意味着"三皇同盟"将正式成为一个历史名词。担忧俄国向法国靠拢而使自己腹背受敌的俾斯麦,不得不转而拉拢英国。在这个情况下,奥匈帝国开始积极回应英国人的合作建议。3 月 3 日,奥匈驻英大使向索尔兹伯里表示,希望英国做出与奥匈共同对俄国采取行动的承诺。英国人借机向奥匈帝国兜售它和意大利刚刚于 2 月 12 日签署的《地中海协定》(Mediterranean Agreements)。

该协议规定:英、意两国维持地中海及亚得里亚海、爱琴海和黑海的现状,意大利支持英国在埃及的政策,英国支持意大利在北非的政策,但合作的范围和内容将视具体情况而定。显然,《地中海协定》与"三皇同盟"一样,与其说是某个同盟条约,还不如说是某项大国协调机制。它只规定了缔约国在危机来临时有相互协调的义务,却没有规定缔约国在危机来临时有相互支援的义务。3 月 24 日,奥匈加入《地中海协定》;5 月 4 日,西班牙也加入了该协定。该协定史称"第一次地中海协定"。

尽管如此,当时欧洲还是出现了英、德、奥与法、俄两派对峙的

---

① 赵军秀:《英国对土耳其海峡政策的演变:18 世纪末至 20 世纪初》,第 74 页。

苗头。讽刺的是,俄国人还试图把土耳其人拉进自己反对保加利亚的阵营。然而十分不幸,土耳其苏丹阿卜杜勒·哈米德二世(Abdül Hamid Ⅱ)早已在政治经济危机中焦头烂额,根本无暇顾及其他。哈米德二世虽然象征性地宣布对进入奥斯曼帝国的保加利亚产品征收报复性关税,但除此之外没有采取任何行动。贝尔福这样评价哈米德二世的所作所为:

> 他已经让人们看到,他不是那种在必要的时刻会为帝国的残余领土奋力一搏的战士。在签署了和平条约之后,哪怕是在风险和后果都能看得很清楚的情况下,他也尽量避免再度卷入战争,而是宁愿放弃他对保加利亚最后的主权。在他的先祖开疆拓土的时代,东鲁米利亚是他们在欧洲建立伟大帝国的第一块基石,而阿卜杜勒·哈米德甚至都没有尝试把它当作保卫帝国的最后一道壕沟。现在,奥斯曼帝国这个欧洲病夫带着相信宿命的情绪转过头去,不再关心欧洲的命运。①

苏丹漠不关心巴尔干局势的态度,不仅促成了保加利亚最终走向民族独立,也为英土关系的复合提供了基础。

1887年7月,意大利建议英、奥、意三国在君士坦丁堡的代表共同行动,联合土耳其抵制法、俄,并提出三国应与土耳其建立地中海联盟,共同维持近东地区的现状。8月初,意大利和奥匈两国

---

① 〔英〕帕特里克·贝尔福:《奥斯曼帝国六百年:土耳其帝国的兴衰》,第667—668页。

又拟定了八点建议草案,其主要内容包括:(1)坚持以现存条约为基础,维护近东现状;(2)主张土耳其的完整独立,排除外国势力对它的影响;(3)土耳其不得将对保加利亚名义上的主权让与他国;(4)英、意、奥三国与土耳其联合,共同捍卫这些原则。与此同时,德国也在紧锣密鼓地活动,暗中推动土耳其与地中海协定国联合起来,共同抵制俄、法两国。①

唯一令索尔兹伯里担忧的是,两次地中海协定的有力推动者俾斯麦,却始终躲在幕后。这是不是意味着德国仍与沙俄暗通款曲?英国加入《地中海协定》,会不会到头来让德国坐收渔利?因此,英国在谈判中提出了加入第二次《地中海协定》的附加条件,即要求德国政府明确表态,一旦俄国或其他某国单方面破坏近东地区现状,德国将出面反对。11月13日,俾斯麦向英国人展示了1879年德奥两国秘密签订的同盟条约。索尔兹伯里看到这些秘密条款后,顾虑有所缓和。他告诉女王,根据《德奥同盟条约》的责任,"俄奥之间若发生任何形式的战争,德国都将站在奥一边"。②

在得到德国明确支持的一个月后,12月12日,英、奥两国缔结协定,4天后,意大利加入,史称"第二次地中海协定"。相较于"第一次地中海协定",这次协定把大国协调的范围扩大到了土耳其头上,并更加明显地针对法俄两国,但它还是够不上真正的同盟条约。与第一次协定相同,第二次协定依然只规定了缔约国有义务

---

① 赵军秀:《英国对土耳其海峡政策的演变:18世纪末至20世纪初》,第78页。
② Lady Gwendolen Cecil: *Life of Robert Marquis of Salisbury*, Vol. Ⅳ, London: Hodder and Stoughton Limited, p.72. 转引自赵军秀《英国对土耳其海峡政策的演变:18世纪末至20世纪初》,第80页。

协调一致,却没有规定缔约国有义务相互支援。对于英国而言,这既扩大了与欧洲国家的合作,打破了平狄危机以来的外交困境,又没有违背其"光荣孤立""离岸平衡"的一贯国策,可说是一举两得。

综上所述,1887年2—3月、12月,英国与奥匈、意大利两次签订《地中海协定》,"是第一次世界大战以前英国与欧洲国家建立的最接近于同盟的一种合作关系"。它不仅打破了1885年平狄危机时,欧洲大国对于英国的敌意和孤立,更对土耳其海峡原则做出了有利于英国的解释,即只有在确定土耳其不受他国干扰时,海峡封闭原则才具有效力。也就是说,再发生一次平狄危机,英国就有可能认定,土耳其不允许其军舰驶过海峡是因为受到了俄国的胁迫,而不具备国际法效力。总之,这份协定对于英国人而言是十分有利的,因为它既实现了孤立俄国的意图,又不用承担同盟义务。然而,也正是这点,"使《地中海协定》从一开始就含有隐患,也是日后导致《地中海协定》终结的最根本原因"。①

二、"新地理学"的诞生

俄国在土库曼的扩张引发了英国人的高度关注,反俄分子再次聚到一起,形成了新的前进政策派。查尔斯·马尔文(Charles Marvin)就是其中最高产的一位,几年之内就出版专著数部,但它们几乎都围绕着一个主题,即俄国人一旦取得谋夫,随时都可以南下赫拉特,届时印度的北大门将不复存在。马尔文是《环球报》

---

① 赵军秀:《英国对土耳其海峡政策的演变:18世纪末至20世纪初》,第72页。

(*Globe*)驻圣彼得堡特派员,懂得俄语并认识沙皇的一些将军,这些经历让他十分清楚俄国军界的反英倾向。

据霍普柯克透露,此公是1878年5月著名的白厅泄密案的主角。彼时正值柏林会议前夕,供职于《环球报》的马尔文还同时身兼外交部雇员。他利用这个身份和自己在俄国的朋友圈,供给《环球报》大量独家新闻。马尔文某次发现,英国政府有意通过《泰晤士报》披露英俄条约的部分细节。为了抢新闻,他索性一不做二不休,率先把这些细节都交给了《环球报》。结果是《环球报》而非《泰晤士报》,抢先发表了这份全球独家报道。措手不及的英国政府赶紧出面否认《环球报》所披露的内容,谁想第二天《环球报》竟把条约全文都刊登了出来,一时间引发舆论热议。狼狈的英国政府以涉嫌窃取国家机密为由逮捕了马尔文,但在搜查他住所时没有发现任何证据,法庭因此宣判其无罪。事实上,博闻强识的马尔文是将条约的内容全文背了下来,而没有留下任何纸面记录。这件事情让马尔文声名大噪,不出五年,还未满而立之年的他就成了最受英国舆论界欢迎的俄国问题专家。①

1882年,马尔文出版了专著《向印度进发的俄国人》(*Russian Advance towards India*)。在书中他对比了英国人的"进退交替"政策和俄国人的"进退交替"政策。英国人的"进退交替"显然就是"前进政策"与"精明无为"相互轮替,而俄国人的"进退交替"更像是一种名为"祖母的脚步"的游戏,这种游戏要求在对方发现自己并喊"不许动"之前,尽可能地悄悄往前移动。他指出,切尔尼亚耶

---

① 〔英〕彼得·霍普柯克:《大博弈:英俄帝国中亚争霸战》,第446页。"马尔文",原文为"马文"。

夫将军和谢苗诺夫-天山斯基(Семснов-Тяншанский)的成功经验已经证明,印度民族起义、第二次英阿战争、苏丹马赫迪起义……俄国人每次总能利用英国自顾不暇之机,尽可能地向前移动。无疑,俄国人的"进退交替"更加优越。①

次年4月,马尔文又在肯特郡(Kent)的普卢姆斯特德(Plumstead)撰写了更大部头的专著《抵达谋夫和赫拉特的俄国人》(The Russians at Merv and Herat, and Their Power of Invading India)。该书毫无疑问一再强调俄国对于印度的野心已经昭然若揭,一再提醒当局俄国有煽动印度反英的计划。用马尔文本人的话说,"俄国总参谋部已经说得再清楚不过了,入侵印度具有可行性,一旦俄国介入,印度人民将会揭竿而起"②。不幸的是,俄国人的估计没有错,印度人民之所以没有在第二次英阿战争期间发动骚乱,只是因为他们还没有找到强有力的领导人。③

这些观点不足为奇,它们只不过重复了19世纪初期以来前进政策派的老论调。具有特点的是,马尔文在本书序言中就明白提到了俄国人在亚洲的铁路计划,已经远远领先英国了。马尔文说道:

---

① 参见 Charles Marvin: *The Russian Advance towards India: Conversations with Skobeleff, Ignatieff and Other Distinguished Russian Generals and Statesmen on the Central Asian Question*, London: Sampson, Low & Co., 1882, pp. 130, 145。转引自 Alex Marshall: *The Russian General Staff and Asia, 1800-1917*, London and New York: Routledge, 2006, pp. 206-207, Notes 41。按,天山斯基(Semenov Tian-Shanskii),俄国地理学家、生物学家,曾撰有《天山游记》,对我国新疆有过细致的侦查。
② Charles Marvin: *The Russians at Merv and Herat, and Their Power of Invading India*, p.123.
③ Charles Marvin: *The Russians at Merv and Herat, and Their Power of Invading India*, p.121.

这些改变可以被称为中亚问题:在外里海地区(beyond the Caspian)修建一个相较突厥斯坦而言无比强大的新的行动基地,完成该基地与俄国本土的铁路联系,促成里海海洋的非凡发展,开放与谋夫的商业关系,在拉萨尔(Lessar)开发一条通往赫拉特的简易公路,以及俄国的铁路勘探,仅需数百万元投入就可以将她的帝国与印度连接起来。①

无疑,跨里海铁路是土库曼战争以后出现的新形势,它将完全抵消英国在苏伊士运河上的优势。通过跨里海铁路,俄国在黑海和中亚的兵力调动将远远比英国本土到印度的兵力调动更迅捷。中亚的铁路问题是新一代前进政策派关注的焦点。

在马尔文看来,这可能就是俄军为进攻印度而规划的铁路线。不管马尔文的猜想是否准确,他对于跨里海铁路的研究都将影响到一位野心勃勃的年轻贵族,这位年轻贵族将给印度和中国西藏造成不小的灾难。

在接下来的两年时间里,俄军不仅占领了谋夫,还夺取了平狄,马尔文设想的红色线段大大缩短了,形势变得更加危急,也反过来更加说明马尔文的"洞见"。仅在1885年,也就是平狄危机发生的那一年,此人就一口气出版了三本中亚问题专著,而且本本畅销。例如3月完成的《抵达赫拉特大门的俄国人》(*The Russians at the Gates of Herat*)一书,还特别回顾了1881年斯科别列夫进攻格奥克-帖佩之事:

---

① Charles Marvin: "Preface", in *The Russians at Merv and Herat, and Their Power of Invading India*, pp.v.

1881年初,令人紧张的电报每天都从俄国传来,它们描述了斯科别列夫和帖克人在格奥克-帖佩那些可怕的冲突,人们可能还会记得其中一条讯息记录了一位将军的阵亡,他死于夜间袭击要塞之时。那位将军名叫彼得鲁塞维奇(Petrusevitch)。据我所知,此人首先提出将土库曼楔入谋夫和帕罗帕米苏山脉(Paropamisus mountains。按,即兴都库什山脉)之间,以在其掩护之下掌控赫拉特的大门。①

换句话说,俄国人在进攻土库曼时,就已经开始明确如何攻占赫拉特了,而此时的英国人还活在梦里。马尔文说,他在那年就出版了《谋夫,世界的女王》(Merv, the Queen of the World; and the Scourge of the Man-Stealing Turcomans: With an Exposition of the Khovassan Question)一书,特别提醒大家注意俄国人一定会顺势拿下谋夫:

> "做我们能做的事,"我写道,"我们永远无法阻止俄国边界和英国边界在亚洲不可避免地交汇。即使俄国愿意,也很难做到这点。它不可能不发生……如果我们等到俄国进入谋夫,在帕罗帕米苏山脊上派驻哥萨克,我们就必须服从俄国的号令,接受她划分两个帝国界线的方案,而不得不把威胁印度

---

① Charles Marvin: *The Russians at the Gates of Herat*, p.50.

的支点让给俄国,使俄国牢牢掌控这个权力,这是非常屈辱的。"①

如果马尔文的说法是对的,那么他的先知先觉正好映衬了英国政治家和公众的后知后觉,以至于俄国军队都到赫拉特眼皮底下了,还要他马尔文再三强调"为什么赫拉特是印度的钥匙"(How Herat is the Key of India):

> 在地图上,赫拉特北面耸立着一座山脉,叫作帕罗帕米苏山脉,它保护着赫拉特的河谷,俄国声称这是该城市有效的屏障。俄国知道,英国公众总是沉浸在地理学的错误之中,因此她说得很有道理:"山脉这个屏障连同关卡,都在阿富汗手中。"这是赫拉特令人肃然起敬的边境。②

"英国公众总是沉浸在地理学的错误之中"恐怕是前进政策派的普遍观点。1885年对于英国公众而言是紧张的一年,平狄危机把英俄两国逼到了战争的边缘,而英国却突然发现自己十分孤立。但这一年对于前进政策派而言是大获丰收的一年,马尔文只是他们的缩影,这个群体当中也包括《阿古柏伯克传》的作者包罗杰。除了系统性的专著,"这些评论家和其他作者还撰写了大量的宣传手

---

① Charles Marvin: *Merv, the Queen of the World; and the Scourge of the Man-Stealing Turcomans: With an Exposition of the Khovassan Question*, London: W. H. Allen & Co., 1881. 转引自 Charles Marvin: *The Russians at the Gates of Herat*, p.51.

② Charles Marvin: *The Russians at the Gates of Herat*, p.110.

册、文章、评论和致编辑信函,一边倒地支持反俄观点"①。马尔文等这一辈前进政策派或恐俄派很快又将接力棒递给了下一代,在下一代当中,有个人最为今天的中国学界所津津乐道,他就是哈尔福德·麦金德(Halford John Mackinder)。

1880年,麦金德受到牛津基督教会的资助,获得了一笔为期五年的物理学初级奖学金,当年10月他正式开始了在牛津大学的五年学生生涯,直到1885年。这个时间段正好与俄国兼并土库曼斯坦的全过程相吻合,可以说麦金德接受高等教育的时期正是英俄"大博弈"的高潮时期。

除了马尔文等舆论界或政论界人士,英国学术界也纷纷参与到了"大博弈"的进程当中。比如,历史学家约翰·西利(John Seeley,剑桥史学的前驱人物,英帝国主义的吹鼓手)就在这期间出版了《英格兰的扩张》(Expansion of England)一书,该书头一年就卖出了8万册,直接推动了1884年"帝国联邦协会"(Imperial Federation League)的建立,英国上下出现了一股"帝国主义热潮"。受此风气的感染,"麦金德遂以一名教育家和帝国活动家的身份,开始了他的职业生涯"。②

1885年冬天,麦金德甫一毕业就开始周游全国,到处宣讲他的"新地理学"(New Geography)。皇家地理学会几名成员听到麦金德的宣讲后就邀请他去学会做一次报告,报告的论文题为《地理学的范围和方法》,时间在1887年1月31日。这次报告很快让麦金

---

① 〔英〕彼得·霍普柯克:《大博弈:英俄帝国中亚争霸战》,第447页。
② Gerry Kearns: Geopolitics and Empire: The Legacy of Halford Mackinder, Oxford: Oxford University Press, 2009, p.38.

第五章 新的战争危机(1879—1889)

德声名大噪。几个星期后,牛津大学就决定在地理学方面设立一个为期五年、薪水 300 英镑的讲师席位,皇家地理学会为此捐助了 150 万英镑。当年 7 月,牛津大学正式聘请麦金德出任该职位。两年以后,牛津大学创立了英国历史上第一个地理系,麦金德出任地理系主任。① 直到此时,地理学才从一门军事技术变成了一门高校学科。

如果说麦金德是英国地理学"学科化"的开创者,那么罗灵逊、马尔文等人就是其先驱。或者说,麦金德的工作是把这些人的主张理论化。例如麦金德后来自称研究"政治地理学"(Political Geography),前皇家地理学会主席罗灵逊虽然没有明确使用"政治地理学"这个词,但在 1875 年的著作《英俄在东方》中就已经以"中亚政治的和地理的条件"(the Political and Geographical Condition of Central Asia)作为副标题了。

麦金德《地理学的范围和方法》一文的核心内容,恰恰就是追随罗灵逊的脚步,把"政治的条件"和"地理的条件"结合起来。用他的话说,地理学研究需要符合"科学的统一性这一假设",其根本就是把科学和实用结合起来,如果放弃了这种结合,科学研究还会剩下什么?

> 选择的办法是把科学与实用分开。接受这种办法的后果将是两者都遭到毁灭。实用的知识将被教师拒绝,而且在后半生中也难以领会;科学的知识将为大多数人所忽略,因为它

---

① 〔英〕吉尔伯特:《引言》,载〔英〕哈·麦金德《历史的地理枢纽》,林尔蔚、陈江译,北京:商务印书馆,1985 年,第 2 页(序言页)。

缺乏在日常生活中可以利用的因素。老于世故的人、学者、科学家和历史学家将会失去他们的共同讲台,世界将会变得浅薄。①

这番话批评的是皇家地理学会理事、皇家学会E分会(地理)主席弗雷德里克·戈德斯米德(Frederic Goldsmid),此人正坐在台下听讲。当时的麦金德只是一名还不到26岁的大学学士,却公然抨击英国海军界和地理学会权威,可谓十分大胆。

麦金德的报告一结束,就引发了会场热议,最终结果却是这位年轻人挑战成功,以至于他后来一直对此津津乐道,称自己是"一名年轻的革命者"。其实麦金德的成功与其说是因为英国人特别包容,倒毋宁说恰恰是他的观点才符合皇家海军对于地理的一贯理解。吉尔伯特(E. W. Gilbert)在谈到此事时,提及了一个细节:会场的墙上有三幅地图可以说明麦金德的论文,"一幅表明人口,另一幅表明雨量,第三幅表明山脉和水系"。② 会场讨论的话题是地理学的科学性与实用性,但其背后是俄国对印度的威胁,指向刚刚结束不久的平狄危机和正在进行的阿富汗边界谈判。这么说也许更准确:麦金德强调地理学必须兼顾实用性与科学性,就是为英国在中亚划分"科学边疆"服务的。"大博弈"的现实缔造了英国近代的政治地理学。

不过需要指出的是,麦金德其实不是最重要的人物,最起码跟他一同成长起来的前进派当中还有大名鼎鼎的乔治·寇松(George

---

① 〔英〕哈·麦金德:《历史的地理枢纽》,第43页。
② 〔英〕吉尔伯特:《引言》,载〔英〕哈·麦金德《历史的地理枢纽》,第6页(序言页)。

Curzon)。1859年,寇松出生于一个英国贵族家庭,他从小受到严格教育,青少年时就读于英国著名的贵族学校伊顿公学。在这个时期,寇松就表现出了对亚洲事务浓厚的兴趣,"他怀着一种近乎宗教狂热的使命感,大有将文明传送到东方尤其是印度的未开化的人们中,舍我其谁的抱负"。他从伊顿公学毕业后,直接升入了牛津大学,在牛津同样出类拔萃,获得了"超级超人"的称号,并担任牛津大学学生联合会主席。在极重血统和资历的英国社会,担任该项职务就意味着他已经成为政治家的苗子,一只脚踏入了政界。寇松从牛津毕业后,即投奔保守党党魁索尔兹伯里,当他的私人助手。索尔兹伯里也对寇松提携有加,几乎将他当作自己的接班人培养。①

1888年夏天,在索尔兹伯里的建议下,还不满三十岁的寇松开始周游世界。俄国成了他的首选,他"决心亲眼见证俄国在远东的阴谋诡计,想深入了解俄国人对英属印度的真实意图"。寇松先考察了圣彼得堡和莫斯科的政治氛围,然后向南进入高加索地区,从巴库乘船跨过里海,到达克拉斯诺沃茨克,并从这里搭乘火车开始了中亚之旅。"寇松对中亚的亲身体验和毕生酷爱就是从这里真正开始的。"②他对中亚的研究开始于实地考察马尔文所关注的"跨里海铁路":

> 通向铁路线终点撒马尔罕总共需要三天三夜。寇松在这

---

① 吕昭义:《英属印度与中国西南边疆:1774—1911》,昆明:云南大学出版社,2016年,第159页。
② 〔英〕彼得·霍普柯克:《大博弈:英俄帝国中亚争霸战》,第467页。

段九百英里(按,约 1448 千米)长的旅途中不止一次中途下车,查看他想了解的东西,然后再搭乘下一班列车继续前行。在旅途中他用笔记本记录下所有铁路和沿途绿洲城镇的信息。每当提及这条铁路线的列车总量——换言之也就是运送部队和装备的能力时,寇松就发现俄国人总是三缄其口。①

俄国人总是对跨里海铁路的运量三缄其口,岂不正好说明了它在军事上的价值?一个重要的细节是,俄国报纸在刊登有关这条铁路的图片时,总是配上"通往印度之路"的字样。②

寇松顺着铁路考察了格奥克-帖佩、谋夫、布哈拉、撒马尔罕等一系列重镇,中亚的繁华给他带来了深刻的印象。他甫一返回伦敦就赶紧把一路上的心得写成了一本题为《俄国在中亚》(*Russia in Central Asia*)的专著,该书于 1889 年正式出版。寇松在序言当中特别感谢了马尔文,毕竟是马尔文帮他搜集了俄国报纸上有关"通往印度之路"的图片。③

与马尔文一样,寇松特别强调,俄国人在中亚的铁路建设,使他们在同英国的竞争中占得先机。"只要准备妥当,俄国可以用火车在一周之内把里海的预备队拉过来,并在三周或者一个月之内把他们部署到边境上,但英国的援军抵达卡拉奇(Kurrachi。按,今巴基斯坦第一大城市)则需要将近四周的时间,并且在最有利的条件下,也至少需要一周才能从卡拉奇抵达现在的边界;……因此我

---

① 〔英〕彼得·霍普柯克:《大博弈:英俄帝国中亚争霸战》,第 467—468 页。
② George N. Curzon:*Russia in Central Asia*,p.311.
③ George N. Curzon:"Preface", in *Russia in Central Asia*,p. xiii.

第五章 新的战争危机(1879—1889)

们无法否定这样的结论:英国可悲地在时间点上落后于她的对手。"①

不同于马尔文这一辈前进派喜欢危言耸听以制造恐俄氛围,寇松强调,俄国人远不像人们想象的那么强大。他明确指出,"我不认为俄罗斯的外交政策是一贯的、无情的或深刻的,我认为它只是一种得过且过的政策(a hand-to-mouth policy),一种守株待兔的政策(a policy of waiting upon events),一种从别人的犯错中获利的政策,并且她自己也同样犯错"。这意味着英国只要不犯错,只要能施以巧妙的回击,就完全可以将俄国堵回欧亚大陆深处。为此,寇松还特别搬出了第十次俄土战争和1878年柏林会议的例子,称俄国对基督教民族解放的态度的结果,"是一系列难以挽回和几乎无法想象的错误"。② 与其说俄国在东方问题上犯下了错误,倒不如说是英国在东方问题上采取了正确的措施,只可惜一到中亚问题上,英国人就突然变得畏首畏尾了。不用怀疑,此时的寇松就已经"发愿有一天要做印度总督了"③,到那时他就可以再对俄国人施以颜色。仅仅过了十年,寇松就实现了自己的印度总督梦,他履行了自己的诺言,想尽办法要在印度周边找到点俄国人的踪影,以便给他们点厉害瞧瞧。

寇松、麦金德,此二人年龄相仿,又都嗜好跟俄国抢夺殖民地,难免臭味相投。其实我们只要在阅读麦金德的名著《历史的地理枢纽》时,回想马尔文和寇松对于俄国跨里海铁路的研究,就知道

---

① George N. Curzon: *Russia in Central Asia*, pp.309-310.
② George N. Curzon: *Russia in Central Asia*, p.315.
③ 〔英〕彼得·霍普柯克:《大博弈:英俄帝国中亚争霸战》,第467页。

他们给麦金德的影响有多大了。1907年,寇松出任牛津大学校长,就积极支持麦金德把地理学变成该校的一门主课。两人更重要的联系发生在十年以后,当时的寇松已经贵为外交大臣,他给麦金德的一项重要任务就是负责策划在中亚地区扶植颠覆苏维埃政权的力量。

第六章　英国的外交转型与俄国的远东扩张
（1889—1904）

我向你坦白，我担心的两个国家，只有两个国家，分别是美国和俄国。原因很简单，它们拥有或者(就俄国来说)很快即将拥有比我们更好的军事通道进入我们一些重要的自治领。非常遗憾，加拿大和印度都不是岛屿，但我们必须承认这个事实，也必须相应地调整我们的外交。

——印度办公室常任副秘书长戈德利私下向总督寇松说，1899年。转引自〔英〕保罗·肯尼迪:《英国海上主导权的兴衰》，沈志雄译，北京:人民出版社，2014年，第227页

面对建立在半个大洲资源的厚实基础之上的巨型大国(按，指俄国和美国)，英国再也不会成为大海的情妇。大部分都有赖于维持先前条件下赢得的领先地位。一旦作为海军基地的财富和精力之源枯竭，英帝国的安全也将丧失。从早期英国自身的历史来看，

显而易见的是,仅仅岛国位置根本无法确保海洋主权是一项不可废止的权力。

——〔英〕麦金德:《英国与英国的海洋》。转引自〔英〕保罗·肯尼迪:《海上主导权的兴衰》,第200页

第一节 《地中海协定》的终结(1889—1897)

两次《地中海协定》既是英国走出平狄危机以来外交困境的举措,也是俾斯麦在"三皇同盟"解体后的一次外交胜利。德国不是《地中海协定》的缔约国,却是《地中海协定》的幕后推动者,它通过拉拢奥匈帝国、意大利、西班牙和英国形成了一套新的协调体系,孤立了法俄两国。几乎同时,1887年6月18日,德国又与俄国签订条约,承认俄国在保加利亚和东鲁米利亚的特殊利益,换来俄国在德国可能与第三国(主要针对法国)发生的战争中保持中立,此即《再保险条约》。可以说,此时的欧洲,逐渐趋向于形成英国、奥匈、意大利和法国、俄国两大体系,而德国既不在两大体系之中,又与两大体系都有密切关系。除了法国,俾斯麦在欧洲几乎没有敌人。

1883年,俄国恢复黑海舰队。1888年,法国正式重组舰队,其主力舰分布于布雷斯特(Brest,面对北大西洋)、瑟堡(Cherbourg,面对英吉利海峡)和土伦(Toulon,面对地中海)等军港。从地理上看,法国舰队壮大,首要挑战的就是英国皇家海军的核心势力范围,即北大西洋和西地中海。倘若俄国黑海舰队进入东地中海与

第六章 英国的外交转型与俄国的远东扩张(1889—1904)

法国舰队汇合,则英国皇家海军在地中海的绝对优势将不复存在。毫不夸张地说,此时的英国首相兼外交大臣索尔兹伯里比德国首相俾斯麦还要担心法俄同盟。

一、"二强标准"

早在1887年4月,英国军事情报部门就指出:"最可能与我们开战的国家是法俄,这是最坏的结合。""而我们最有理由恐惧的也是法俄共同反对我们。"① 为此,1889年海军大臣乔治·汉密尔顿(George Hamilton)就提醒索尔兹伯里,地中海实力平衡已经发生了明显的变化,其中,"法国是决定性的因素",由于"庞大的法国土伦舰队已成为地中海的主人",它随时都可能切断英国海军从直布罗陀到亚历山大或君士坦丁堡的交通线。②

保罗·肯尼迪(Paul Kennedy)如是概括英国海上霸权所受到的挑战:

> 这个廉价的海洋霸权时代在1884年戛然而止。在此之前,法国大型造船计划已经进行了好几年,但英国公众浑然不觉,仍然保持着对其海军不可战胜的盲目自信。事实上,两国

---

① Paul M. Kennedy: *The Rise of the Anglo-German Antagonism, 1860-1914*, London: Humanities Press, 1987, p.191.
② Rose L. Greaves: *Persia and the Defense of India 1884-1892: A Study in the Foreign Policy of the Third Marquis of Salisbury*, London: University of London, The Athlone Press, 1959, pp.216-217. 以上两条,皆转引自赵军秀:《英国对土耳其海峡政策的演变:18世纪末至20世纪初》,北京:中国社会科学出版社,2007年,第88页。

海军一级战列舰的数量已经几乎相等。……不幸的是,外部世界已经不允许回归之前不经意的无动于衷状态。甚至自1882年英国政府决定占领埃及起,法国在全球各地尤其是非洲就一直怀有敌意,而他们的舰队发展计划仍然很庞大。同时,在俄国方面,1885年英国与俄国因阿富汗几乎兵戎相见,现在威胁着巴尔干地区的政治平衡的俄国正加紧其舰队建设并更愿意与法国谋求结盟。法俄海军结盟将在战时钳制英国力量不足的地中海舰队并且切断这条至关重要的运输线。①

为了应对法俄走向联合的趋势,1889年3月,内阁接受了汉密尔顿提出的"海军防御法案",并提交议会表决通过。该法案提出了历史上著名的"二强标准"(Two Power Standard),即英国舰队的规模应至少等于其他两个海上强国舰队规模之和。所谓两个海上强国之和,就是暗指可能出现的俄法同盟。英国皇家海军需要确保仅凭自己的力量就可以打破法俄两国对地中海的封锁。1890年5月,英国内阁就决定,把地中海舰队分为两支:一支以直布罗陀为基地,在西地中海监视法国舰队;另一支驻扎马耳他,随时阻止俄国舰队穿越土耳其海峡。②

就在英国海军整军备战时,1890年3月,俾斯麦突然被德国新皇帝威廉二世解职。他精心构筑的"再保险体系"(分别与奥匈、沙俄签订条约,如未来德国与法国爆发战争,两国将分别信守中立)

---

① 〔美〕保罗·肯尼迪:《英国海上主导权的兴衰》,第192页。
② C. L. Smith: *The Embassy of Sir William White at Constantinople 1886-1891*, pp.135-136. 引自赵军秀:《英国对土耳其海峡政策的演变:18世纪末至20世纪初》,第89页。

第六章 英国的外交转型与俄国的远东扩张(1889—1904)

随之解体。在没有获得俄国中立保障的前提下,1891年,德国与奥匈、意大利续订了《三国同盟条约》。

与之针锋相对,当年8月27日,法国外交部部长李博达(Alexandre Ribot,1890年3月17日至1893年1月11日在任)与俄国驻法大使达成了一项相互援助的政治协定。1892年8月17日,法、俄两国在圣彼得堡签署军事协定,规定如果法国遭到德国或意大利进攻,俄国遭到德国或奥匈进攻,则另一方应竭尽全力予以支援。法俄同盟正式形成。尽管法俄同盟直接针对的是德奥意三国同盟,但这还是引起了英国的担忧。

1891年12月,英国财政大臣亚瑟·贝尔福(Arthur James Balfour)在给海军大臣汉密尔顿的信中对比了英国与法俄两国的舰队数量。[1] 统计数字表明,在一、二级主力舰的数量上,法俄之和已经超过了英国。贝尔福忧心忡忡地表示,"与法俄的战争,将以我们失去海上控制权结束,而制海权,关系到我们民族的生存","海军将领们已经认定我们不能与法俄两个国家同时交战"。[2]

鉴于上述分析,1892年3月,海军情报部及军事情报部联合提交给内阁一份题为《英国海上战略问题总体研究》的报告。报告指出,把地中海舰队分为东西两支分别对抗俄法两国,"是不妥和失策的","如果英国舰队长期逗留在君士坦丁堡附近,不仅西地中海,连大西洋和英吉利海峡,乃至不列颠岛都将受到严重威胁"。

---

[1] 亚瑟·贝尔福后于1902年出任英国首相,以提出赞成犹太人在巴勒斯坦建国的《贝尔福宣言》载入史册。

[2] C. J. Lowe: *Salisbury and the Mediterranean 1886-1896*, London: Routledge & Kegan Pau, 1965, p.87. 转引自赵军秀:《英国对土耳其海峡政策的演变:18世纪末至20世纪初》,第91页。

因此,"英国政府必须修改传统的海峡政策,必须放弃所有在海峡抵制俄国的想法和行动",否则,"结果只能有一个,即在俄法舰队的东西夹击下,英国地中海舰队瘫痪"。①

这份报告令索尔兹伯里十分震惊,但他仍然不愿意放弃君士坦丁堡和黑海海峡。他强调,军方的报告仅从军事角度而没有从政治和外交角度分析形势,俄国可能不会马上进攻君士坦丁堡,毕竟还有三国同盟牵制俄法同盟。因此,索尔兹伯里决定进一步加强与三国同盟的合作。正如 C. J. 洛伊(C. J. Lowe)在《索尔兹伯里与地中海,1886—1896》(*Salisbury and the Mediterranean, 1886-1896*)一书中指出的,法俄对地中海的威胁创造了 1890—1892 年间"英国与三国同盟关系的蜜月期"。②

然而,索尔兹伯里错误地估计了三国同盟的耐心和容忍。英国人一再拖延或婉拒德国人对其发出的加入三国同盟的邀请,这表明索尔兹伯里领导的保守党政府不仅不打算放弃英国"光荣孤立""离岸平衡"的外交传统,还试图借着两大集团对抗的有利时机,"既想享受欧洲同盟优惠,又不愿承担同盟责任","既依靠三国同盟支持,又置身于三国同盟之外"。③ 这种骑墙主义态度,最终让英国与三国同盟分道扬镳。

---

① C. J. Lowe: *The Reluctant Imperialists, British Foreign Policy 1878-1902*, Vol. Ⅱ, No.96, pp.90-91.转引自赵军秀《英国对土耳其海峡政策的演变:18 世纪末至 20 世纪初》,第 91 页。
② C. J. Lowe: *Salisbury and the Mediterranean 1886-1896*, p.75. 转引自赵军秀《英国对土耳其海峡政策的演变:18 世纪末至 20 世纪初》,第 95 页。
③ 赵军秀:《英国对土耳其海峡政策的演变:18 世纪末至 20 世纪初》,第 95 页。

二、《地中海协定》的终结

1892年,自由党在选举中获胜,格莱斯顿第四次出任英国首相。尽管此人一贯标榜将注意力集中在国内改革,而不喜欢对外扩张,"然而,讽刺的是,在他任英国首相期间,英国所征服的领土比在此前全面支持帝国扩张的首相迪斯累利时期还要多!"①与其说自由党人不关心海外事业,倒毋宁说他们比保守党更固执地坚持"光荣孤立"的英国外交传统。格莱斯顿攻击索尔兹伯里的一大口实就是,他跟三国同盟走得太近,使英国过多地卷入了欧洲同盟体系。与之不同,自由党政府将考虑相对疏远德国、奥匈。以至于有西方学者认为,1892年自由党政府上台,意味着《地中海协定》实际上"已经终结"。②

外交大臣罗斯伯里伯爵(5th Earl of Rosebery)强调:"英国面临的威胁没有到必须使自己屈服于德国,成为三国同盟正式成员的地步。"③他在训令驻土耳其大使要与奥匈步调一致时,还特别指出,"虽然我们的利益是清楚的,但我们的手必须是自由的",必须

---

① 〔英〕迈克尔·曼:《社会权力的来源》第3卷《全球诸帝国与革命(1890—1945)》上册,郭台辉、茅根红、余宜斌译,上海:上海人民出版社,2019年,第52页。
② Harold Temperley and Lillian M. Penson:Foundations of British Foreign Policy, Cambridge:Cambridge University Press,1938,p.472. 转引自赵军秀:《英国对土耳其海峡政策的演变:18世纪末至20世纪初》,第96页。
③ 罗斯伯里于1894年3月5日,格莱斯顿辞职后接任首相职位。

与三国合作,"却又不能受制于它"。① 须知德、奥、意三国不是傻子,它们不会永远容忍英国政府既捞好处又不承担责任。罗斯伯里的表态无疑扩大了英国与三国同盟之间的裂痕。

一个敏感的问题是,如果法俄两国联合起来在君士坦丁堡和亚历山大展开行动,共同瓜分东方,英国和三国同盟该怎么办?罗斯伯里要求三国同盟务必保证法国中立,否则仅凭英国的力量没有办法保证俄国舰队不夺取君士坦丁堡并进入东地中海。于是我们看到,英国传统的海峡政策在这一时期就被加上了一个前置条件:三国同盟合力摁住法国。英国人的条件无疑遭到了奥匈帝国和德国的抵制。

奥匈强调,如果英国真的放弃传统的海峡政策,则奥匈将被迫把自己的行动局限在巴尔干地区,而把海峡的命运交给俄国。德国也回复,如果英国真的放弃传统的海峡政策,为了保证自己不陷入腹背受敌的困境,德国将被迫把东方交给俄国,以避免俄国支援法国。总之,本来就不牢固的英德合作与《地中海协定》,现在更加貌合神离。"一旦危机真正出现,潜在的隐患终会酿成英国与三国同盟分道扬镳的事实。"②危机很快就到来了,它依旧是土耳其问题,只不过这次没有发生在巴尔干半岛。

早在1878年柏林会议期间,生活在小亚细亚的亚美尼亚人就

---

① Gordon Martel: *Imperial Diplomacy: Rosebery and the Failure of Foreign Policy*, Buffalo, N. Y.: McGill-Queen's University Press, 1986, pp.167, 174. 转引自赵军秀《英国对土耳其海峡政策的演变:18世纪末至20世纪初》,第98—99页。
② 赵军秀:《英国对土耳其海峡政策的演变:18世纪末至20世纪初》,第105页。罗斯伯里时期的英国海峡政策,参见该书第100—105页。

专门组织了一支代表团前赴柏林,要求西方列强支持其获得自治权。尽管这一要求没有得到正式的回应,列强还是认可了亚美尼亚人所在的各省应该实行改革,以保证他们不受周围库尔德人(Kurds)和切尔克斯人(Cherkesses)的威胁。① 阿卜杜勒·哈米德二世也因此做出过一些改革,例如在有亚美尼亚人居住的省份派遣一名基督教次官,以保护其宗教信仰。但这些改革必然与亚美尼亚人的要求相差甚远,或者说,改革本身刺激了亚美尼亚人进一步要求权利的胃口,以至于这个胃口大到土耳其苏丹根本无法满足。

在这个背景下,土耳其境内的亚美尼亚人发起了各种政党和革命组织,并在欧洲各国设立分支机构。这令土耳其苏丹头疼不已,他尤其感到,俄国人会再次利用亚美尼亚人大做文章。为此,1891年,阿卜杜勒·哈米德从库尔德游牧部落招募了一支民兵武装,其主要由骑兵构成,称为"哈米迪耶"(Hamidiye),意即"效忠于哈米德的人"。欧洲观察员一致认为,"哈米迪耶是针对这几年迅猛发展的亚美尼亚革命和自卫团体而建立的,打击这些革命政党及其行动肯定会成为哈米迪耶活动的一项主要职能。他们是靠近俄国边境地区的天才牧民,哈米迪耶凸显了他们作为边境民兵的性质,旨在于俄国人和亚美尼亚人之间建立伊斯兰屏障"②。到1892年底,这个准军事组织已经扩大到1.5万人,而且还在不断扩

---

① 切尔克斯人,又译"契尔卡斯人",欧罗巴人种地中海类型,切尔克斯语属于高加索语系阿布哈兹-阿迪盖语族,信仰伊斯兰教逊尼派,同时保留了许多本民族的传统宗教仪式。

② Donald Bloxham: *The Great Game of Genocide: Imperialism, Nationalism, and the Destruction of the Ottoman Armenians*, Oxford: Oxford University Press, 2005, p.47.

大。"他们公开宣称自己的正式任务就是镇压亚美尼亚人,而且在镇压基督徒过程中的任何行为都可以不负法律责任。"①

"火药桶"首先在土耳其东部省份穆什(Mush)南部的萨松(Sasun,又译为"沙逊""萨逊")地区引爆。按照惯例,那里的亚美尼亚人想要获得安全,必须向当地的库尔德酋长缴纳保护费。奥斯曼帝国曾为此特别免除了当地亚美尼亚人的税收,然而1894年当地土耳其政府却要求这些亚美尼亚人支付欠下的税金。也就是说,现在当地亚美尼亚人既要向库尔德部落缴纳保护费,又要向奥斯曼帝国政府缴纳赋税。亚美尼亚人坚决反对这种双重剥削,他们提出只能两者取一,政府想要税款就必须"免除库尔德人的压榨"。库尔德人闻讯后,立即包围了亚美尼亚村庄,8月,双方发生激烈冲突。② 因此亚美尼亚的反抗运动,史称"萨松抵抗"(Sasun Resistance)。

在库尔德武装的引导与配合下,土军开进了这一地区,不分青红皂白地屠杀亚美尼亚群众,仿佛在"猎杀野生动物"一般。"他们不接受投降,就用刺刀杀死男人,强奸女人,把孩子在石头上摔死,还把亚美尼亚人遗弃的村庄付之一炬。负责指挥这一行动的指挥官泽基帕夏(Zeki Pasha),还获得了苏丹的嘉奖。"③仅仅两个星期,

---

① 〔英〕帕特里克·贝尔福:《奥斯曼帝国六百年:土耳其帝国的兴衰》,栾力夫译,北京:中信出版社,2018年,第684页。
② Donald Bloxham: *The Great Game of Genocide: Imperialism, Nationalism, and the Destruction of the Ottoman Armenians*, p.51.
③ 〔英〕帕特里克·贝尔福:《奥斯曼帝国六百年:土耳其帝国的兴衰》,第685页。

就有超过3000名亚美尼亚人被害。① 对亚美尼亚人的清洗很快遍及全国。至1895年底,"在土耳其东部的20个不同地区,亚美尼亚人损失了十分之一的人口和大量的财产","考虑到死于伤病、无家可归和饥饿的人数,遇难者的总人数大概在50万到100万之间"。②

这一刻,现代报刊媒体再次发挥了重要作用。像二十年前的保加利亚大屠杀一样,消息经由报纸传回英国,再度引发了公众对于土耳其人的强烈愤慨。在舆论压力下,英国联合法、俄两国组织了一个针对奥斯曼的调查委员会,并于1895年5月提出了一项新的改革建议,让亚美尼亚人在六个省份中,"获得包括省长助理和警察在内的行政职位,以保证他们的安全和满足感"。该提案还建议将这六个"亚美尼亚人的"省份合并成新的单一行政单位,由欧洲指定的监督委员会(control commission)负责监督。③

一个月后,6月,保守党重新掌权,索尔兹伯里再度出任首相兼外交大臣。与二十年前其同僚迪斯累利遭遇的状况类似,一方面英国公众强烈要求制裁土耳其,另一方面英国对土耳其的政策又是维护其领土完整。夹缝中的索尔兹伯里只能把希望寄托于欧洲大国共同出面,迫使土耳其进行改革,这样既满足了英国公众的诉求,又可以尽可能地维护土耳其现有的领土,从而避免俄国单方面

---

① Donald Bloxham:*The Great Game of Genocide*:*Imperialism*,*Nationalism*,*and the Destruction of the Ottoman Armenians*,p.52.
② 〔英〕帕特里克·贝尔福:《奥斯曼帝国六百年:土耳其帝国的兴衰》,第688页。
③ Donald Bloxham:*The Great Game of Genocide*:*Imperialism*,*Nationalism*,*and the Destruction of the Ottoman Armenians*,p.52.

介入。

但事实上,法俄两国对此毫不热心。俄国人甚至担忧,土耳其境内的亚美尼亚革命运动会刺激他们建立一个新民族国家的野心,从而危及俄国对于东亚美尼亚的统治。如果亚美尼亚真的自治,它很可能会成为又一个保加利亚,成为另一个"忘恩负义"的国家。①

在这一系列外交努力失败后,索尔兹伯里不得不重新拾起当年迪斯累利处理保加利亚大屠杀的方式,即一边公开表示对土耳其残暴统治的厌恶,一边却抛开人道、公正的说教,屈从于地缘政治利益。"索尔兹伯里终于开始反对那些起到相反效果的'无力威胁',认为不管基督徒的情绪如何,'政治科学的一般法则'必须占据上风。他最终裁定,不能因为公开同情亚美尼亚人,而加剧紧张局势。"②问题是,土耳其人还能够维持其四分五裂的帝国版图吗?

对于这个问题,索尔兹伯里早已不像二十年前的迪斯累利那样有信心。他曾设想过,万一奥斯曼帝国崩溃,俄国势必获得黑海出海口,届时英国应与奥匈、德国联合起来瓜分土耳其剩下的领土,以获得补偿。但这一提议,在德国人那里遭到了冷遇。

亚美尼亚大屠杀事件,进一步暴露了英国与德、奥两国的矛盾。《地中海协定》将于1897年到期,自1896年1月起,英国与三国同盟开始了艰难的续约谈判。"德、奥此时不想简单续约,而要

---

① Donald Bloxham: *The Great Game of Genocide: Imperialism, Nationalism, and the Destruction of the Ottoman Armenians*, p.54.
② Donald Bloxham: *The Great Game of Genocide: Imperialism, Nationalism, and the Destruction of the Ottoman Armenians*, p.54.

第六章　英国的外交转型与俄国的远东扩张(1889—1904)

签订新约。他们企图利用亚美尼亚危机后英国对土耳其的担忧进行敲诈勒索,迫使英国承担军事同盟的义务,并最终加入三国同盟,达到他们1887年以来孜孜以求的目的。"① 然而,英国的态度是绝对不能比现有条约走得更远。两方矛盾无法调和,因此1897年初,运行了十年之久的《地中海协定》遂告终止。

《地中海协定》续约失败,对于英国的外交影响深远。按照英国军方的规划,英军如果想要阻止俄国占领君士坦丁堡,首先需要让德、奥、意三国迫使法国中立。随着《地中海协定》的终止,德、奥、意三国已经不负有帮助英国牵制法国的义务,这意味着英国海军已不可能在法俄同盟的攻击下保卫君士坦丁堡,或阻止俄国舰队进入地中海。因此,他们不得不退而求其次,把东方政策的重心从土耳其海峡,转到了苏伊士运河。影响更深远的是,德国人失去了抓住英国的最有利时机,从此以后两国越走越远。

需要指出,英国政界、军界都高估了法俄同盟对地中海的军事威胁,"他们忘记了对手的虚弱,而只看到了自身舰队的虚弱。法国海军,尽管理论上令人敬畏,却始终受到政治干预和战略争论的困扰","俄国海军境况更糟,其舰队中战舰的速度和大小参差不齐,水手们由于长期局限于陆上,缺乏必要的操炮实践甚至基本的航海技巧,无以抗衡其英国对手"。② 相反,"大博弈"中的前进政策派倒是已经意识到,俄国人越来越把跟英国对抗的重心转移到中亚。或者说,俄国人会不会挑起东方问题,往往取决于他们能不能解决中亚问题。例如马尔文在1883年《抵达谋夫和赫拉特的俄

---

① 赵军秀:《英国对土耳其海峡政策的演变:18世纪末至20世纪初》,第115页。
② 〔英〕保罗·肯尼迪:《英国海上主导权的兴衰》,第193页。

国人》一书的结尾处,总结道:

> 综上所述,我们的政治家必须永远铭记,尽管1878年土耳其沦陷的事务受到外交讨论时,俄国针对印度的威胁仍被认为是微不足道的,但到目前为止,中亚的地位已经发生了改变,俄国将不会在东方问题上与英国敌对,除非它成为她在印度打击我们的首要力量,甚至是唯一力量。①

此时,英俄两国已经开始了对中亚最后一块"无主地"的划分。至1895年3月11日,趁中国甲午战败无暇西顾之际,英俄私下签订了瓜分帕米尔的协议,基本完成了这个过程。

第二节 俄国的远东扩张与英日同盟的建立
（1897—1902）

1895年4月17日中午,李鸿章代表清政府与日本签订了丧权辱国的《马关条约》,世界舆论为之震动。其中最为敏感的肯定是俄国人。打开地图便可发现,日本如果既占领了辽东半岛,又控制了朝鲜,就不啻扼住了俄国太平洋舰队的咽喉。日本人只要愿意,就可以随时封闭对马海峡,把俄国舰队关在海参崴。

在《马关条约》尚未签字之时,4月11日(俄历3月30日),沙

---

① Charles Marvin: *The Russians at Merv and Herat, and Their Power of Invading India*, London: W. H. Allen & Co., 1883, p.416.

第六章 英国的外交转型与俄国的远东扩张(1889—1904)

皇亲自主持特别会议,专门商讨对策。会议决定,"为求保持中国北部的原来状态,先以友好态度劝告日本,放弃占领南满的念头,因为这种占领侵害我们的利益,同时对于远东和平将成为一种经常的威胁"。①《马关条约》签字当天,俄国外交大臣罗拔诺夫-罗斯托夫斯基(Алексéй Борúсович Лобáнов-Ростóвский)立即争得了法、德两国的同意,三国决定采取步调一致的行动。六天以后,4月23日,三国政府向日本发出警告,要求其放弃辽东半岛,并限其十五日内做出答复。5月4日,日本回复三国,接受"劝告",放弃对辽东半岛的永久性占领。

无疑,俄国人对中国的"友谊",绝不会仅仅停留在迫使日本归还辽东半岛这一件事情上,他们还想要"帮助"中国偿还战争赔款。在财政大臣谢尔盖·维特(Сергей Юльевич Витте)的运作下,俄法两国合办华俄道胜银行,专门负责向清政府提供贷款。通过该银行,俄国人不费吹灰之力就从清政府手里拿到了代收税款、铸造货币、铺设铁路、开设矿山等一系列特权。

沙俄政府对中国的"友好举动",一时间令李鸿章、张之洞等封疆大吏、洋务干将喜出望外,似乎这是"以夷制夷"战略的一次伟大胜利。"联俄制日"的呼声遂不绝于朝堂之上。在这样的氛围中,李鸿章开启了他的"联俄"之旅。这次没有英国顾问教唆,"东方的俾斯麦"终于有机会独立地展现自己超凡绝伦的外交才干了。

---

① [俄]维特:《维特伯爵回忆录》,[美]亚尔莫林斯基编,傅正译,北京:商务印书馆,1976年,第65页。

一、《中俄密约》与瓜分狂潮

1896年5月18日,新沙皇尼古拉二世举行加冕大典。尝到甜头的俄国政府特别指定清廷委派李鸿章为特命全权大使,前往圣彼得堡观礼。维特说:"中国派遣这样一位高级官员来参加典礼,为的是对于我们的年青的皇帝所予中国的种种恩惠表示感谢。"①俄国"有恩"于中国,向中国提点政治上和经济上的要求,有何不可?

沙皇对李鸿章的来访做足了功课,他甚至在维特的建议下,专门派遣乌赫托姆斯基公爵(Esper Esperovich Ukhtomsky)远赴苏伊士运河北口塞得港(Port Said),迎接这位清朝的中堂大人。维特坦承:"我已经得知英德奥各国都很想笼络李鸿章,他们要他经过西欧前往圣彼得堡。与此相反,我则希望他在到达俄国以前,不要涉足任何欧洲国家,因为我很清楚,李鸿章一旦到了欧洲,一定会成为欧洲政治家们各种各样谋略的目标。"②位高权重好哄骗,这样的人物哪个国家不喜欢?

俄国人成功了,在他们的迎接下,李鸿章果然没机会再涉足其他欧洲国家。"虽然欧洲各国都纷纷邀请李鸿章到它们的港口登岸,但他却搭乘了俄国商业轮船公司为我们特别准备的一只轮船——'俄罗斯'号,直赴敖德萨(按,Odessa)。"③距加冕大典不到

---

① 〔俄〕维特:《维特伯爵回忆录》,第66—67页。
② 〔俄〕维特:《维特伯爵回忆录》,第67—68页。
③ 〔俄〕维特:《维特伯爵回忆录》,第68页。敖德萨,乌克兰东部城市,濒临黑海。

第六章　英国的外交转型与俄国的远东扩张(1889—1904)

三个星期时,4月30日,李鸿章抵达圣彼得堡,受到俄国朝野热情款待,其规格远远超过当年崇厚出使。想必还处在"联俄制日"美好幻觉之中的李鸿章,也像当年的崇厚一样如沐春风,切实感受到了俄国人"真挚的友谊"。

中堂大人刚刚抵达圣彼得堡,维特就在会谈中向他表露了俄国政府的美好愿望:把西伯利亚大铁路远东一段,与中国东北连接起来。狡猾的维特告诉李鸿章:俄国一直计划在紧急情况下给予中国军事援助,奈何俄军主力都在欧洲,"在欧洲的俄国和符拉迪沃斯托克没有用铁路同中国连接起来之前,我们就不能进行这种援助"。为此,他悄悄地向李氏透露,甲午战争期间,俄国人已经调动军队,随时准备援助中国抗击日本,"但因没有铁路运输,行动过于迟缓,以致当他们到达吉林时,战事已结束了","为维护中国领土的完整,必须有一条路线尽可能最短的铁路,这条路线将经过蒙古和满洲的北部而达符拉迪沃斯托克"。① 言下之意,要是这条铁路早点通车,中国也就不需要向日本割地赔款了,况且日本这次被迫放弃辽东半岛,绝不会善罢甘休,如果未来日本再度入侵,中国还要再次受辱吗?

维特大谈铁路对于"联俄制日"的重要性,无非是要李鸿章答应俄国人的要求。俄国人葫芦里卖的什么药,谙熟洋务的李鸿章难道不知道吗?他当然不知道,除非他有意卖国!这位"东方的俾斯麦"对于俄国人的铁路计划仅仅提出过一点质疑,即铁路的管辖权应该不能归属于俄国政府部门。

---

① 〔俄〕维特:《维特伯爵回忆录》,第69页。

这个问题很好解决：俄方出面成立一家"私营"公司，名为"中东铁路公司"，"这个机构自然是完全属于政府的，但因为名义上它是一个私营的公司，所以受财政部的管辖"。① 此外，相关内容还包括：

> 中国同意割让给我们一条足以建筑和经营这条铁路的狭长的土地。在这片土地以内，铁路公司可以自置警察并行使完全的、不受任何妨碍的权力。关于铁路的修筑或运用，中国不负任何责任。②

注意，维特说得如此直白："割让一条狭长的土地。"也就是说，中俄铁路合同的实质是中国将东北的交通沿线割让给俄国，自己只负责管理东北的偏远农村。

令人诧异的是，从事外交工作多年的李鸿章竟然连这都看不出来。他抵达圣彼得堡仅仅一个月后，就在6月3日与俄国签署了《中俄御敌互相援助条约》，史称《中俄密约》。条约大约有以下五方面内容。

第一，中俄两国中的任何一国与日本发生战争时，中国都有义务向俄国开放沿海各港口。

第二，中国允许华俄道胜银行出资建造一条铁路，该铁路的干线由满洲里途经哈尔滨到绥芬河，支线则由哈尔滨到旅顺港，在地图上呈现为一个大大的"T"字型。这就是后来对中国近代史走向

---

① 〔俄〕维特：《维特伯爵回忆录》，第70页。
② 〔俄〕维特：《维特伯爵回忆录》，第70页。

产生了重要影响的中东铁路。

第三,俄国租借旅顺和大连港,有权在中东铁路沿线附近开设矿山、修建工厂。

第四,俄国租借胶州湾,租期十五年。

第五,东北三省新军编练一律聘请俄国教官。

即令一贯给俄国的侵略野心涂脂抹粉的维特也承认,"帮助"中国修建铁路纯粹是一场骗局:

> 中国让与铁路铺设权的条款对于俄国是非常有利的。条约规定三十六年之后,中国有权赎回铁路,但是赎回的条件是极其苛刻的,以致(至)于中国政府将来很不可能会实行赎回。到第三十七年开始,如果中国政府真想赎回的话,那么依照条文规定,估计要偿付铁路公司不下于七十亿卢布的一笔款。①

这段话也许这么说更合适:"中国割让东北主要领土对于俄国是非常有利的。"前有崇厚,后有李鸿章,足可见所谓洋务派干将到底有几分了解洋务。即令一贯曲意回护李氏的梁启超也忍不住痛骂:"李鸿章一生误国之咎,盖未有大于是者,李鸿章外交之历史,实失败之历史也。"②

这个例子证明了前此李鸿章之所以有过些许看似高明的外交实践,只不过是因为英国利益恰好与中国一致罢了。在没有英国人教育的情况下,这位洋务派重臣就对什么是国家主权一无所知。

---

① 〔俄〕维特:《维特伯爵回忆录》,第73—74页。
② 梁启超:《李鸿章传》,何卓恩评注,武汉:湖北人民出版社,2004年,第139页。

他的"以夷制夷"只是一套在国内自我吹嘘的把戏而已,究其实相:所谓"联英",则英国人说什么都对;所谓"联俄",则俄国人怎么骗都行!

李鸿章自然不会想到,他大笔一挥草草签署的条约,竟给中国带来了长达半个世纪的深重麻烦。这些麻烦直到 1950 年 2 月 14 日,毛泽东与斯大林谈判签署《中苏友好同盟互助条约》时,才基本告以解决。然而作为一个拥有起码智力水平的人,他应该看到,因为自己的无知,中华民族在短短几年内就险些遭受亡国灭种之祸。

精明的英国媒体人不会放过李鸿章身上的任何一个新闻。上海《字林西报》很快通过行贿拿到了《中俄密约》的复制本,并将它全文公开。一时间,国际舆论哗然。西方列强纷纷效法俄国,设租界、放贷款、建铁路、开矿山,划分势力范围,掀起了瓜分中国的狂潮。这个狂潮却引发了英国人的担忧,毕竟他们占有了中国 80% 的市场份额,一个开放的中国市场,而不是列强各自划分势力范围,才最有利于英国人的商业利益。在这里,英国人的开放市场与俄国人的势力范围,两者间的矛盾十分明显地表露了出来。

二、"门户开放"的提出

1950 年,美国"冷战教父"乔治·凯南(George Frost Kennan)受邀在芝加哥大学发表了六场系列讲座,这些旨在回顾美国如何走出孤立主义传统的演讲,专门提及了中国的一件往事。凯南说:

第六章　英国的外交转型与俄国的远东扩张(1889—1904)

"1897年底和1898年初,有一个真实而合理的担忧:中国会被瓜分。"①如果瓜分成为事实,谁将是最大的得利者?英国外交部在一封给沙俄政府的秘密通信中,非常坦率地说出了它的担忧:

> 一个与中国有4000多英里(按,4000英里约合6437千米)陆地边界(其中一部分边境离中国首都很近)的伟大的军事强国,绝不能不对中国地方当局产生相应的影响。女王政府认为以下情形是最为不幸的事情:俄国政府认为必须在渤海湾再控制一个港口,使海湾其他地区无关紧要地继续留在中国主权之下,俄国就控制了通往中国首都的水路,这将使俄国在海上获得与其在陆上已经获得的相同的战略优势。②

毫无疑问,俄国人绝不会理睬英国的担忧,他们也从来没有理睬过英国的担忧。经过大量的争论,1898年春天,英国政府做出了反应:表面上强调维护中国市场统一完整的重要性,私下里则四处谋求与其他国家达成某种特殊的协议,以阻止俄国人南下。但是,英国人还有最后一套方案,如果上述努力都无效,"他们就不得不采用这条路线——在长江流域发展他们自己的势力范围"。③

英国政府曾经想到了美国,1898年3月,它就维护中国市场完整统一的问题与美国政府进行过唯一一次正式接触。通过一封密

---

① 〔美〕乔治·F. 凯南:《美国大外交》(60周年增订版),雷建锋译,北京:社会科学文献出版社,2013年,第30页。
② 〔美〕乔治·F. 凯南:《美国大外交》(60周年增订版),第32—33页。
③ 〔美〕乔治·F. 凯南:《美国大外交》(60周年增订版),第33页。

函,英国人向麦金莱总统(William Mckinley)说明了列强在中国划分势力范围的危险性,询问"万一意外情况发生,美国是否做好准备加入英国来反对这些措施"。① 这大概就是"门户开放"政策的雏形,然而此时美国人正忙着准备发动美西战争,根本没有精力去管中国的事情。英国人的建议没有回音,他们因此采取了第三套方案——与清政府签订《展拓香港界址专条》,强行租用了新界。

现在,"东亚病夫"被置于了一个跟"欧洲病夫"相同的位置。俄国人尽可能地在靠近其边境的地区扩大势力范围,英国人则要出面保持这两个"病夫"的领土完整。如果没有什么能够抵挡它们崩溃,那么英国人也会参与到瓜分的行动中来。英俄两国对"中国问题"也奉行与"东方问题"一样的逻辑。

所有这一切令海关总税务司赫德忧心忡忡。德国强占胶州湾、俄国租借大连湾、法国获取广州湾,就连英国也占据了威海卫。各强国的商品将分别从它们占据的口岸,免税涌入中国。这意味着,中国海关将被这些势力范围完全架空,维系国家统一的经济基础将彻底瓦解。赫德怎能不心急如焚呢?

此时美国人刚结束美西战争,侵占了菲律宾。1898年9月,美国总统麦金莱任命海约翰(John Milton Hay)担任国务卿,此时他甚至没有一位关于远东事务的顾问。当年底,海约翰把驻希腊公使柔克义(W. W. Rockhill)召回了华盛顿。这位柔克义曾担任过美国驻华公使秘书和驻朝鲜参赞,已经是当时屈指可数的中国问题专家了。次年6月,柔克义的一位好朋友在从北京回国休假的途

---

① 〔美〕乔治·F. 凯南:《美国大外交》(60周年增订版),第36页。

第六章 英国的外交转型与俄国的远东扩张(1889—1904)

中路过了华盛顿,他叫贺璧理(Alfred Edward Hippisley),在中国海关总税务司任职,是赫德的副手。据贺璧理后来的说法,"此行目的是设法拟定某种关于中国的计划"。①

贺璧理对柔克义建议,美国政府应"竭尽所能针对中国的普通商品坚持门户开放政策"。按照他的说法,"利益范围是存在的,而且应当被视为是一个既存的事实。只要它们只适合用于铁路和采矿特权,那就一切正常。但是,如果人们开始将这一概念扩展至海关待遇,那么就将出现危险了"。因此,贺璧理请求美国人就算为了自己的利益考虑,也要出面维护中国海关,也要敦促其他列强做出保证:"在它们的利益范围内,它们不会干涉条约口岸(也就是海关总税务司设有机构的口岸);中国的条约关税应当不加区别地适用于所有进入各自势力范围的商品。"②

这些建议被柔克义顺利传达给海约翰,8月7日,国务卿在给柔克义的信中表示,"我充分意识到你所说的事情的至关重要性","我已经做好了行动的准备。但是部分'议会和人民'的无知的偏见迫使我们谨慎行动"。但事实证明,这些"无知的偏见"远没有海约翰设想的那么大,国会很快通过了上述动议。8月24日,海约翰授权柔克义去推进贺璧理的建议。③

从9月到12月,美国国务院先后训令驻英、俄、德、法、意、日等六国的大使,向各驻在国递交了一份照会。这就是中国近代史上

---

① 詹庆华:《略论英人贺璧理与"门户开放"政策的形成》,《历史教学》1996年第2期,第45页。
② 〔美〕乔治·F. 凯南:《美国大外交》(60周年增订版),第41—42页。
③ 〔美〕乔治·F. 凯南:《美国大外交》(60周年增订版),第42页。

有名的"门户开放"政策。它大概由三项原则构成:(1)各国对他国在中国的利益范围,一概不加干涉;(2)中国现行的税则适用于所有势力范围内的一切口岸(自由港除外)所装卸的货物,不论其属何国籍,各项关税都只能由中国政府征收;(3)各国在势力范围内对他国船只的入港费或他国货物的运输管理费,均不得高于本国船只的入港费或同类货物的运输管理费。

这三条原则几乎一字不差地出自贺璧理提交的备忘录,甚至有传言说贺璧理之所以策动美国政府提出"门户开放"政策,乃是因为受了英国政府的指派。不管这个传言是否准确,至少我们可以说,真正规划"门户开放"政策的不是美国人,而是由英国人掌管的中国海关。

列强对于"门户开放"的反应不一,意大利表示"欣然赞同",英国表示"有条件地赞同"(毕竟中国海关主要集中在它的势力范围内),法德等国也表示"谨慎地赞同",俄国则完全置之不理。不过对于中国而言,"门户开放"客观上叫停了列强进一步瓜分中国的脚步,至少为中国保住了统一的海关。

令人好奇的是,凯南在回顾美国外交史和鼓吹遏制苏联时,为什么不惜篇幅地谈论中国的事情呢?他在总结此事时说道:

> 通过如此作为,海约翰开创了一个先例,这个先例从那时起注定会折磨美国外交实践至少半个世纪,或许——就我所知——仍将在另一个五十年里继续折磨美国外交。[①]

---

① 〔美〕乔治·F.凯南:《美国大外交》(60周年增订版),第45页。

第六章 英国的外交转型与俄国的远东扩张(1889—1904)

深受英国、德国地缘政治理论和国际关系理论影响的乔治·凯南也许会对"门户开放"政策鄙夷不屑,但不应否认,直到今天为止,美国主流学术界仍然把美苏冷战的根源归结为"门户开放"与划分势力范围之间不可调和的矛盾。例如拉费伯尔(Walter Lafeber)在一部再版了十几次的美国大学教材中说道:

> 俄国人在兼并了亚洲的土地之后就关闭了这些地方的市场,将他们无力与之竞争的外国商人排除在外,以此确保对帝国领土的控制。这就预示了两国在19世纪90年代的问题:美国相信,美国要保持繁荣,中国富庶的满洲地区的贸易的"门户开放"就会越来越有必要;而俄国人则决心对满洲的一些地方实施殖民并予以关闭。两个相互敌对的体系相互对抗,这种对抗的严重程度接近两者1945年在东欧的对抗,其原因也是庶几类之。①

冷战史权威约翰·加迪斯(John Gaddis)也指出:

> 第一,到1900年,技术发展与东亚地区权力真空一道,诱使美国在远超出其领土的地方宣称其权威,导致了与俄罗斯帝国所认识到的地缘政治利益冲突。第二,此期的美国政府逐渐放弃了传统的观念,即其他国家的内部特征不会对其外

---

① 〔美〕沃尔特·拉费伯尔:《美国、俄国和冷战》(修订第10版),牛可等译,北京:世界图书出版公司,2014年,第2页。

部关系产生影响。

....

  当然,华盛顿的反应是"门户开放"政策,显然这是历史一贯手法的一个例子,即通过宣布公正不阿来追求自身利益。那一战略反映的到底是天真的理想主义还是狡猾的算计,人们可能如同美国历史学家一样充满分歧;也可能是二者兼有。毫无疑问,对从经济上进入中国,并保持中国领土完整的美国利益的肯定,与俄国在1896年后与中国人达成的安排所建构的势力范围——四年后在义和团起义中俄国加以单方面扩展——是相抵触的。①

我们也可以说,"门户开放"与"势力范围"之间的冲突同样是19世纪英俄冷战的重要逻辑。

  不过必须特别强调,两者之间的对立并不是绝对的,无论是英国还是美国,当它们的"门户开放"政策遭到强有力的抵触时,都完全有可能随即参与到瓜分势力范围的行列中去,在势力范围得到巩固时,则完全可能进一步提出"门户开放"政策。"门户开放"与"势力范围"的相互转换,构成了19—20世纪英美帝国主义扩张的历史基调。这正如卡尔·施米特所说:"门罗主义是美国最为严厉的孤立和中立政策,它与全球干涉政策、世界大战政策相互衬托,

---

① 〔美〕约翰·刘易斯·加迪斯:《长和平——冷战史考察》,潘亚玲译,上海:上海人民出版社,2011年,第4页。

可谓刚柔相济。"①

如果说强大的舰队和众多的商船是保障"门户开放"的物质力量,那么密布的铁道网和大量的火车头就是保障"势力范围"的物质力量。英国战略家最敏感的不是俄国的海军,而是俄国的铁路。

三、俄国铁路对于英国海权的挑战

霍布森(John Atkinson Hobson)之所以把1870年代视为西方国家从殖民主义走向帝国主义的转折年份,很大程度上在于从1870年代开始,英国的海外扩张再度进入了快车道。"1871年至1900年,英国为她的帝国又添加了425万平方英里(按,约1101平方千米)的土地和660万人口。"②相对于其他列强而言,英国人"在抢夺中表现得最好",这使得他们能够每年从殖民地收回2亿英镑的利润"用于弥补有形贸易方面日益增加的逆差"。③

必然随之产生的一个严峻问题是,英国的军事力量越来越不足以防御这些远离本土的海外殖民地了。一边在地中海要面对法俄同盟的挑战,另一边还有世界各地的商业利益需要维护,任它再庞大的军队都不免会捉襟见肘。世纪之交时,海军情报部在一份报告中概括了皇家海军自1889年以来受到的挑战:

---

① 〔德〕卡尔·施米特:《禁止外国势力干涉的国际法大空间秩序》,方旭译,林凡校,载娄林主编:《经典与解释(51):地缘政治学的历史片段》,北京:华夏出版社,2018年,第100页。
② Thomson: *Europe since Napoleon*, p.498. 转引自〔英〕保罗·肯尼迪《英国海上主导权的兴衰》,第195页。
③ 〔英〕保罗·肯尼迪:《英国海上主导权的兴衰》,第195—196页。

由于美国、阿根廷、智利海军的崛起,英国舰队之前在北美——西印度群岛地区所拥有的优势已经消失殆尽,在北美它们已经被美国舰队"完全远远地超过",而在西印度群岛它们比三支海军中的任何一支都弱。在美洲的东南海岸,英国的舰队也弱于巴西和阿根廷的舰队。之前中国地区拥有的主导权已经转移给了日本;在1889年还远远强于法—俄联合海军的英国舰队10年之后却"几乎不是他们的对手"。①

这个症候早在1885年的平狄危机中,就已经初现端倪:英国在亚洲的力量根本不足以保卫印度,只能通过在东地中海的局部优势牵制俄国对赫拉特的威胁。十几年来,这种症状非但没有得到缓解,反而愈演愈烈。下表中战列舰数量的对比,可以清晰地反映出英国海军的窘迫境地:②

1883和1897年各国战列舰数量

国家	1883年战列舰数量	1897年战列舰数量(包括在建的)
英国	38	62
法国	19	36
德国	11	12

---

① Marder: *Anatomy*, p.351. 转引自〔英〕保罗·肯尼迪《英国海上主导权的兴衰》,第224页。
② 表格引自〔英〕保罗·肯尼迪《英国海上主导权的兴衰》,第225页。

续表

国家	1883年战列舰数量	1897年战列舰数量(包括在建的)
俄国	3	18
意大利	7	12
美国	0	11
日本	0	7

从总量上说,无论是1883年还是1897年,英国都拥有世界上最强大的海上力量。但这些海上力量必须平摊到世界上的各个角落,以应对其他强国在任何时间任何地点可能对它发起的挑战。所以对于英国人而言,总量上的优势没有任何意义,他们必须在每一个局部地区都保持优势。这样看,从1883年到1897年的变化是明显的。1883年英国的战列舰数量几乎是其他大国的总和(38对40);而1897年时,"这种轻松的比例已经荡然无存(62对96)"。①

或者可以这么说,英国人如果还想尽可能地保持那些过于庞大的海外殖民地,就不能再仅仅依靠自己的力量了。"光荣孤立"的政策必然走向终结,问题只在于,什么事件会成为英国放弃"光荣孤立"的导火索?它又将首先在哪里突破该框架的限制?

自从1880年代以来,马尔文等前进政策派就认定,亚洲铁路才是俄国扩张计划的重中之重。截止到19世纪末,俄国人已经向波

---

① 〔英〕保罗·肯尼迪:《英国海上主导权的兴衰》,第226页。

斯湾方向延伸了 2700 英里(约 4345 千米)铁路。① 更大的威胁在于,俄国人从来都没有想过把铁路计划仅仅局限在跨里海地区。

克里米亚战争让俄国人意识到铁路运输对于现代军事的巨大作用,因此 1856 年以后,俄国人就开始了他们大规模兴建铁路的计划。然而这一时期俄国铁路建设主要依赖于民营资本,"一时间,打着新建铁路旗号的各类投机企业纷纷成立,通过贪污和盗用国家扶植资金,一夜暴富的大有人在"②。

涉及铁路建设和运营的主管部门有三个:交通部负责立案审批,财政部负责拨付扶植资金,监察部负责监管资金使用。为了协调三者的运作,1878 年 4 月,"监察部要求成立由 3 名监察部人员、2 名交通部人员和 1 名财政部人员组成的特别办公室",专门负责统一领导全国铁路建设。③ 从人员构成来看,监察部的比重最大,显然它是要把统筹铁路建设和运营的权力捏在自己手里。这个提议当然遭到了交通部和财政部的联合抵制。但在沙皇亚历山大二世的亲自拍板下,提议还是得到了通过。自此以后,俄国铁路建设和运营的效率迅速得到提升,"如莫斯科至布列斯特铁路段 1881—1884 年的年均纯收入为 198.1 万卢布,监察部接手后的 1885—1888 年,年均纯收入提升至 372.3 万卢布",迅速翻了一倍。

然而,监察部的强项不在于推动铁路技术或管理制度的进步,

---

① S. Mahajan: "The Defence of India and the End of Isolation. A Study in the Foreign of the Conservative Government, 1900–1905", *The Journal of Imperial and Commonwealth History*, Vol.10, No.2(Jan., 1982), p.169. 转引自赵军秀:《英国对土耳其海峡政策的演变:18 世纪末至 20 世纪初》,第 122 页。
② 赵恺:《罗曼诺夫王朝衰亡史》(修订版),长春:吉林文史出版社,2018 年,第 69 页。
③ 赵恺:《罗曼诺夫王朝衰亡史》(修订版),第 70 页。

第六章 英国的外交转型与俄国的远东扩张(1889—1904)

而在于通过严格的政府审计逼迫铁路公司吐出更多的利润。利益受损的铁路公司便以此为由,与交通部串通一气,大肆攻击监察部人员不具备铁路专业知识。在他们的影响下,1887年6月16日,沙皇亚历山大三世同意将铁路运营监管权从监察部调出,归交通部和财政部联合行使。不幸的是,这一变化丝毫没能使铁路运营管理状况得到改善,反而让它越来越糟。1888年,亚历山大三世乘坐的专列竟然在哈尔科夫(Харьков,今乌克兰东北部城市)发生出轨事故,足见其管理混乱到了何种地步。①

这令沙皇痛下决心,严肃整治俄国铁路管理。在这个背景下,谢尔盖·维特脱颖而出。他不是贵族或高官家庭出身,具有丰富的基层工作经验,在交通部和财政部都有任职的经历和广泛的人脉,受到这两个部门的共同认可。1889年,维特被任命为铁路局局长,1892年2月升任交通大臣,同年8月改任财政大臣,1903年8月又被任命为大臣会议主席,1905至1906年出任总理大臣,至此达到了人生的巅峰。

在维特雷厉风行的改革之下,俄国的铁路建设和运营管理能力得到了迅速的提升,西伯利亚大铁路更是他的杰作。诱骗李鸿章签署《中俄密约》则体现了此人不仅善于管理铁路,还具有非凡的外交才华和战略眼光。维特对于英国海洋霸权造成的挑战,只消看看麦金德的论述便可见一斑。

日俄战争爆发前夜,1904年1月25日,麦金德在英国皇家地理学会宣读了著名的论文《历史的地理枢纽》。其中特别提到:

---

① 赵恺:《罗曼诺夫王朝衰亡史》(修订版),第71页。

> 现在俄国取代了蒙古帝国。它对芬兰、斯堪的纳维亚、波兰、土耳其、波斯、印度和中国的压力取代了草原人的向外出击。在全世界,它占领了原由德国掌握的在欧洲的中心战略地位。除掉北方以外,它能向各方面出击,也能受到来自各方的攻击。它的现代铁路机动性的充分发展,只是一个时间问题而已。任何可能的社会变革,似乎都不会改变它和它的生存的巨大地理界线之间的基本关系。①

在古代社会,广大农耕地区还有可能抵御来自亚洲腹地游牧民族的攻击,但随着铁路的机动性代替骡马的机动性,蒙古帝国的现代继承人俄国,将会完全支配欧亚大陆的那些古老农耕文明。麦金德的说法不论是否危言耸听,都代表了英国各界对于俄国铁路的担忧。

现在维特已经将其庞大的铁路计划延伸到了中国东北。至麦金德发表论文时,西伯利亚大铁路只差贝加尔湖一带的100多千米就要全线贯通了,届时从彼得堡到塔什干,从奥伦堡再到海参崴,俄罗斯帝国将连成一片。这意味着如果再不出手,很快就将没有人能阻挡沙俄统治亚洲了。

谁才是阻挡俄国人前进步伐的可靠力量?英国皇家海军?根本不可能,军舰不会上陆地,英国人必须要在陆地上找一个可靠的帮手。谁才是可靠的帮手?

---

① 〔英〕哈·麦金德:《历史的地理枢纽》,林尔蔚、陈江译,北京:商务印书馆,1985年,第60页。

四、《英德协定》下的汹涌暗流

对于上述问题,英国人的首选肯定是德国。这不只是因为德国把法俄同盟视为致命威胁,更是因为它统一以后就对亚洲表现出了越来越浓厚的兴趣。德国人对亚洲的兴趣当然会与英国产生矛盾,但如果处理得当,他们未尝不是英国在亚洲制衡俄国的可靠帮手。

然而摆在面前的最大障碍是,德国的统治者往往喜欢展现出与其能力不相称的野心。据说俾斯麦曾评价威廉二世:"皇上像只气球,不把线抓紧,就不知道过一会儿他要飞到哪里去。"按照保罗·肯尼迪的说法,这个"气球"开始自我放飞,不是在1890年他解除俾斯麦职务之时,而是在1897年,"因为正是在这一年,德皇威廉二世'个人统治'依赖的那些人都设法将自己运作到国家的关键岗位上","威廉二世拥有了他需要的能够协助其实现野心的政治家,其野心包括在世界事务中发挥主导作用、建立一支庞大的舰队、实现国内团结和稳定政治现状"。①

标志性事件就是1897年11月13日,威廉二世借口传教士被杀,出兵占领胶州湾。维特曾抱怨这个轻率的举动将会给亚洲带来无穷无尽的麻烦,"在那些日子里,德皇和德国外交家们都明显

---

① 〔英〕保罗·肯尼迪:《德国的世界政策与英德结盟谈判(1897—1900)》,载吴征宇编译:《〈克劳备忘录〉与英德对抗》,桂林:广西师范大学出版社,2014年,第203页。

地竭力要把我们拖进远东的冒险行动中去"①。按照维特的说法,他曾经努力劝诫沙皇尼古拉二世不要因为德国人的草率和狂妄就轻举妄动,通过外交途径要求德国撤军才是上上之策。

不幸的是,多数官员都站在了军方和外交大臣穆拉维约夫伯爵(Михаил Николаевич Муравьёв,1896年罗拔诺夫去世后继任外交大臣)一边,毕竟俄国人太想要在远东获得一个不冻港了。沙皇曾这样向维特解释自己步德国人后尘,出兵占领旅顺港和大连湾的举动:"外交大臣报告我说据他得来的消息,英国军舰已经在这两个港口外巡弋,如果我不占领,英国人就会去占领的。"②

倘若维特转述不误,则胶州湾事件的直接后果将是英俄进一步对抗。在这里,威廉二世无形之中为英俄矛盾推波助澜。为对抗法俄同盟这个潜在的对手,英德两国从1898至1901年,仍然时断时续地进行着结盟谈判。

1899年,义和团运动的燎原之火烧遍华北。次年6月21日,清政府以光绪皇帝的名义,向英、美、法、德、俄、奥、日、意,以及西班牙、荷兰、比利时十一国同时宣战。俄国乘机派兵占领东北地区,用陆军大臣库罗帕特金的说法就是,"就我来说,我很高兴。这将给我们一个占据满洲的借口","我们将把满洲变成第二个布哈拉"。③

另一方面,狡猾的俄国人又在八国联军占领北京后,上演了一出"单独撤军"的好戏,即未经与其他七国协调,就率先从华北地区

---

① 〔俄〕维特:《维特伯爵回忆录》,第81页。
② 〔俄〕维特:《维特伯爵回忆录》,第77—78页。
③ 〔俄〕维特:《维特伯爵回忆录》,第83页。

撤出了自己的军队。不用说,这番表演再一次打动了李鸿章等清政府内的亲俄派。一方面强占东北,另一方面又在从北京撤军上演技十足,俄国人既掠取了新的领土,又博得了清廷实权派的好感。

为了应对俄国的单方面行动,保住双方在华利益,1900年10月16日,英德两国签署关于中国的协定,史称"英德协定",又称"扬子江协定"。该协定一边重申"门户开放"和"维护中国领土完整"原则,反对俄国割占东北,一边又私下分割了长江流域的势力范围。可以说,照这个路子下去,英德两国将首先在亚洲形成反俄同盟。

然而,这却成了英德合作的尽头。英国人希望在亚洲与德国联合,以便在俄国入侵印度时有可靠的帮手。德国人则希望在欧洲与英国联合,以避免与法俄两线作战的风险。双方的诉求相差很远。四个月后,德国政府突然宣布"英德协定"不适用于满洲,"不愿意为日英两国火中取栗",英国"用它对付俄国的策略也落空了"。[①] 对于英国而言,现在只能在远东追求"英日同盟",而非"英德日同盟"了。

尽管如此,这也不代表英德两国没有走上结盟道路的可能。但是威廉二世对海外殖民地的狂热癖好,最终使两国反目成仇。保罗·肯尼迪指出:"1897年以后的几年里,德国政府主要关注的是中国,更具体地说,是关注那些'垂死'国家的但却是英国人通常竭力要保护其不受到德国占领的殖民领土,即这段时间内经常在

---

① 穆景元、毛敏修、白俊山编著:《日俄战争史》,沈阳:辽宁大学出版社,1993年,第107页。

柏林的外交备忘录和战略估算中凸显的葡萄牙人、西班牙人、荷兰人和丹麦人的殖民地。"①

这就意味着，至迟从1897年德国强占胶州湾开始，英德关系就陷入了这样的僵局：在欧洲以外的地方，英国想要与德国合作，德国则试图挑战英国，二者的分歧反过来影响到了欧洲内部的政治格局。德国的挑战在1907年初，被一份叫作《克劳备忘录》的绝密文件说得明明白白。

五、《克劳备忘录》与英日同盟

1907年1月1日，英国外交部高级职员艾尔·克劳（Eyre Crowe）提交了一份《关于英国与法德两国关系现状的备忘录》，简称《克劳备忘录》。这份备忘录在提交之初并没有引起英国官方的重视，但随着时间的推移，它的重要价值越来越得到凸显，"一战爆发前德国对外政策的发展及英德对抗的形成实际上验证了克劳的论断，即德国虽然并非旨在取得全面的政治霸权和海上优势，但它却无意中正在朝这个目标迈进"。因此，有学者甚至将这份备忘录与乔治·凯南四十年后的"长电报"和《苏联行为的根源》相提并论，差别只在于："凯南对美苏冷战的形成产生了直接并且是决定性的影响，克劳却完全是因为历史发展验证了他的论断从而为后

---

① 〔英〕保罗·肯尼迪:《德国的世界政策与英德结盟谈判（1897—1900）》，载吴征宇编译:《〈克劳备忘录〉与英德对抗》，第206页。

世所敬仰。"①

克劳在这份备忘录中坦率地指出,德意志帝国的根本精神源自普鲁士精神,而普鲁士精神的核心原则就是占有新的土地和控制新的人口,这至少从腓特烈大帝抢夺西里西亚开始就已经注定。不同的是,在普鲁士王国时代,扩张仅限于在中欧地区获得更多的生存空间,到了德意志帝国时代,扩张就成了全球性的事业。用克劳本人的话说:"普鲁士说,'我想要更多的领土',新的世界政策说,'德国必须拥有殖民地'。""一个殖民帝国的梦想已经深深植入德国人的想象中。"②

尽管英德两国一直在进行断断续续的结盟谈判,但合作的假象并不能掩盖这样一个根本性的矛盾:德国对于海外殖民地的渴望必然与英国的自由贸易传统相互冲突。克劳特别提到了中国,1897年的"胶州湾事件"浓缩了英德两国不可协调的矛盾。他说道:

> 1895年,在事先没有与英国进行任何沟通的情况下,德国试图从中国政府手中获得一个加煤站,地点就是位于长江口的舟山群岛,但众所周知,英国此前已经通过条约确立了自己在舟山群岛的优先权。德国获得胶州湾的方式,无论按照任何公认的政治标准都可以被认为是多么无理,但也没有比那

---

① 吴征宇:《导论:〈克劳备忘录〉与英德对抗的起源》,载吴征宇编译:《〈克劳备忘录〉与英德对抗》,第7页。
② [英]艾尔·克劳:《关于英国与法德两国关系现状的备忘录》,载吴征宇编译:《〈克劳备忘录〉与英德对抗》,第47—48页。

些在条约中声称要尊重中国的领土完整和主权独立的其他列强更引起英国的关切。但德国不满足于获得胶州湾,它还计划吞并整个广博富饶的山东省。德国之所以能够从中国政府手中获得种种特权,很大程度上是因为它保证这些要求得到了英国的支持,但毫无疑问,英国从没有收到任何的通知或咨询,且人们都知道,英国坚决反对那些违背自己条约权利的规定,这些规定旨在将英国的贸易和企业排挤出这个重要省份(山东)。①

这么说来,德国对于势力范围的渴望在本质上与俄国没有区别,两者都是英国自由贸易政策的敌人,只不过德国想在山东关闭市场,而俄国想在东北关闭市场。尽管英德两国为了抵御俄国独霸中国北方,而采取了有限的合作,但这种合作不可能长久。

英德两国之所以在表面上还维持着友谊,只是因为德国人采取了特殊的外交政策,拖延了矛盾的总爆发。克劳指出,为了避免两线作战,德国人必须拉拢英国牵制法俄同盟。但俾斯麦很清楚,英国人不会轻易放弃"光荣孤立"政策,不会轻易地与任何一方结盟,那么他就必须采用一些恐吓的方式使英国不敢远离德国。他决心让英国明白:"与德国进行合作将给予英国免遭国际麻烦的自由与安全,但拒绝与德国合作,则将会引起不光彩的冲突及德国为损害英国利益从而与法国和俄国站在一起的可能性。"以至于"到

---

① 〔英〕艾尔·克劳:《关于英国与法德两国关系现状的备忘录》,载吴征宇编译:《〈克劳备忘录〉与英德对抗》,第63页。

第六章 英国的外交转型与俄国的远东扩张(1889—1904)

俾斯麦卸任时,恐吓和冒犯英国的习惯几乎已经成了德国外交的传统"。①

遗憾的是,"俾斯麦的继任者们几乎没有继承他的政治才能和单一目标,他们似乎已经将这种习惯当成一种政策,而不是一种用来实现终极目标的外交手段"。在这个思维定势下,似乎恐吓英国本身就是目的,"俾斯麦的成功经验已经让他们喜欢上这种方式且不必担心有激起英国持久敌意的风险"。② 在克劳看来,德国人通过要挟两次迫使英国加入《地中海协定》,就构成了他们成功的经验,这些经验又使他们错误地以为,只要持续不断地要挟英国就会万事大吉。

1888年威廉二世访问土耳其,取得了修建并租借海达尔帕夏港(Haydarpasa)和在博斯普鲁斯海峡东岸修筑铁路至安卡拉的权利。③ 至1903年,德国人又试图将铁路往东南方向延伸,经巴格达直达波斯湾。他们的所作所为无疑是要凭借一条新的陆上交通干道,绕开经苏伊士运河、红海通往中亚的海上通道。英国闻讯,朝野为之震动,急忙与科威特酋长达成秘密协定,规定不经英国同意,科威特不得与外国商办铁路修筑事宜,试图阻止德国把铁路从巴格达延伸至波斯湾。英德矛盾僵持不下,德国遂怂恿土耳其远征科威特,英国则派出巡洋舰协助防御科威特,双方几乎兵戎相见。

---

① 〔英〕艾尔·克劳:《关于英国与法德两国关系现状的备忘录》,载吴征宇编译:《〈克劳备忘录〉与英德对抗》,第69—70页。
② 〔英〕艾尔·克劳:《关于英国与法德两国关系现状的备忘录》,载吴征宇编译:《〈克劳备忘录〉与英德对抗》,第70页。
③ 海达尔帕夏港,位于小亚细亚半岛,毗邻马尔马拉海,为伊斯坦布尔市在亚洲的部分,与伊斯坦布尔主城区隔海峡相望。

更具有典型意义的事件发生在南非。1899年10月11日至1902年5月31日,英国与布尔人建立的德兰士瓦共和国和奥兰治自由邦发生了大规模战争,史称"第二次布尔战争"。此役,英国倾举国之力,先后投入兵力达40万之多。但令英国人意外的是,武器装备和训练程度远远落后的布尔人以"全民战争"的形式,让英国正规军焦头烂额。更令英国人愤慨的是,德国人一直在背后支持布尔人的抵抗。威廉二世一方面借此良机敲诈英国,逼迫其于1899年将萨摩亚转让给德国,另一方面又私下提议德法俄三国联合干涉英布战争。

克劳得出上述结论正是出于巴格达铁路和布尔战争的刺激。在他看来,对德国妥协只能助长它恐吓要挟英国的外交习惯,德国人似乎已经认定英国离不开他们了。布尔战争已经让英国意识到,必须寻求新的合作者以替代德国的位置。新的合作者是谁呢?

克劳特别指出了1904年4月8日签订的《英法协约》。这份协约的核心内容是,英国承认法国在摩洛哥的特权,以换取法国承认英国对埃及的保护权,从而解决了两国在东方问题上的最大冲突。但《英法协约》仅限于欧洲和非洲,亚洲的问题如何解决?

早在1885年平狄危机期间,伦敦《泰晤士报》特别通讯员科尔齐赫(Colguhoun)就主张,一旦英俄被迫开战,英国就应该在阿富汗、喀什噶尔及朝鲜问题上同中国联合,必要时还可以在朝鲜问题上实行英中日三国联合。① 甲午战争以后,"英中联合"的呼声就迅速被"英日联合"取代。

---

① [日]鹿岛守之助:《日本外交政策的历史考察》,第51—52页,转引自米庆余:《日本近现代外交史》,北京:世界知识出版社,2010年,第106页。

第六章　英国的外交转型与俄国的远东扩张(1889—1904)

值俄国试图凭借《中俄密约》将东北变为其新殖民地之时，1898年3月17日，英国殖民大臣约瑟夫·张伯伦(Joseph Chamberlain)就在一场晚宴上试探日本公使加藤高明："如果中国北部落到俄国手中，那么不管现今英国或其他人倡导的理论如何，结局都将使中国实际陷入被分割的状况。英国绝不喜欢形势如此发展，英国宁愿中国完整。贵国的希望必然也是如此。总之，贵我两国利害相互一致，处于理应相互合作的地位。"①

如果说《中俄密约》前，"与中国联合""与日本联合"的呼声还主要停留在舆论界，那么《中俄密约》后，"英日同盟"就成了英国决策者的一个重要选项。须知日本不是欧洲国家，它不会像德国那样要求英国过多地卷入欧洲事务，而只可能帮助英国分摊俄国在亚洲带来的压力。在外交大臣兰斯敦侯爵(Marquess of Lansdowne)看来，"英日同盟不仅能使日本在远东牵制俄国，解除英国在远东的后顾之忧，使英国集中考虑印度防御问题，英日同盟还可作为手中的筹码，促成英俄的接近和对话，并加强英国在英俄对话中的地位"。②

1902年1月30日，英日两国在伦敦签署《英日同盟条约》，史称"第一次英日同盟"。条约第2条规定，"当日本与第三国'进入'战争状态时，英国必须'严守中立'"；第3条规定，"当一国或数国加入第三国时，英国必须参战"。③ 这里的"第三国"基本可以等同

---

① 〔日〕鹿岛守之助:《日本外交政策的历史考察》，第91—92页，转引自米庆余:《日本近现代外交史》，第107页。
② 赵军秀:《英国对土耳其海峡政策的演变:18世纪末至20世纪初》，第128页。
③ 〔苏〕鲍·亚·罗曼诺夫:《日俄战争外交史纲(1895—1907)》上册，上海:上海人民出版社，1976年，第231页。

于俄国,"一国或数国加入第三国"则可以视为法国加入俄国一方攻击日本。也就是说,日俄发生战争,英国严守中立;若法国加入俄国一方,则英国加入日本一方。

从表面上看,英国单方面承担条约义务,似乎日本捡了个大便宜。但事实上,法国绝无可能因卷入日俄冲突而影响自己在欧洲对德国的防御。英国人做出了一个永远都不用兑现的承诺。兰斯敦在条约签订半个月后,即2月12日,就向法国大使坦白了自己的想法:"这是纯粹的预防措施。""在俄日纠纷中,我们是中立的……旁观者。"① 因此,英国与日本结盟并没有妨碍它在1904年跟法国和解。

条约第4条规定,"日本'未经与'英国'磋商'就无法'同另一国单独缔结条约'";第5条规定,"在遇到战争'威胁'时,日本又必须把情况'全部坦率地'通知英国"。② 这既免除了日本单方面与俄国和解的可能,又使得英国可以通过日本掌握俄国的战争动向。可以说,英国人用一张空头支票就在远东套取了一颗制衡俄国的棋子。

不过,英国人也没有从这次同盟中完全获得他们真正想要的东西,日本拒绝了"英国想把英日同盟的责任范围扩展至印度边界的要求",拒绝了"承担对印度防御的责任"。③ 印度的防务问题依旧没有解决。

准此而论,第一次《英日同盟条约》像是一个类似于《地中海协定》的协调机制,其军事联合的意味并不浓重。日本人也很难在未来与俄国的战争中,获得其"盟友"的实质性支持。但这毕竟意味

---

① 〔苏〕鲍·亚·罗曼诺夫:《日俄战争外交史纲(1895—1907)》上册,第233页。
② 〔苏〕鲍·亚·罗曼诺夫:《日俄战争外交史纲(1895—1907)》上册,第231页。
③ 赵军秀:《英国对土耳其海峡政策的演变:18世纪末至20世纪初》,第129—130页。

着日本进入了欧洲国家的协调体系,而不用再担心出现"三国干涉还辽"那样的事件了。正如兰斯敦后来所说,"英日同盟虽然不是旨在策动日本政府走向极端,但它引起的而且必然会引起的后果是使日本感到它可以和它在远东的大敌进行较量,而不用担心欧洲会象(像)上次(1895年)那样进行干涉并夺去它的胜利果实"。①

两年以后,日俄战争爆发。英国政府对于日俄矛盾的算计,以"学术"的方式反映在了地理学家麦金德的著作当中。麦金德在1904年1月25号日俄战争爆发前夜就说道:

> 枢纽国家向欧亚大陆边缘地区的扩张,使力量对比转过来对它有利,这将使它能够利用巨大的大陆资源来建立舰队,那时这个世界帝国也就在望了。如果德国与俄国结盟,这种情况就可能发生。因此,这样一种事态的威胁,必将推动法国与海上强国联盟,于是法国、意大利、埃及、印度和朝鲜就会成为这么多的桥头堡,外部的海军可以从这些桥头堡支持陆上部队来迫使枢纽联盟也部署陆上部队,从而阻止他们集中全力去建立舰队。②

须知威廉二世正通过日俄矛盾不断向俄国示好,以求分裂法俄同盟。麦金德预言,此事"必将推动法国与海上强国联盟"。两个半月后,《英法协约》签字缔结,法俄同盟给英国造成的压力大大缓解了。

---

① 〔苏〕鲍·亚·罗曼诺夫:《日俄战争外交史纲(1895—1907)》上册,第231页。
② 〔英〕哈·麦金德:《历史的地理枢纽》,第61—62页。

对于英国人而言,最好的结果就是日俄两国相持不下,既不是俄国消灭日本,也不是日本彻底击败俄国,同样不是日俄两败俱伤。麦金德指出:

> 假如中国被日本组织起来去推翻俄罗斯帝国,并征服它的领土的话,那时就会因为他们将面临海洋的优越地位和把巨大的大陆资源加到一起——这是占有枢纽地区的俄国人现在还没有到手的有利条件,构成对世界自由威胁的黄祸。①

日俄战争的结果基本符合英国人的要求:日本取得了胜利,但俄国没有被彻底击败。利用这样的有利结果,英国人不仅如愿以偿地通过这场战争解决了困扰其多年的印度防务问题,更创造了与俄国和解的国际环境。

---

① 〔英〕哈·麦金德:《历史的地理枢纽》,第63页。

对历史的反思

早在 1840 年代,迪斯累利就严厉抨击当时的首相兼保守党党魁罗伯特·皮尔(Sir Robert Peel)竟然"让自己同辉格党宗旨或者自由主义完全一致"。在迪斯累利看来,保守党的正确方向恰恰是跟辉格党完全对立的另一套价值观,"王权、教会、国家;后来,他还加上了第四个要素——帝国"。① 尽管皮尔爵士的殖民主义立场丝毫不比任何其他英国政治家差,但迪斯累利认定其人的帝国视野仍然太狭隘了。在 1847 年的小说《唐克雷德》(Tancred)中,他阐明了自己对于帝国的理解:"女王应该集中一支强大的舰队,并与她的全部王室成员和上流精英一起出发,把帝国的所在地从伦敦迁往德里。在那里,她将发现一个庞大的帝国等待着她,拥有第一流的军队和充足的储备。"大不列颠是一个代表人类价值的普世性帝

---

① 〔英〕西蒙·沙玛:《英国史》第 3 卷《帝国的命运:1776—2000》,刘巍、翁家若译,北京:中信出版社,2018 年,第 328 页。

国,它的视野怎么能局限于欧洲西北角的弹丸之地呢?

这个观点后来受到了德国公法学家卡尔·施米特(Carl Schmitt)的关注,在他看来,恐怕没有什么能比这更好地说明海洋性帝国的无根性了。施米特评价道:

> 他预感到,英国这个岛屿不再是欧洲的一部分。它的命运不一定非得与欧洲联系在一起。它可以就此启程,改变其作为一个海洋性世界帝国的首都的位置。这艘船可以在这里起锚并在另一个地方抛锚。这条巨大的鲸鱼,利维坦,可以又动起来,找寻其他的海洋了。①

法国人、德国人执着于大地,对于本乡本土始终抱有斩之不断的天然情愫,但英国人可以完全不在乎乡土,北美、南亚、西非……哪里有利可图,哪里就是他们的家。也许这种无根性和游动性就是资本主义殖民体系的基本品质。

不论施米特对英国的评价正确与否,至少迪斯累利本人认定,大英帝国既是一个欧洲国家,也是一个亚洲国家,还可能同时是一个非洲国家,所有这些海外殖民地并不是大不列颠岛的附属物,它们与大不列颠岛一同构成了帝国。问题是,如何让目光短浅的英国下层群众支持帝国的海外事业呢?

须知迪斯累利不仅是一名浪漫主义小说作家,更是一名社会改革家。1867年,他在担任下议院领袖时,就倡导通过了《第二次

---

① 〔德〕C. 施米特:《陆地与海洋——古今之"法"变》,林国基、周敏译,上海:华东师范大学出版社,2006年,第57页。

改革法案》(Second Reform Act),进一步扩大了选民的范围。按理说,民主化改革本是其竞争对手格莱斯顿和辉格党的强项,但迪斯累利比他们还要激进,"在自由主义者自己的游戏中,出了王牌,打败了他们"。正是在他的主导下,保守党一改以往的精英形象,仿佛代表起了工人群众的意志。迪斯累利直白地说出了此举的目的:"劳工阶层一旦能自己投票,就不会变成发起革命的'特洛伊木马',而会走向反面,变成'最纯粹、最清高的保守派',以这种身份,他们会'为祖国而骄傲,希望保持祖国的伟大之处;因身为伟大帝国的一分子而自豪,并竭尽所能让帝国延续;相信大英帝国的伟大,完全要归功于这个国家的古老体制'。"[1]

于是,迪斯累利与前文所述的圣西门和拿破仑三世一道,以其政策建议或实际行动促成了现代国家对于社会的全方面管理,并通过高效的社会治理汲取社会资源,以投入更激烈的大国竞争,使欧洲列强在19世纪后半叶迅速地迈入了霍布森和列宁所说的帝国主义阶段。

在这个阶段中,帝国的海外扩张事业仿佛已经脱离了早先单纯的商业利益,而更多地出于国家安全的考虑。换句话说,在各个帝国看来,防止本国的安全遭到威胁的最好办法,就是不断扩充海外属地或势力范围。反正"无主地"就摆在那里,本方不去占,对方就要去占。因此我们不难理解为什么会出现寇松这样的侵略狂人,尽管这类人脑子当中的安全威胁往往是他们想象出来的。

然而问题是,急剧扩张的海外殖民地已经远远超出了帝国整

---

[1] 〔英〕西蒙·沙玛:《英国史》第3卷《帝国的命运:1776—2000》,第329页。

合能力的范围。于是我们看到,帝国的本部与它的殖民地是何等判然不同,它们宛如两个世界,却同属于一个强权。

一、以"自由"的名义剥夺

霍布森曾嘲笑英国的帝国主义者们口口声声说"把我们在国内所享有自由的自治艺术推行于全世界",然而事实上,"本土以外的36 700万英国臣民中,在立法上和行政上真正有自治权的,不超过1100万人,或1/34"。① 所谓"人类自由事业"的实质充其量不过是内外有别。他接着痛斥道:

> 凡是在英国实际统治之下的地方,就不会有自由或自治;凡是有某些自由和自治的地方,就不会有英国的实际统治。我们帝国居民中享有作为英国文明基础的政治自由和公民自由的,不到5%。除了加拿大、澳大利亚和新西兰的1100万英国臣民外,没有很多人在重要事项方面享有充分自治,或"从隶属的地位被提高到联合的地位"。②

政治权利的前提是经济地位,英国本土人民和海外殖民地臣民在政治权利上的差异,直接体现了他们在经济地位上的不平等。不过从某一方面说,这种经济上的不平等也是一种"自由",只不过该

---

① 〔英〕约·阿·霍布森:《帝国主义》,纪明译,上海:上海人民出版社,1960年,第90页。
② 〔英〕约·阿·霍布森:《帝国主义》,第92页。

"自由"我们谁都不会想要。

就在迪斯累利鼓吹帝国理念并发表《唐克雷德》的时候,距离英国本土最近的殖民地爱尔兰,正在面临一场空前的马铃薯危机。

1845年,"霜霉病"(blight)席卷了爱尔兰。它是由一种名为"马铃薯晚疫病菌"(Phytophthora infestans)的真菌引起的,从而引发了一场惨绝人寰的生态灾难。① 这场灾难究竟有多惨?

> 1846—1850年,爱尔兰发生了现代西欧国家当中最严重的饥荒。这几年,爱尔兰丧失了整整四分之一的人口。……在西部受灾最严重的地区,例如梅奥郡,将近30%人口死于非命。②

若谓这场灾难仅仅持续了四五年时间,那就大错特错了。其副作用是爱尔兰长达一个世纪的人口衰退。1841年,爱尔兰总人口为817.5万,到了1937年它独立时,仅剩下420.4万,足足下降了将近一半!

令人震惊的不是马铃薯危机本身,而是英国人对于危机的态度。灾害爆发之初,财政部常务次官查尔斯·屈维廉(Charles Trevelyan)就得出了这样的结论:

> 爱尔兰饥荒完全是"上帝对懒惰、不自立的民族下的判

---

① 〔法〕彼得·格雷:《爱尔兰大饥荒》,邵明、刘宇宁译,上海:上海人民出版社,2005年,第33—34页。
② 〔英〕西蒙·沙玛:《英国史》第3卷《帝国的命运:1776—2000》,第329页。

决；上帝给爱尔兰降灾,让它受到教训的时候,灾祸不应该由我们缓和得太多。自私而懒惰的人,一定要吸取教训,这样整个爱尔兰才能出现全新的兴旺面貌"。①

须知这不是屈维廉的个人意见,他代表了当时英国精英的主流看法。《泰晤士报》的观点更加冷酷无情,它坚持说,灾害的好处是能让懒散堕落的爱尔兰人学会自立,因而"饥荒是一种伪装起来的赐福"。②

在1845年灾荒之初,那位被迪斯累利痛骂的皮尔爵士还多少想到了从美国进口玉米,以平抑爱尔兰的粮食价格。不幸的是,这位保守党首相很快因为废除《谷物法》而下台。继任他职位的自由党党魁约翰·罗素(John Russell)是一位狂热的自由放任主义教徒。根据罗素的原则,"一旦援助爱尔兰,就会让爱尔兰的地主免除责任,逃脱因自己的自私、贪婪带来的后果",因此,即使粮食市场被垄断商人逼到绝境,政府也几乎不做干涉。③

于是,荒谬而悲惨的一幕出现了：当爱尔兰饿殍遍野时,它仍然在大规模地向英格兰输出小麦、燕麦、猪、牛、鸡蛋、黄油等农产品。就像约翰·米歇尔所说的那样,"在整个饥荒期间,爱尔兰实际上生产了足以供应至少800万—900万人温饱的食品、羊毛和亚麻制品",只要有一艘装满谷物的船只驶入爱尔兰的港口,必定同

---

① 〔英〕西蒙·沙玛:《英国史》第3卷《帝国的命运:1776—2000》,第276页。
② 〔英〕西蒙·沙玛:《英国史》第3卷《帝国的命运:1776—2000》,第277页。
③ 〔英〕西蒙·沙玛:《英国史》第3卷《帝国的命运:1776—2000》,第282—283页。

时就会有"六艘装载同样货物的船只驶离码头"。①

与罗素首相一样,屈维廉这位马尔萨斯的得意门生也坚信:

> 政府的职责,绝不是出手干预以全面收购谷物。只要价格适当(而且肯定适当),私人商业自然会把谷物送到最需要的市场去。如果有谁出于一种错误的善意而操纵这些市场,那就是对上帝的自然经济秩序的放肆干涉!比如,要制止燕麦出口,是想都不能想的。②

读到这里,心怀朴素正义感的人们忍不住会问:这位屈维廉先生的下场是什么?解职?坐牢?

抱歉,都不是。他因为赈灾工作出色而被加冕为骑士,声望在英格兰达到了顶峰!英国学者沙玛说:"屈维廉的职务,只是一个财政部的助理常务次官,但他却成了帝国命运的象征,帝国'无形之手'最有力、最权威的人物。"③应当说,不是罗素、屈维廉等人,而是大英帝国的经济体制和意识形态决定了爱尔兰人的悲惨命运,所有这一切人间惨剧却都是在"自由"的旗号下发生的。

1849年8月,马克思来到了伦敦,几乎亲历了英国人对于爱尔兰危机的无情和冷漠。1853年,值马铃薯危机刚刚有所缓和之际,他便拿爱尔兰与印度做了对比:

---

① John Mitchel: *The Last Conquest of Ireland (Perhaps)*, Dublin: University College Dublin Press, 2005, p.208.
② John Mitchel: *The Last Conquest of Ireland (Perhaps)*, p.208.
③ 〔英〕西蒙·沙玛:《英国史》第3卷《帝国的命运:1776—2000》,第292页。

> 但是从社会方面来看,印度斯坦却不是东方的意大利,而是东方的爱尔兰。意大利和爱尔兰——一个淫乐世界和一个悲苦世界——这样奇怪地结合在一起的现象,在印度斯坦的宗教的古老传统里早就显示出来了。①

从这个角度看,革命导师确实目光如炬,二十年后,相同的一幕就重新发生在了"东方的爱尔兰"。一样的剧情,不一样的演员,那时大英帝国的首相已经换成了迪斯累利。

二、女王陛下的豪华盛典

为了履行自己当年的诺言,迪斯累利在1874年上台之初,就动议让维多利亚女王加冕印度女皇。1876年,保守党干将李顿出任印度总督。此人一到印度就竭尽所能地为女王筹办极其奢华的加冕大典,可谓忠心耿耿。次年,即1877年,杜巴典礼如期举行。为了体现此举顺应印度"民意",李顿勋爵还专门组织了规模庞大的"印度营"(Indian camp),用以招揽全印度地位最高的300名贵族及其仆人。

每位参加典礼的印度王公贵族都在营地里分到了一小块土地。他们在各自的土地上竖起了自己的旗帜,圈养盛装打扮的马匹和披着彩缎的大象。按照家谱的悠久程度和地位的高贵程度,

---

① 〔德〕马克思:《不列颠在印度的统治》,《马克思恩格斯全集》(第二版)第12卷,中共中央编译局编译,北京:人民出版社,1998年,第137页。

这些贵族被分为不同的等级,并授以不同规格的接待仪式。比如,17 响礼炮的王公可以携带 500 名随从,11 响礼炮的王公只能携带 300 名随从。因此仅仅"印度营"就驻扎了超过 50 000 人。

作为宗主国,大不列颠也需要一个"帝国营"来撑门面。这里面驻扎了超过 10 000 名贵族及其随从。当然,14 000 名军人参加的盛大阅兵式也是少不了的。此外,还有各色宾客人等。这使得整场典礼的参与人数达到了惊人的 84 000 人!①

李顿勋爵是成功的,如此盛大的庆典充分满足了维多利亚的虚荣心,着实令女王陛下喜笑颜开。李顿的能耐远远不止于此,至少在强制性征粮征税上,他绝对是一把好手。仅在 1876—1878 年这一年多的时间里,此人就创纪录地为大英帝国在印度征收了 640 万吨小麦。好一副精明强干的样子!

不过我们千万不能忘记,在女王陛下享受着穷奢极欲的豪华庆典时,印度正在经历惨绝人寰的大饥荒。饥荒从 1876 年,即李顿上任的那一年正式开始,在不到一年的时间里就有超过 700 万印度人死于饥饿,接近爱尔兰在马铃薯危机前的总人口!

类似的灾荒,类似的逻辑:

> 税收局提出的建议,却与爱尔兰 1846—1849 年的措施惊人的相似:"不要让民众失望……要设法让民众自救……在奥里萨邦这样做是比较困难的。但是,置之死地而后生,乃是最好的解决方案。"②

---

① 〔英〕西蒙·沙玛:《英国史》第 3 卷《帝国的命运:1776—2000》,第 335—336 页。
② 〔英〕西蒙·沙玛:《英国史》第 3 卷《帝国的命运:1776—2000》,第 339 页。

比之当年的罗素政府有过之而无不及,李顿总督既禁止向一切有劳动能力的成人提供救济,又禁止向劳动营方圆10英里(约16千米)范围内的人提供救济。于是,成批成批瘦骨嶙峋的印度妇女不得不领着儿童走到很远的地方去寻求救济。他们往往还没来得及领到救济粮就倒毙在储粮的栅栏面前……

比爱尔兰更荒诞的是,印度哪里铁路最多,哪里经济最发达,哪里的灾荒就最严重,因为这些地区可以更容易地将粮食运到各个市场,故可以把粮食囤积起来,让粮食涨价,以谋求最高利润。面对这一幕幕惨状,印度总督却十分心安理得,他竟然夸口道:"救济营里的人什么工作也不做,脂肪要把身体撑爆了……"①

看到这一幕,我们还会大言不惭地宣称"殖民主义有助于现代化"吗?广大殖民地群众在殖民主义者眼里不过就是一群牲畜。至于李顿伯爵则宁愿饲养一头牲畜,也不愿救济一个印度贫民。他可以对遍地饿殍视而不见,却不能不为了一个虚构出来的敌人而冒险发动第二次入侵阿富汗的战争。结果战争遭到惨败,辛辛苦苦筹集来的赈灾款大多被他挪去当作军费,全部打了水漂。

马铃薯危机在爱尔兰不是孤例,大饥荒在印度也不是孤例。在英国殖民统治的两百多年时间里,印度至少发生过25次大规模饥荒。比比当年哈斯丁斯统治时期,1769—1773年孟加拉饿死1000多万人,死亡人数超过总人口三分之一,这次饥荒好像也没严重到哪里去。至少李顿勋爵肯定不是印度历史上最凶残的总督。

---

① 〔英〕西蒙·沙玛:《英国史》第3卷《帝国的命运:1776—2000》,第341页。

念及于此,我们就可以理解,为什么俄国人一直认定,只要往印度踹上一脚,当地群众就会自发地起来造英国人的反。

其实重要的不是当年俄国人怎么想的,而是今天的第三世界仍然在维持着当初帝国主义遗留下来的东西。据《纽约时报》2002年12月2日的报道:

> 印度有一半儿童营养不良。大约每天有3500万人饿着肚子入睡。近些年印度不断有饿死人的饥荒出现。然而政府却面临着小麦过剩问题:小麦过剩5300万吨,这意味着将过剩的小麦一包包排起来的话,可以从地球到月球两个来回。①

一边是大量饥荒,另一边是粮食过剩,其原因在于,为了维持高额利润,几个大邦同时收购、囤积了大量粮食,而印度中央政府又遵从国际债主的要求,限制给消费者提供食物补贴。

内外有别的格局仍在延续,只是曾经西方帝国主义的中心与边缘,如今变成了北方与南方、发达国家与发展中国家。

---

① 楚全:《印度:饥荒与粮食过剩为何并存?》,《国外理论动态》2003年第4期,第49页。

落　幕

第七章　英俄和解与从未终结的冷战
　　　　（1904—1907）

　　一个殖民帝国的梦想已经深深植入德国人的想象中。德皇、国务家、记者、地理学家、经济学家、商业机构、航运机构及所有受过和没受过教育的民众的舆论，都异口同声地不断宣布：我们一定要拥有真正的殖民地，以便于德国移民可以在此定居并传播祖国的民族理想；我们一定要拥有舰队和加煤站，以便将我们必定会获得的殖民地联系在一起。……如果有人反对说，现在的世界实际上已经被其他独立国家瓜分完毕，除从其合法拥有者那里夺取外，已经再没有可供殖民的领土了，对此的回答则是："我们不能考虑这些。必要性不受到任何法律的限制。世界属于强者。一个精力充沛的国家不能让自己的成长被盲目遵守现状所阻碍。……"

　　——〔英〕艾尔·克劳：《关于英国与法德两国关系现状的备忘录》，1907年。吴征宇编译：《〈克劳备忘录〉与英德对抗》，桂林：广

西师范大学出版社,2014年,第48页

英国确实希望订立一个多少有利于日本的和约。英国人希望这个有利于日本的和约可以使俄国受到一种教训,将来到解决英俄关系中一些悬而未决的问题时对它有好处。不过,另一方面,英国觉察到日本过于发展隐藏着将来的危险,因此是不可取的。正在那时恰好英日条约期满。重订条约的谈判已经在伦敦开始,英国决定,条约的最后拟定将视朴茨茅斯和会的结果而定。

——〔俄〕维特:《维特伯爵回忆录》,〔美〕亚尔莫林斯基编,傅正译,北京:商务印书馆,1976年,第124页

第一节　英俄和解与分割亚洲势力范围（1904—1907）

1904年2月8日,日俄战争爆发。次日,《泰晤士报》就发布官方消息,为了严守中立,英国单方面废除供给俄国旅顺口太平洋舰队煤炭的协议。3月12日,英国政府宣布中立条款:在战争期间,日俄两国不得使用英国的港口、海外属地或保护国的航道,并且不准在上述地区购买战略物资。①

从表面上看,这些措施似乎平等地对于日俄两国都有效,可说公平公正,两不相帮。但事实上,日本纯系东亚国家,在东北亚作

---

① 米庆余:《日本近现代外交史》,北京:世界知识出版社,2010年,第118页。按,原文为"据2月8日《泰晤士报》报道",考虑时差问题,伦敦时间2月8日,当为东京时间2月9日,即日本偷袭旅顺口俄太平洋舰队的第二天。

战根本不需要利用英国港口、海外属地或保护国航道；而俄国横跨欧亚大陆，它要从欧洲部分调遣海军前往亚洲，必须路过英国的港口和殖民地。所谓"中立"乃是一个对于日本而言高度善意的"中立"。

例如为了解救被困在旅顺口的太平洋舰队，1904年7月，俄国专门抽调波罗的海舰队编组成为"第二太平洋舰队"或曰"太平洋舰队第二分队"，绕过北欧、西欧，在西班牙附近水域兵分两路：一路通过直布罗陀海峡，取道苏伊士运河、红海，前往马六甲海峡；一路绕道南非好望角，前往马六甲海峡，行程绕过半个地球。途中，英国港口不唯拒绝为其提供煤炭，更为日本输送大量情报，使日军可以随时掌握俄国舰队的动向。又如当年12月，英国获悉俄国黑海舰队可能加入亚洲战场，更援引《伦敦海峡公约》封闭原则多方阻挠。

在英国人的"严守中立"下，俄国舰队补给困难，走走停停，从1904年9月出发，到1905年5月才抵达中国东海洋面。此时日军已经攻克旅顺口，可以集中力量轻轻松松地在对马海峡伏击俄国舰队。

总之，没有国际地缘政治的变动和大英帝国的帮忙，近代日本绝不可能拥有世界强国的地位。战争爆发不久，英日双方就将公使级外交关系上升为大使级外交关系，首任日本驻英大使林董后来就在回忆录中坦承："（日本）陆海军在日俄战争中的卓越胜利，以及对马海峡的大海战，是战争史上未曾有过的事迹，但是如果没有日英同盟的话,终究是不可能的。"①

日俄战争不仅成了英日同盟的试金石,更让英国人拿到了他们梦寐以求的东西。

一、第二次英日同盟与印度防务

1905年3月11日,日军在奉天大会战中取得惨胜,虽然毙伤俄军9万余人,但本方亦死伤7万余人,几乎无力发动新一轮进攻。反观俄军,虽然一路战败,但主力已经逃脱日军的合围,退至四平街重新组织防御。战争陷入僵持,日本潜力不足的软肋已经显露出来。

3月27日,日军参谋总长山县有朋就在给内阁提交的《政战两略概论》中坦承:"一是敌人在其本国尚有强大的兵力,而我已经用尽了有限的兵力;二是敌人不缺将校,而我自开战以来已损失了许多将校,今后不能轻易补充。"是故希望内阁据此情况,"妥善确立国家的大政策"。②

显然,战争越是久拖不决,对日本就越是不利。破局的办法已经不在战场阵地之上,而在外交舞台之上。英国政府看准了这一有利时机,再次向日本提出扩大英日同盟的范围。外交大臣兰斯敦直言不讳地向日本大使林董道出了内阁的担忧:俄国在远东失败,只能将有限的力量集于中亚,届时印度的防务压力将会成倍增

---

① 《林董回忆录》英文手稿,第80页,见罗伯特森·思克特:《日本、英国及世界》,第12页,转引自米庆余:《日本近现代外交史》,第119页。
② 米庆余:《日本近现代外交史》,第120—121页。

加,"若这时便知道日本陆军能够立即援助英国,那么俄国鉴于在这方面也不能有所作为,则将不得不放弃它的计划"。① 寻找盟友以分摊印度的防务压力,是英国自布尔战争以来亚洲政策的重要目标。第一次英日同盟没能实现这个目标,但日俄战争的走向最终帮助英国实现了自己的夙愿。

日本方面也感到,尽管日俄双方已经接受美国调停,但将来俄国报复,日本未必能够取胜,因而有必要获得更多的外部援助。8月12日,英国外交大臣兰斯敦和日本大使林董在伦敦缔结《第二次英日同盟条约》。条约规定:一、缔约国的一方受到他国或数国攻击时,不论攻击地点在何处,另一方都有义务协同作战,并且不单方面与攻击国讲和;二、英国承认日本在朝鲜半岛有政治、军事和经济上的特殊利益,这项利益以不妨碍各国工商业机会均等为限度;三、日本承认英国在印度有特殊利益,并且愿意在印度遭受攻击时提供军事援助,协同保卫印度。

从表面上看,如果俄国将来报复日本,英国将在海上对日本进行援助;如果俄国进攻印度,日本则承诺至少为印度提供15万兵力,这似乎公平合理。"但俄国报复的可能性几乎不存在",相反,新的同盟条约"可以加强在未来与俄国谈判中英国的地位"。② 在印度防务问题解决后,英国已无后顾之忧。无论是出于破坏德俄接近的目的,还是出于防止日本在亚洲坐大的目的,都是时候拉俄

---

① 日本外务省:《小村外交史》,第623页,转引自米庆余:《日本近现代外交史》,第121页。
② 赵军秀:《英国对土耳其海峡政策的演变:18世纪末至20世纪初》,北京:中国社会科学出版社,2007年,第133—134页。

国人一把了。

二、1907年《英俄协约》

1904年4月8日的《英法协约》消除了法俄两国协同进攻英国及其属地的可能;1905年8月12日的《第二次英日同盟条约》,又使英国在俄国进攻印度时获得了可靠的外援。至此,英国人基本解决了印度安全问题。他们现在意识到,有条件促使俄国在东方问题和中亚问题上向自己妥协了。

1905年12月3日,卸任印度总督的寇松回到了伦敦。两天以后,自由党重新夺取威斯敏斯特宫和唐宁街,亨利·坎贝尔·班纳曼(Henry Campbell Bannerman)接替贝尔福出任英国首相,爱德华·格雷(Edward Grey)接替兰斯敦出任外交大臣。这届自由党政府的一大举措就是同意给予三年前英军费尽血汗攻取的德兰士瓦和奥兰治以自治权,从而改善了英国人与布尔人的关系。在对俄关系上,新一届自由党政府更释放出了和解的信号。可以说,这是包括寇松在内的所有前进政策派失意的一段时期。

上任后不久,爱德华·格雷就宣布将重新开启对俄谈判。他的方案是恢复俄国在欧洲政治中的积极作用,这样一方面可以在欧洲制衡德国,另一方面可以换取俄国在亚洲的让步。格雷的计划是成功的。对他而言有利的消息是,1906年温和派掌握了俄国的内政外交。新任外交大臣亚历山大·伊兹伏尔斯基(Aleksandr Izvol'skii)是"欧洲俄国"的拥护者,主张将俄国的关注点从亚洲移回欧洲。日俄战争前,伊兹伏尔斯基就竭力反对俄国在亚洲的冒

第七章 英俄和解与从未终结的冷战(1904—1907)

险,担心远东的战事会动摇俄国在欧洲的地位。当年春,他刚刚上任就指示俄国驻外公使,"俄国应该放弃在亚洲的扩张,把注意力转至欧洲","如果俄国继续与日、英在亚洲不和,俄国在欧洲的地位将进一步削弱,与法国的同盟也会崩溃,最终将成为'德国的奴仆'"。① 这可以说正中英国外交大臣格雷之下怀。

"在接下来的几年里,外交大臣亚历山大·伊兹伏尔斯基解决了与列强在东亚和内亚的大多数悬而未决的争吵。"其中包括,"1907年7月4日(俄历6月21日),他授权与日本签订了一项协定,该协定连同1910年的一项条约,承认了日俄各自在太平洋的势力范围"。② 当然,这些外交成果中最重要的就属《英俄协约》了。

谈判从1906年初开始,到1907年8月31日结束,持续了一年半时间,主要针对英俄双方在波斯、阿富汗和中国西藏的势力划分。最容易解决的是阿富汗问题,之前英俄双方划定阿富汗北部边界时,就已经达成共识:俄国答应不将阿富汗划为自己的势力范围,英国则承诺不单方面改变阿富汗现状。英俄在西藏问题上也没有太大争议:两国都承诺不干涉西藏事务。有争议的是这份协议歪曲事实,宣称中国对于西藏只有"宗主权",因而从未得到历届中国政府的承认。

最艰难曲折的则是波斯问题,双方争议的焦点是波斯东南部毗邻俾路支斯坦的锡斯坦(Sistan)地区。俄国主张这块地区应该

---

① Bruce Berglund: *Russia, Great Britain, and the Straits Question 1906-1914*, p.15. 转引自赵军秀《英国对土耳其海峡政策的演变:18世纪末至20世纪初》,第136页。

② *The Cambridge History of Russia, Volume II: Imperial Russia, 1689-1917*, edited by Dominic Lieven, Cambridge: Cambridge University Press, 2006, p.569.

隶属于俄国的势力范围,英国则担忧俄国可以通过此地进入印度。又,俄国主张土耳其海峡问题应与波斯问题一并解决,英国则主张先解决波斯问题,土耳其海峡问题日后再谈。

在谈判僵持不下时,英国政府为打开局面,承诺一旦波斯问题解决,就可以考虑在俄国舰队出入土耳其海峡问题上做出让步。格雷便告诉俄国公使本肯多夫,"对俄国战舰关闭海峡的传统政策必须放弃","传统政策是两个世纪两代人之间不和的根源"。① 格雷的谈判策略取得了成功,"他的廉价表态,取悦了俄国外交大臣,说服俄国将修改海峡规则问题推迟"②。最终,俄国人做出了全面让步,不仅同意波斯问题与土耳其海峡问题脱钩,更放弃了锡斯坦地区。

根据1907年8月31日签订的《英俄协约》,波斯被划分为三部分,包括德黑兰、大不里士和伊斯法罕在内的北部地区归属俄国势力范围,中部狭长地带为中立区,南部靠近波斯湾的部分归属英国势力范围。格雷后来解释道:"表面上看这是个平等交易。从波斯湾进攻印度的必经地区都被保护起来以防俄国人的渗透,而从波斯入侵俄国的必经地区也被保护起来以防英国人的渗透。"然而,英国人本来就没有能力通过波斯进入俄国,但俄国人可以通过锡斯坦地区渗透印度。从这个层面上说,英国得利了。格雷接着说道:"事实上我们什么也没放弃。我们原本也没有打算在波斯执

---

① G. P. Gooch and H. Temperley: *British Documents on the Origins of the War 1898-1914*, Vol.Ⅳ, No.257, p.279. 转引自赵军秀《英国对土耳其海峡政策的演变:18世纪末至20世纪初》,第140页。

② 赵军秀:《英国对土耳其海峡政策的演变:18世纪末至20世纪初》,第141—142页。

第七章 英俄和解与从未终结的冷战(1904—1907)

行前进政策。况且即便英国在波斯采取军事行动，其对俄国造成的威胁也远不如俄国在波斯采取军事行动对印度造成的威胁大。"①

尤为值得一提的是，当《英俄协定》签署之后，格雷就矢口否认他承诺将来修改土耳其海峡规则的事情。正如赵军秀所说："英俄协约签订后的几年，英俄的'友谊'始终披着一层面纱，格雷在英俄协约谈判时对俄国的承诺逐渐成为一种虚幻，海峡问题的解决变得遥遥无期。"②这个状况一直持续到第一次世界大战爆发，那时俄国人才如愿以偿地解决了海峡问题，只是那时距离沙皇政权的崩溃也为期不远了。

毫无疑问，尽管《英俄协约》是英国外交的一次胜利，但它一定会遭到国内反俄派的口诛笔伐，寇松勋爵就是代表。他评价该条约："我们抛弃了多年来为之战斗的成果，而且抛弃得如此彻底，这种不计后果的鲁莽举措极具讽刺意味……一个世纪的努力就这样付之东流，到头来我们一无所获。"在他看来，俄国在波斯收获甚丰，而划给英国的部分既狭小又贫瘠，关于西藏的条款更等同于"彻底投降"。③

也许像寇松这样的人从来不会考虑，作为被宰割对象的波斯人和阿富汗人会是什么感受。④ 幸运的是，他在西藏的一系列胡作非为终于迫使清政府下定决心，迈出了边疆内地化的关键一步。

---

① 〔英〕彼得·霍普柯克:《大博弈:英俄帝国中亚争霸战》，张望、岸青译，北京:中国青年出版社，2015年，第548页。
② 赵军秀:《英国对土耳其海峡政策的演变:18世纪末至20世纪初》，第146页。
③ 〔英〕彼得·霍普柯克:《大博弈:英俄帝国中亚争霸战》，第548页。
④ 与中国一样，历届伊朗政府和阿富汗政府都没有承认过《英俄协约》的有效性。

第二节　未曾终结的冷战

1890年，美国海军上校阿尔弗雷德·马汉（Alfred Mahan）出版了名著《海权对历史的影响（1660—1783年）》。这本书为他带来了无穷无尽的声誉，使他成为近代史上有名的"海权论之父"。

当时的美国刚刚完成西进运动，从大西洋沿岸走到了太平洋沿岸。也许这么说更合适，美国完成了自己在北美大陆上的领土扩张，从一个内陆国家变成了海洋国家。因此，马汉提醒美国人，是时候放弃孤立主义传统了，毕竟美国已经不再只是一个美洲国家了。他说道：

> 我们的国家受缚于、沉迷于我们自己的18世纪传统之中，为对于和平和富足——也就是要有充足的面包——的大量要求所包围，紧抱着孤立主义理想不放，拒绝承认整个欧洲文明世纪必须以一致的利益为基础来企盼、迎接未来。①

八年以后，美国打败了西班牙，夺取了它在亚洲的第一块殖民地菲律宾，正式跻身亚太国家的行列。也可以说，美国通过亚太主义走上了世界帝国的道路。然而此时它却尴尬地发现，欧亚大陆几乎没有"无主地"可以供其占领了。这意味着对于欧亚大陆而

---

① 〔美〕马汉：《海权论》，萧伟中、梅然译，北京：中国言实出版社，1997年，第418页。

言,美国终究是个离岸国家。这又反过来坐实了马汉学说的洞见——一个离岸国家只能通过海军行使自己的威慑力。

不过,此时距离美国听从马汉的教诲,完全放弃孤立主义,还有四十年的时间。他本人也许没有想到,自己提醒美国当局的著作,却首先在英国引发了独特的反响。

一、亚洲铁路对抗海洋霸权

从内容上看,《海权对历史的影响(1660—1783年)》相当于一本大英帝国崛起指南,毕竟近代史上真正通过海权获得稳固霸主地位的只有英国。然而该书出版时,英国的海上霸权地位正在遭受法国、俄国和德国的挑战。马汉回顾大英帝国崛起之路,无疑会引发英国人的共鸣,此书遂成为"英国海军至上主义者们的圣经","在英国广受欢迎和推崇"。[1]

可问题是,大英帝国不同于美国,它对于欧亚大陆而言不是离岸国家,其殖民地深入到了大陆的深处。在那片地方不会有海军什么事。1905年,马汉出版了"海权论"三部曲的最后一部《海权与1812年战争的关系》,而在一年前,他的海权学说就受到了麦金德的挑战。

1904年1月25日,麦金德在皇家地理学会宣读了题为《历史的地理枢纽》的著名论文。这篇论文把欧亚大陆划分为三个层次:处于中心的是"枢纽地带",从蒙古高原往西延伸到马拉尔山脉,大

---

[1] 〔英〕保罗·肯尼迪:《英国海上主导权的兴衰》,沈志雄译,北京:人民出版社,2014年,第196页。

体上等同于俄国疆域的亚洲部分;"枢纽地带"之外的是"内新月形地带",从东到西依次为中国、印度、波斯、两河流域与阿拉伯半岛、小亚细亚、欧洲半岛,几乎囊括了所有人类古老的农耕文明地区;欧亚大陆的最外围由一圈岛屿组成,它们与新大陆一道构成了另一片广阔的天地,麦金德把它叫作"外新月形地区",他指出,英国、日本和美国、澳大利亚都处在"外新月形地区"。

在麦金德看来,人类古代文明史就是一部游牧民族从"枢纽地带"四散而出,掠夺"内新月形地带"农耕文明的历史。随着大航海时代的来临,"海洋上的机动性"成了"大陆心脏地带的马和骆驼的机动性的天然敌手","由哥伦布一代的伟大航海家们开始的变革,赋予基督教世界以最广大的除飞翔以外的活动能力"。西方人的远洋探险把孤悬于欧亚大陆边缘的各个岛屿、海角连接了起来,使得欧亚大陆边缘的"外新月形地区"成为一个整体,这就是马汉海权理论的全部地理条件。[①]

遗憾的是,大航海时代早就结束了,现在是铁路大发展把大陆纵深连接起来的时代。麦金德提醒人们,"我们不应该忘记海洋运输虽然比较便宜,但通常要包括四次装卸货物的工序——在货源的工厂、出口码头、进口码头和供零售商批发的内陆仓库;而陆上的铁路货车可以直接从输出的工厂开到输入的仓库"[②]。在现代交通技术条件下,仅凭海洋战略能够抵挡住俄国人在欧亚大陆的扩张吗?

[①] 〔英〕哈·麦金德:《历史的地理枢纽》,林尔蔚、陈江译,北京:商务印书馆,1985年,第57—58页。
[②] 〔英〕哈·麦金德:《历史的地理枢纽》,第59页。

第七章 英俄和解与从未终结的冷战(1904—1907)

麦金德不无担忧地指出：

> 现在俄国取代了蒙古帝国。它对芬兰、斯堪的纳维亚、波兰、土耳其、波斯、印度和中国的压力取代了草原人的向外出击。在全世界，它占领了原由德国掌握的在欧洲的中心战略地位。除掉北方以外，它能向各方面出击，也能受到来自各方的攻击。它的现代铁路机动性的充分发展，只是一个时间问题而已。任何可能的社会变革，似乎都不会改变它和它的生存的巨大地理界线之间的基本关系。①

跨里海铁路已经建成，西伯利亚大铁路将要建成，一旦这些"现代蒙古人"通过"现代铁路机动性"把大陆深处连为一体，还有谁能阻挡得了他们？

马汉的海权论也许可以解释为什么英国人不允许俄国舰队通过土耳其海峡，但无法说明英俄两国在中亚的"大博弈"。那里的对抗只关乎铁路调动，而没有海军战略什么事。从前文的论述可以清清楚楚地发现，麦金德乃是站在马尔文、寇松等前进政策派的肩膀之上，对马汉做出了反驳。

早在1900年1月26日，印度事务大臣乔治·汉密尔顿在给寇松的信中，就明确以上述逻辑批评了马汉：

> 我是一个终生不渝的帝国分子，但是，关于帝国扩张的新

---

① 〔英〕哈·麦金德:《历史的地理枢纽》，第60页。

兴学派那种过头的爱国主义思想使我感到十分吃惊。马汉的著作固然优秀,但是我认为这些著作在新兴学派的许多人中造成了过多的不切实际的影响。照我看来,他完全夸大了制海权的影响和效力。由于陆地上运输工具不断发展、增强,因此制海权的作用减少了。在克里米亚战争中,我们打败了俄国。由于俄国铁路的发展现在再要进行这样的打击已不可能了。①

不错,制海权确实是英国在克里米亚战争中打败俄国的坚实保障,但仅凭制海权根本就不足以保卫印度,铁路运输的发展使得马汉对于世界霸权的理解已经完全过时了。

作为一个离岸国家,美国可以大谈海军战略对于"门户开放"如何如何重要,但作为一个亚洲国家,英国关注的肯定是俄国铁路在亚洲纵深的发展。汉密尔顿的话代表了英国战略学家的观点,其中当然包括寇松。因此寇松欣赏的是麦金德,而不是马汉,正如西方学者所说,"他关于波斯以及俄国在中亚野心的著作,乃是麦金德地缘政治思想的知识背景的重要组成部分"。后来寇松还专门命令他在皇家地理学会的秘书"提供一份麦金德的'优秀'论文《历史的地理枢纽》",以供其决策参考。②

寇松对于麦金德的欣赏不止于此,未来他将正式提拔麦金德

---

① 《汉密尔顿致寇松》(第一封信),载〔英〕乔治·汉密尔顿、〔英〕乔治·寇松:《汉密尔顿和寇松之间的九封通信》,王士录译,《世界历史》1982年第6期,第87页。
② Gerry Kearns: *Geopolitics and Empire: The Legacy of Halford Mackinder*, Oxford: Oxford University Press, 2009, p.215.

去实践自己的对俄战略。这两个人的存在切实地折射出,英俄之间的冷战不会因为 1907 年的协约和"一战"的爆发而告终止。

二、隐秘的"南俄事务"

第一次世界大战爆发不久,寇松进入了战时内阁,并于 1915 年出任掌玺大臣。战后,1919 年,他又担任外交大臣,再次进入内阁。此次与寇松一同进入内阁的还有一位更加年轻的前进政策派,他的名字谁都知道——温斯顿·丘吉尔。这时丘吉尔担任军需大臣,他在任内最重要的"贡献"就是推动生产了大量的化学武器。这些化学武器没有直接用在俄国人头上,却用在了亚洲殖民地人民的头上。

1920 年,英军在镇压库尔德人起义时,大规模喷射芥子气。次年,即 1921 年,丘吉尔调任殖民地事务大臣。他公开向媒体表示:"我不理解使用毒气为何如此令人厌恶。我强烈支持使用毒气来抵制不文明的部落,要不然,他们会迅速扩展为一场恐怖活动。"①芥子气只是一个例子,可以反映出英国人为了维护自己的殖民统治无所不用其极。另一个例子是惨无人道的酷刑,比如前任美国总统奥巴马的祖父胡森·奥扬戈·奥巴马(Husein Onyango Obama)就是英国人酷刑的受害者,"他的睾丸被金属棒紧夹着,这

---

① 〔英〕迈克尔·曼:《社会权力的来源》第 3 卷《全球诸帝国与革命(1890—1945)》上册,郭台辉、茅根红、余宜斌译,上海:上海人民出版社,2019 年,第 77 页。

让他终生痛恨英国"。①

就在寇松出任外交大臣的那一年,1919年底,麦金德也迎来了他参与政治活动的高峰期,他这时的职务是"英国驻南俄高级专员"。所谓"南俄"就是俄罗斯南部从里海西岸到中国新疆的广大区域。寇松自从1888年夏天沿着跨里海铁路考察一番之后,就对所谓"南俄地区"有了一种狂热的癖好。用他在1892年的话说:

> 突厥斯坦、阿富汗、跨里海、波斯——对于许多人而言,这些名字都只透着一种十分遥远的感觉,或者是某种关于离奇沧桑和逝去浪漫的记忆。对我来说,我承认它们都是棋盘上的棋子,棋盘上正在进行一场统治世界的博弈。②

寇松和丘吉尔这两位内阁成员赋予麦金德的主要任务,就是向当地白俄武装提供大量资金和武器,"密谋推翻布尔什维克政权,并确保英国在中东这片土地上的影响力"。③ 从这个意义上说,麦金德也是"大博弈"的直接参与者。

在关于南俄事务的报告中,麦金德大量沿用了《历史的地理枢纽》的思路。这份报告描绘了一幅画面:"革命后的俄国倒退为早期的掠夺性国家,一群掠夺者在这个国家四处游荡。这种动荡的

---

① 〔英〕迈克尔·曼:《社会权力的来源》第3卷《全球诸帝国与革命(1890—1945)》上册,第53页。
② George N. Curzon: *Persia and the Persian Question*, London: Frank Cass & Co. Ltd, 1892, pp.3-4.
③ Gerry Kearns: *Geopolitics and Empire: The Legacy of Halford Mackinder*, p.59.

第七章　英俄和解与从未终结的冷战(1904—1907)

历史可能会再次产生一些伟大的游牧民族领袖,就像以前多次出现的那样。他们会聚集在一起,时而骚扰这片边境,时而掠夺那片边境。"所以英国必须同时在亚洲和欧洲两个方向竭力维持军事边界。需要注意的是,布尔什维克可能会发展自己的工业体系以充实战争机器,因此英国必须先发制人,以便"在布尔什维克像燎原之火一样蔓延开来之前,就限制住它,使其远离印度和低地亚洲(Lower Asia)"。正如麦金德的传记作者格里·卡恩斯(Gerry Kearns)的评价,"麦金德和寇松一样痴迷于强调俄国对其南部边疆地区的压力"。①

在寇松和丘吉尔看来,跟布尔什维克毫无妥协的余地。同样,麦金德也鼓吹:"文明世界不能承认布尔什维克主义,因为布尔什维克不承认人类社会。布尔什维克俄国根本不像其他国家,它是由犹太人组织起来的,这些犹太人'无家可归'且'十分聪明',才会投身于社会主义这样的国际主义工作。"大抵在这些英国保守党人士看来,人类社会的根本在于秩序和纪律,秩序和纪律只能从传统和习惯中发展而来,而不是从革命中获得。布尔什维克革命否定了高贵的传统,是"'社会自杀'的一种形式"。② 不用奇怪,这种看法三十年后还会出现在丘吉尔的"铁幕演说"中,出现在乔治·凯南的《苏联行为的根源》中,并开启一场新的冷战。

麦金德在1919—1920年的驻南俄高级专员经历只是一个缩影,最好地反映了其地理学研究的政治底色。用后来美国区域主义地理学家理查德·哈特向(Richard Hartshorne)的话来说,"在政

① Gerry Kearns: *Geopolitics Empire: The Legacy of Halford Mackinder*, pp.215−216.
② Gerry Kearns: *Geopolitics Empire: The Legacy of Halford Mackinder*, p.217.

治地理学的领域,地理学被用于特殊的目的,并超出求知的范围"。① 从罗灵逊到马尔文,再到寇松、麦金德,帝国主义事业连同其学术产品真可谓"弦歌不辍,薪火相传"。

三、冷战并未终结

1922年11月20日,瑞士洛桑召开国际和会。会议以英国、法国、意大利、日本、希腊、罗马尼亚、南斯拉夫等协约国为一方,以土耳其为另一方,重新讨论如何安排新生的土耳其凯末尔政权。会议不允许苏维埃俄国参加对土和约,只允许苏俄派代表讨论土耳其海峡问题。须知此时的土耳其乃是苏俄的友好邦交国,没有列宁的支持,凯末尔很难打退协约国的干涉。

英国外交大臣寇松无疑成了这次和会的主角之一,他积极活跃在台前幕后,并亲自主持了第一委员会。该委员会专门负责审议土耳其的领土和军事问题,其中就包括土耳其海峡问题。

讽刺的是,恰恰是苏俄代表提出了原先英国人一贯主张的海峡封闭原则:商船和其他非军事船只可以自由出入海峡,除土耳其外,各国军用船只一律不得出入海峡。比当年的英国人更彻底的是,苏俄代表甚至要求土耳其海峡无论战时还是和平时期都对外国军舰封闭。新生的苏维埃政权竟敢通过封闭海峡,维护自己在黑海地区的安全。这引发了寇松的强烈不满,他挖苦苏俄的提议

---

① Richard Hartshorne: *The Nature of Geography and Perspective on the Nature of Geography*, Lancaster, Pa.: Association of American Geographer, 1939, p.404.

第七章　英俄和解与从未终结的冷战(1904—1907)

"比土耳其还土耳其",只不过是想要将黑海变成它的内湖。

与之针锋相对,寇松索性把英国传统的海峡政策抛到九霄云外,转而提议土耳其海峡无论何时都对所有国家的军舰开放,为了维护英国商业的利益,还要在马尔马拉海附近设立非军事区。很显然,他要保留一条入侵苏俄腹地的军事通道。在寇松的运作下,会议于1923年1月31日签署了《关于海峡制度的公约》,作为《洛桑条约》的附件。该公约基本落实了寇松的建议。①

至此,英国人的土耳其海峡政策正式完成了一百八十度大转弯。未来,当苏联的军事实力日渐强大以后,英国人的海峡政策还会在寇松的基础上再次一百八十度大转弯。这个三百六十度的迂回证明了,所谓"土耳其的古代惯例"只不过是套骗人的把戏,它在英国的现实利益需求面前根本不值一提。

寇松的政治生涯经历了从前进政策的鼓吹者,到前进政策的实施者,再到土耳其海峡政策的变革者的变化,但抵制俄国始终如一。他是英国战略家的一个代表和缩影,反映了只要亚洲殖民地还在,英国与俄国争夺势力范围的野心就在。如果大英帝国不可避免地衰退了,那么还有它的撒克逊表亲接踵而上。

时至1943年,苏联红军取得斯大林格勒战役和库尔斯克战役的胜利,转向全面反攻。远在伦敦的丘吉尔坐不住了,他担心苏军一旦越出国境,就会控制巴尔干半岛和土耳其海峡。丘吉尔要求美国人别管什么西欧第二战场的承诺,赶紧抢在俄国人前头登陆巴尔干。次年10月,眼见苏军在东南欧已经无可阻挡,英国首相

---

① 参见赵军秀:《英国对土耳其海峡政策的演变:18世纪末至20世纪初》,第256—272页。

又专门飞抵莫斯科,与斯大林达成了瓜分巴尔干势力范围百分比的口头协定。

第二次世界大战结束后,斯大林先于1946年底在伊朗北部推动革命,再于1947年初在土耳其海峡附近举行军事演习。这两次事件,一个属于古老的波斯问题,一个属于更加古老的东方问题,波斯问题与东方问题接踵而至,险些引发美英与苏联的全面战争。也就是在两次危机期间,乔治·凯南先给国务院拍去了长达8000字的著名电报,再以"X先生"署名发表了更加著名的《苏联行为的根源》。

相似的事件,相似的诉求,只是冷战的双方先由英俄变成了英苏,再由英苏变成了美苏。冷战在继续,冷战之下的"大博弈"也在继续。

埃德沃兹在其著作《玩转大博弈》的结尾处这样评价荣赫鹏在西藏的行动:"当中国虚弱时,她在其他地方所受到的威胁,就要比在毗邻印度北部的崇山峻岭受到的威胁更加迫切。对于英国人来说,幸运的是,他们不用面对中国强大起来的可能性。中国渴望驱散过去遭受的屈辱。1949年,中华人民共和国成立,次年,它的力量就已经在西藏显现出来。"[1]

然而,印度总理尼赫鲁(Jawaharlal Nehru)却继承了寇松勋爵的衣钵,卷入了"大博弈","他也选择了前进政策、地图开疆(flourished inadequate maps)和纸上谈兵(armchair strategists),屈从于那些好斗的将军"。当1962年10月中国军队踏进印度东北部时,

---

[1] Michael Edwardes: *Playing the Great Game, A Victorian Cold War*, London: Hamish Hamilton Ltd, 1975, p.160.

第七章　英俄和解与从未终结的冷战(1904—1907)

"许多印度人都惊恐地相信,入侵行动在推进到孟加拉湾以前不会停止。但是中国人并没有在他们主张的界线前迈进一步,而是以近乎经典的'大博弈'式操作撤了回来"。埃德沃兹接着说道:"毕竟吉卜林可能是对的,他让胡里·春德·穆克吉(Hurree Chunder Mookerjee)对新招募的选手吉姆(Kim)说:'当所有人都死了,"大博弈"就结束了。否则它还将继续。'"①

兴许埃德沃兹是对的,"大博弈"的棋盘还在,但是曾经的棋子已经变成了棋手。毛泽东的诗句肯定比吉卜林的小说更能反映这个变化,1954年夏天,他在秦皇岛北戴河写道:

> 往事越千年,
> 魏武挥鞭,
> 东临碣石有遗篇。
> 萧瑟秋风今又是,
> 换了人间。

---

① Michael Edwardes: *Playing the Great Game, A Victorian Cold War*, p.160.

简短的结论

英国在东方问题和中亚问题上的对俄政策,可以分别概括为一个点、一条线和一个面。两个中心点分别是君士坦丁堡和赫拉特,这是英国人绝对不能放弃的战略支点。从这两个中心点出发,分别可以拉出两条线:一条是土耳其海峡,另一条是阿富汗北部边界,这是英国人要守住的最后界线。从这两条线出发,英国要尽可能地维护两个面不受俄国人侵占,一个面是巴尔干半岛,另一个面是中亚。

另一边,俄国人很清楚英国的底线在哪里。他们的策略是,尽可能地控制巴尔干半岛和中亚这两个面,以不断接近君士坦丁堡与赫拉特,却不夺取它们,并在两条线的划分上为自己谋取更大的利益。

准此而论,君士坦丁堡与赫拉特这两个点是固定不变的,两条线却可能调整。关于土耳其海峡,英国人的原则是:只要土耳其本国不参战,海峡就对一切外国军舰封闭。然而一旦土耳其不站在自己一边，英国人就要更改这条原则，比如第一次世界大战及战后的洛桑会议。俄国人的方案是：尽可能地谋求土耳其海峡对外国军舰开放，如果做不到，就退而求其次，要求土耳其海峡无论在平时还是战时，都对一切外国军舰封闭。关于划分阿富汗北部边界，英国人的原则是依据阿富汗与土库曼斯坦、布哈拉的自然地理，俄国人的策略则是依据"民族的要求"。应当说，在这两条线的划分上，英国人大体守住了自己的底线。

如果说两条线可能发生变化和调整，那么两个面就是一片可以延展和收缩的战略空间。英国人先是要维护奥斯曼帝国欧洲部分的完整，后来不断地收缩，一直退到1878年柏林会议时，维护土耳其在巴尔干半岛南端的统治。在中亚问题上，这个面的延展性更要大得多，比如当清政府暂时退出新疆时，英俄两国争夺的范围就会从中亚汗国扩展到天山南北。在两个面的争夺上，俄国人是成功的。他们虽然没能真正控制巴尔干半岛，但终归瓦解了土耳其在那里的统治，在中亚地区更是一直推进到阿富汗北部。

综合上述点、线、面的争夺，仍然可以认为俄国人大体占优，毕竟俄国人始终都在进逼，而英国人始终处于防御。理由很简单，英国人海军实力独步天下，陆军实力则严重不足，而东方问题和中亚问题的势力范围划分，却在陆地之上。

由此我们不难理解，英国政治地理学家如麦金德等人为什么会去批判马汉，为什么会这么强调内陆争夺的重要性了。

附论:马克思、恩格斯论"东方问题"与中国革命[①]

2018年初,汪晖教授为纪念十月革命一百周年,发表了长文《十月的预言与危机》。值得注意的是,他在文中提及了对于19世纪欧洲革命影响重大的"东方问题"(the Eastern Question):

> 欧洲革命者并非不了解帝国主义时代及东方问题的重要性,但他们对"东方问题"的理解在很大程度上受制于19世纪的欧洲观念。对他们而言,"东方问题"主要是指伴随俄罗斯帝国势力扩张与奥斯曼帝国逐渐衰败过程中在相对于欧洲的近东地区所面临的问题。换句话说,"东方问题"不过是俄国、

[①] 本文由笔者2018年9月26日在清华大学人文学院所作报告修改而来,曾得到北京大学章永乐教授,清华大学汪晖教授、何青翰博士等师友的批评指正,在此谨表谢意。

奥地利、英国、法国、奥斯曼以及普鲁士之间争夺霸权的帝国游戏。

与其趣大异,1917年的俄国革命更新了这种国际共产主义运动史上浓厚的"欧洲中心论"视角:

> 然而,在1917年革命爆发之际,"东方问题"早已不再是马克思所说的"对土耳其怎么办"或如何看待俄国扩张的问题,而是如何在东方,尤其是亚洲这一帝国主义的薄弱环节寻找新的革命契机的问题。①

因而汪晖教授对于"短二十世纪"(the Short Twentieth Century)的起点做出了不同于霍布斯鲍姆(Eric Hobsbawm)的判断。他说道:

> 然而,如果要将在他的叙述中地位十分边缘的中国置于思考20世纪的中心位置的话,离开苏联或中国的现代历史形成的历史内涵,而只是将它们作为一般界定的民族国家加以分析,无法把握20世纪的独特性。……若要从中国或中国革命的角度思考20世纪,则必然需要调整对20世纪的分期和界定。②

---

① 以上两段引文,引自汪晖:《十月的预言与危机——为纪念1917年俄国革命100周年而作》,《文艺理论与批评》2018年第1期,第13页。
② 汪晖:《作为思想对象的二十世纪中国(上)——薄弱环节的革命与二十世纪的诞生》,《开放时代》2018年第5期,第85页。

准此而论,"短二十世纪"的起点就不应该是第一次世界大战爆发,而应该是列宁所说的"亚洲的觉醒",是亚洲而不是欧洲,开启了"二十世纪"。

我们应当如何确定政治意义上,而不只是编年意义上的"二十世纪"起点?这个问题当然见仁见智,言人人殊。然而上述汪晖教授所谈到的一系列相互关联的重大历史事件,却值得学术界的重视。

比如引文中涉及的"东方问题"与19世纪中期的"亚洲革命风暴"乃是马克思、恩格斯重视的问题,这两者之间存在什么关联?而"亚洲的觉醒"是列宁关注的问题,19世纪的"东方问题"和"亚洲革命风暴"怎么转化为20世纪的"亚洲觉醒"?这一转化对于马克思主义理论产生了什么深远影响?

遗憾的是,"东方问题"在国内学术界并没有得到它应有的重视。诚如学者所论:"上个世纪80年代以来,学者开始关注东方问题,但是在过去二十多年中只有区区20篇论文发表,……就论文研究的内容而言,多数论文停留在介绍评述的层面,只有少数几篇可以算作研究性论文。论文观点大同小异,而对于一些关键的历史分期则众说纷纭。"[①]诚然,这番评价未免太过苛刻,为数不多的相关研究也包含了真知灼见,但它确实指出了,相较于国外的高水平研究,国内学界对于"东方问题"的探讨无论是在广度上还是在深度上都比较欠缺。仅就笔者目力所及,既有研究大体集中在两

[①] 孙兴杰:《帝国·霸权·区域:权力边界与东方问题的演进》,长春:吉林大学博士学位论文,2011年5月,第3页。

个方面:一、中世纪和近代早期"东方问题"的起源[1];二、19世纪英国、俄国、德国围绕"东方问题"的外交史。[2] 除此之外,亦有少数学者探讨过"东方问题"在20世纪的延伸和结局。[3]

尽管上述研究基本都会引用马克思、恩格斯关于"东方问题"的经典论述,却罕有人专门探讨"东方问题"对于马克思主义的重要意义。[4] 因此,本文试图在此做一些粗浅的尝试,即围绕"东方问题",重新梳理马克思主义史学理论,并期待能为理解近代世界与

---

[1] 例如王新:《"东方问题"的产生与俄国的黑海-巴尔干政策》,《历史研究》1980年第2期,第179—192页;黄淑桢:《"东方问题"产生的浅析》,《史学月刊》1984年第5期,第84—89页;赵爱伦:《俄国与"东方问题"的形成》,《西伯利亚研究》2001年第5期,第43—46页。

[2] 相关专题论文,例如孙炳辉、赵星铁:《俾斯麦在东方问题上的"现实政策"》,《世界历史》1986年第1期,第36—41页;王在邦:《维也纳会议后50年间的东方问题与欧陆政治》,《齐鲁学刊》1990年第3期,第25—30页;洪邮生:《东方问题和坎宁的"外交革命"》,《南京大学学报(哲学社会科学版)》1994年第2期,第98—107页;任羽中、陈斌:《试析19世纪上半期围绕"东方问题"所产生的大国关系模式》,《四川师范大学学报(社会科学版)》2001年第4期,第69—74页;刘锦涛:《克里米亚战前俄英在东方问题上的冷战》,《贵州师范大学学报(社会科学版)》2002年第2期,第85—88页;赵明杰:《克里米亚战前英俄在东方问题上的政策》,《长江大学学报(社会科学版)》2004年第6期,第22—23页;孙兴杰:《柏林会议与"东方问题"巴尔干化的起源》,《吉林大学社会科学学报》2019年第1期,第209—218页。相关专著,例如朱瀛泉:《近东危机与柏林会议》,南京:南京大学出版社,1995年;赵军秀:《英国对土耳其海峡政策的演变:18世纪末至20世纪初》,北京:中国社会科学出版社,2007年。

[3] 例如潘光:《试论"东方问题"的后遗症及其对中东的影响》,《史林》1989年第4期,第73—80页;王三义:《"东方问题"的延续与终结》,《南京师大学报(社会科学版)》2006年第2期,第64—68页。

[4] 前引孙兴杰的博士论文第4章第2节曾专门梳理过马克思、恩格斯对于"东方问题"的论述。应当说,该学位论文是国内罕有的系统研究"东方问题"来龙去脉的专著。参见孙兴杰:《帝国·霸权·区域:权力边界与东方问题的演进》,第165—183页。

中国的关系提供一个新的框架和视角。①

一、"东方问题"的起源与背景

1853年3月,马克思和恩格斯合写过一篇社论,题为《不列颠政局。——迪斯累里。——流亡者。——马志尼在伦敦。——土耳其》,于4月7日发表在《纽约每日论坛报》上。其中说道:

> 每当革命风暴暂时平息的时候,一个老是反复出现的问题必定要冒出来,这就是永远解决不了的"**东方问题**"。②

这个关于"东方问题"的著名判断中,包含了一个因果链条:欧洲革命必然引发"东方问题"。所谓"东方问题"就是"对土耳其怎么办"的问题,进而言之,是土耳其统治下的欧洲宗教和民族问题。用马克思本人的话说,"我们不得不承认,土耳其人在欧洲的存在是开发色雷斯—伊利里亚半岛的一切潜力的真正障碍"③。

上一次"革命风暴"还是法国大革命,马克思接着说道:

> 当第一次法国革命的暴风雨过去,拿破仑和俄皇亚历山

---

① 从这个角度上说,汪晖教授的两篇近作反而像是一个开创性的尝试。
② 〔德〕马克思、〔德〕恩格斯:《不列颠政局。——迪斯累里。——流亡者。——马志尼在伦敦。——土耳其》,《马克思恩格斯全集》(第二版)第12卷,中共中央编译局编译,北京:人民出版社,1998年,第5页。
③ 〔德〕马克思、〔德〕恩格斯:《不列颠政局》,《马克思恩格斯全集》(第二版)第12卷,第8页。

大签订了蒂尔西特和约,瓜分了整个欧洲大陆的时候,亚历山大利用了暂时平静的时机,把军队开进土耳其,向那些正在从内部摧毁这个衰败中的帝国的势力"伸出援助之手"。①

很显然,这篇文章发表之际,正是"1848年革命的暴风雨过去"之时,沙皇尼古拉一世能不继承前任亚历山大一世的遗志,"向那些正在从内部摧毁这个衰败中的帝国的势力'伸出援助之手'"?因此我们首先要问,"东方问题"是怎么出现的?它对国际地缘政治的变更产生了何种影响?

不难察觉,欧洲人书写近代史,很喜欢以两个年份作为起点,一为1453年,一为1492年。后者当然是指哥伦布发现新大陆,前者则由两件大事构成。

首要一件大事是这年夏天,奥斯曼土耳其攻占了君士坦丁堡。有西方史家说,在当时的欧洲人看来,"君士坦丁堡的陷落对西方来说是个巨大的伤痛,它不仅挫伤了基督教世界的自信,还被认为是古典世界的悲剧性终结,'荷马和柏拉图的第二次死亡'"。② 原先的欧洲人总觉得还有达达尼尔海峡和博斯普鲁斯海峡作为天然屏障,如今屏障不复存在了。非但不复存在,连屏障的这边都成了异教徒的首都。一言以蔽之,地中海的权力平衡彻底改变了。

强大的奥斯曼军队一路推进到奥地利境内,直到1529年才被

---

① 〔德〕马克思、〔德〕恩格斯:《不列颠政局》,《马克思恩格斯全集》(第二版)第12卷,第5页。
② 参见〔英〕罗杰·克劳利:《1453:君士坦丁堡的陷落》,陆大鹏译,台北:马可孛罗文化,2017年,第341页。

哈布斯堡家族挡在维也纳城下。哈布斯堡家族捍卫了基督教世界，使其免受异教徒的入侵，这为它带来了巨大的声誉，使其能够长期垄断中欧神圣罗马帝国的帝位，但也让它四面受敌，饱受周边欧洲王室的明枪暗箭。英国历史学家西姆斯（Brendan Simms）就把欧洲近代史描述为一部围绕着中欧控制权展开的尔虞我诈斗争史，"一切纷争的中心，就是德意志神圣罗马帝国"①。而神圣罗马帝国纷争的中心，就是哈布斯堡家族。

一个非常显著的例子是，正当哈布斯堡家族率领德意志军队奋力抵抗奥斯曼帝国入侵时，法兰西国王弗朗索瓦一世（François I, 1494—1547）却与土耳其苏丹苏莱曼一世（Suleiman the Magnificent, 1494—1566）暗通款曲。双方于1535年签订了《特惠条约》，使法兰西在土耳其取得了后世史家所说的"领事裁判权"和"片面最惠国待遇"。对此，马克思曾特别强调：

> 因为《古兰经》把一切外国人都视为敌人，所以谁也不敢没有预防措施而到伊斯兰教国家去。因此，第一批冒险去同这样的民族做生意的欧洲商人一开始就力图保证个人享有特殊待遇和特权，后来，这种特殊待遇和特权扩大到他们的整个国家。这就是《特惠条例》产生的根源。②

---

① 〔英〕布伦丹·西姆斯：《欧洲：1453年以来的争霸之途》，孟维瞻译，北京：中信出版社，2016年，第13页（前言页）。
② 〔德〕马克思：《宣战。——关于东方问题的历史》，《马克思恩格斯全集》（第二版）第13卷，中共中央编译局编译，北京：人民出版社，1998年，第181页。

在马克思看来,"穆斯林和信异教的外国人之间的关系"就是"穆斯林和他的基督教臣民之间的关系"的向外延伸。苏莱曼大帝会轻而易举地给予弗朗索瓦一世治外法权,与奥斯曼帝国内部的治理模式密不可分。马克思如是援引伊斯兰教法:

> 如果某个城市投降,其居民同意成为**莱雅**,即信奉伊斯兰教君主的臣民,而又不放弃自己的信仰,那么他们必须缴纳**哈拉志**(人头税);他们和正统教徒达成停战协议,无论谁都不得没收他们的地产或房屋……①

一方面,穆斯林统治者与异教徒是征服者与被征服者的关系,异教徒必须服从穆斯林主人的统治,为其缴纳人头税;另一方面,穆斯林统治者与异教徒又是保护者与被保护者的关系,穆斯林不会迫使异教徒改宗伊斯兰教,在异教徒履行臣民义务后,穆斯林统治者甚至会保护其固有的宗教信仰、风俗习惯,甚至司法制度不受侵犯。

这种既征服又保护的模式大大减小了奥斯曼土耳其扩张的阻力,使其能在不长的时间内创造一个大帝国,然而又使得帝国内部的多元成分始终得不到整合。奥斯曼土耳其不是一个整体,而是抽象帝国外衣包裹起来的多个硬块。借用西方评论家的话说,奥斯曼帝国既不是一个国家,也不是一个民族,而是由各个独立部分

---

① 〔法〕塞·法曼:《基督教会在东方的竞争和对它们进行保护的历史》,1853 年巴黎版,转引自〔德〕马克思:《宣战。——关于东方问题的历史》,《马克思恩格斯全集》(第二版)第 13 卷,第 181 页。

组成的碎片集合,土耳其的统治充其量不过是"军事占领"的代名词。①

因此在帝国内部,穆斯林、犹太人和基督徒之间不存在同一套普遍适用的民事法律制度,而是分别由各自的宗教和习俗约束。《特惠条约》无疑把这种属人管辖原则延伸到了外国商人头上。反过来,这些受到本国法律约束而不受伊斯兰教法约束的外国商人,又进一步扩大了帝国内部异教徒与穆斯林之间的裂痕。巴尔干半岛就是奥斯曼帝国之中的破碎硬块相互冲突的集中体现。从内部看,巴尔干半岛的穆斯林、东正教徒和天主教徒长期处于对立的状态,丝毫没有开展一体化的进程;从外部看,巴尔干又成了奥地利哈布斯堡王朝和土耳其伊斯兰帝国相互争夺的场所。外部势力的争夺加剧了其内部的民族纷争,内部的民族纷争又为外部势力的干涉提供了口实。随着俄罗斯东正教势力的加入,原本矛盾尖锐的巴尔干地区变得更加复杂。

1480年,莫斯科公国脱离金帐汗国的统治。它刚一独立,就"自然而然地意识到了自己是拜占庭的继承者","于是便产生了'莫斯科—第三罗马'的概念"。② 这意味着东正教俄国从一开始就不会放弃包括希腊在内的整个巴尔干地区。1774年7月,俄土《库楚克—凯纳吉和约》签订,它标志着沙皇控制了克里米亚和黑海北部,开始染指黑海海峡。对此,马克思一针见血地指出:"彼得

---

① John Macdonald, *Turkey and the Eastern Question*, New York: Dodge Publishing Co., 1912, p. 11.
② 〔俄〕瓦列里·列昂尼多维奇·彼得罗夫:《俄罗斯地缘政治——复兴还是灭亡》,于宝林、杨冰皓译,北京:中国社会科学出版社,2008年,第70页。

一世自己早就打算在土耳其的废墟上登上统治的宝座。叶卡捷琳娜也曾一再劝说奥地利并要求法国一同来参与拟议中的肢解土耳其,在君士坦丁堡建立一个以她孙子为首的希腊帝国。"①

对于上述复杂的地缘政治背景,有西方学者概括道:

> 两个相互纠缠的重要因素决定了巴尔干的历史进程。一方面,巴尔干半岛被带入了欧洲政治领域,成为以奥匈帝国为代表的日耳曼和以俄罗斯为代表的斯拉夫之间长期冲突的焦点。另一方面,受压迫的基督教民众唤醒了自觉的民族意识,开始了一场史诗般的政治独立斗争,即使大战也不能终止它。②

这寥寥数语就充分说明了巴尔干半岛内部的民族纷争与巴尔干半岛外部的国际角逐之间紧密复杂的历史关系,乃至于时至今日,仍然是学术界研究巴尔干现状的常识。马里奥特(J. A. R. Marriot)的权威著作《东方问题》(the Eastern Question)就是相关研究的杰出代表。该书把东方问题的相关对象划分为三个层次:巴尔干境内的各个民族是纷争的当事人,奥地利哈布斯堡家族帝国、奥斯曼土耳其帝国和沙皇俄国是纷争的外部参与者,英、法等其他欧洲列强则是纷争的积极介入者。

---

① 〔德〕马克思:《土耳其问题。——〈泰晤士报〉。——俄国的扩张》,《马克思恩格斯全集》(第二版)第12卷,第123页。
② Noel Buxton and C. Leonard Leese: *Balkan Problems and European Peace*, New York: Charles Scribner's Sons, 1919, p. 17.

准此而论,欧洲任何一次民族主义浪潮波及巴尔干地区,都会随即引发一连串国际政治的连锁反应。19世纪中期同样如此。这便是马克思说的"革命风暴"引发"东方问题"。东方问题的地缘政治背景大体如是,然而如果仅止于此,则马克思、恩格斯的论述就与其他大多数研究者,并没有什么区别。事实上,国内学界也主要是把马克思、恩格斯关于"东方问题"或"土耳其问题""巴尔干问题"的论述,当作讨论克里米亚战争的史料。然而始终关注全球资本主义运动的马克思、恩格斯,当然不会把眼光仅仅局限在近东这片狭小的区域。要理解他们笔下"东方问题"的全部内涵,就必须将其与遥远的中亚、东亚关联起来。

1453年的另一件大事是当年10月,英法百年战争基本结束,英格兰王室逐渐失去了在欧洲大陆上的王位继承权。八十年后,英王亨利八世(Henry Ⅷ,1491—1547)宣布终结与凯瑟琳王后(Catherine,1485—1536)的婚姻,并最终因此而脱离罗马教宗,另立国教。从表面上看,这只是一场关于男女爱情和生育子嗣的政治闹剧,但要考虑以下三个历史背景:一、废后凯瑟琳本为哈布斯堡家族的成员;二、哈布斯堡家族控制了罗马教廷,并让罗马教廷出面阻挠亨利八世离婚;三、亨利八世早年曾与哈布斯堡家族成员查理五世(Charles Ⅴ,1500—1558)竞争神圣罗马帝国的帝位,惨遭失败。完全有理由说,本次废除皇后事件,标志着英格兰都铎王朝放弃了与哈布斯堡王朝的联姻政策,也放弃了控制中欧的理想,转而走向海洋国家的道路。

另一方面,1501年,什叶派穆斯林在波斯建立了萨法维王朝(Safavid Dynasty,1501—1736),使得这个被镇压了八百多年的伊斯兰教派终于有了自己的政权。萨法维王朝甫一建立就不得不与周围的逊尼派爆发长期战争,战争直接导致了阿拉伯世界内部商路的中断。

因此,俄国历史上第一位沙皇伊凡四世(Ivan Ⅳ,1530—1584)与英国女王玛丽一世(Mary Ⅰ,1516—1558)不约而同地想到了开辟一条新的贸易通道。"伊凡雷帝"和"血腥玛丽"这两位欧洲史上有名的暴烈君主在1557年共同任命过一个叫作安东尼·詹金森(Anthony Jenkinson)的英国人率领使团绕道访问中亚,以探寻前往中国的商路。手持两国文书的詹使节可能是西方历史上第一位中亚问题专家。正是他向"伊凡雷帝"报告,中亚汗国与俄罗斯之间存在大量奴隶贸易,这后来成了沙皇俄国入侵中亚的重要口实。①

上述史实并不是1492年地理大发现的起源,但它无疑把地理大发现带入了一个更广阔的领域。"伊凡雷帝"和"血腥玛丽"同时探寻通往东亚的新通道,提醒了我们,地理大发现不能等同于大航海,它还包括俄国在欧亚大陆腹地的推进和扩张。或者说,这里存在两条线路,一条是陆路,横贯于欧亚大陆深处,一条是海路,围绕欧亚大陆的外围。陆路和海路共同把原本相对孤立的各个文明连接起来了。

三个半世纪后,1904年1月,麦金德(Halford John Mackinder,1861—1947)发表了著名论文《历史的地理枢纽》。他宣称:"海洋上的机动性,是大陆心脏地带的马和骆驼的机动性的天然敌

---

① 王治来:《中亚通史·近代卷》,乌鲁木齐:新疆人民出版社,2004年,第59页。

手。"①英国和俄国,这两个没有办法进入欧洲中心的边缘国家,反而不得不各自通过海上和内陆,担负起连接整个欧亚大陆的责任。从欧洲内部的视角看,英俄是边缘国家;从欧亚大陆的视角看,英俄又成了中心国家。旧时代的边缘乃是新时代的中心,中心和边缘颠倒了。

可以说,人类历史的革命性进程,往往走的是一条边缘突破的道路。

二、维也纳体系下的"东方问题"

19世纪初期,英国汉诺威王朝、俄国罗曼诺夫王朝、普鲁士霍亨索伦王朝、奥地利哈布斯堡王朝,连同复辟的法国波旁王朝共同创立了维也纳体系。众所周知,该体系为了防止大革命和拿破仑帝国的重演,确立了五大王朝共同协调欧洲事务的机制。正如殷之光所论,"作为一种欧洲保守主义政治的创造物,维也纳体系几乎像是一场绝对主义(Absolutism)国家在欧洲国际层面上进行的集体复辟。……是欧洲国家在大革命之后寻找到的自卫机制"②。

需要强调,这里所说的"绝对主义国家"并不是现代意义上的民族国家,而是随着拿破仑帝国垮台死灰复燃的旧式王朝体系。

---

① 〔英〕哈·麦金德:《历史的地理枢纽》,林尔蔚、陈江译,北京:商务印书馆,1985年,第57页。
② 殷之光:《多种普遍性的世界时刻:19世纪的全球史读法》,章永乐:《万国竞争——康有为与维也纳体系的衰变》"序言二",北京:商务印书馆,2017年,第22页(序言页)。

或者说,维也纳体系建立之初,欧洲事务的协调仍然有赖于各大王室之间的联姻关系。但到了 19 世纪后期,这种联姻关系的政治作用迅速下降,虽然维也纳体系表面上仍然维持着它的效力,但其内部机制已经变成了民族国家实力之间的恐怖平衡。简言之,民族国家之间的均势原则取代了传统王朝之间的联姻原则,成为维系维也纳体系的基石。

须知欧洲旧式王朝的范围与现代民族国家并不重合,例如德意志和西班牙都曾经是哈布斯堡王朝的领土,但它们分属两个截然不同的民族国家。在 16 世纪,语言和风俗都不相同的德意志人和西班牙人,都可以为了超越于民族之上的哈布斯堡王室,并肩对抗法兰西瓦卢瓦家族或英格兰都铎家族的臣民。但到了 19 世纪后期,德意志的王室只代表德意志,西班牙的王室只代表西班牙,不管他们之间是否存在联姻关系,王室都不再超越于其统治下的民族。

其中的转折点就是 1848 年革命。或者说,1848 年革命继承了法国大革命所发扬的现代民族主义原则,彻底冲决了旧式王朝体系,使得各个王室如果还想继续统治,就不得不将民族利益摆到家族利益之上,以民族国家的领袖而不是高贵家族的成员的身份,发挥政治作用。

理解这点,我们才能理解卢梭"主权在民"的历史意义。只有当一个国家在国际法上属于全体国民,而不是某个家族时,才能说"法国是法国人的法国""德国是德国人的德国",才能构成独一无二的国际法人格。即令为普鲁士王权辩护的黑格尔,也不得不承认,要想把民族国家树立为国际政治主体,就必须确立"人民主

权":

> 只有人民对外完全独立并组成自己的国家,才谈得上人民的主权,大不列颠的人民是一个例子。……
>
> 可见,如果只是一般地谈整体,那也可以说国内的主权是属于人民的,这同我们前面所说的国家拥有主权完全一样。①

法国大革命正是新式国际法人格的缔造者,正如克劳塞维茨(Karl Clausewitz,1780—1831)所说:"突然,战争再度成了人民的事业,而那是个为数三千万的人民,他们全都认为自己是公民。"②

由此看来,维也纳体系想要复辟欧洲旧式王朝关系,无疑是种历史的倒退。1848革命则宣告了这种倒退的尝试注定会失败。尽管工人阶级在这场革命中登上了历史舞台,尽管马克思在革命之初就号召"全世界无产者,联合起来"③,但无可否认,1848年革命首先是一场民族主义革命。相较于旧式封建王朝,民族主义在当时无疑属于进步的力量。

这场革命的成果也同样首先是民族主义的。一方面,普鲁士、撒丁王国不得不宣布立宪,以扩大国王的民意基础,而参与政治的

---

① 〔德〕黑格尔:《法哲学原理》第279节,范扬、张企泰译,北京:商务印书馆,1961年,第297—298页。

② 〔德〕卡尔·冯·克劳塞维茨:《战争论》下册,时殷弘译,北京:商务印书馆,2016年,第852页。

③ 一般认为,1848年革命的起点是2月22日的巴黎人民起义,而2月21日,《共产党宣言》在伦敦第一次以单行本问世,24日正式出版。《共产党宣言》的出版和1848年革命的爆发正好同步。

民意代表又促使这些王国把统一德意志、意大利的任务提上议事日程;另一方面,奥地利同样面临宪政改革的巨大压力,其结果却是皇帝弗朗茨·约瑟夫一世(Franz Joseph Ⅰ,1830—1916)不得不扩大境内各个民族的自治权。简言之,在民族主义革命浪潮的推动下,一方面新兴民族国家越来越凝聚,另一方面传统帝国越来越分裂。后者当然不只包括奥地利,也包括奥斯曼土耳其。

德意志民族、意大利民族走向统一与奥地利哈布斯堡王朝走向分裂,这些欧洲国际事务的变动不可避免地外溢到巴尔干地区。孙兴杰指出:"意大利与德意志的统一改变了哈布斯堡帝国及其对外战略。它曾经在德意志、意大利以及巴尔干具有重要的国家利益,也是战略扩张方向所在。德统一之后,哈布斯堡帝国的选择变得单一了,短短十年之间,哈布斯堡帝国丧失了在中欧的影响力,它只能将扩张的方向重新转向巴尔干地区。"①为了抵消普鲁士和撒丁王国民族统一政策带来的压力和损失,哈布斯堡王朝只有在巴尔干地区寻求突破。它势必要与另一个饱受分裂之苦的旧式王朝奥斯曼土耳其,发生正面冲突。

伴随法国大革命和1848年革命而觉醒的现代民族意识,迅速传播到土耳其治下的巴尔干地区,"民族反叛和新政府建立的主题支配了1804年至1887年的巴尔干半岛历史"②。这点燃了国际势力干预巴尔干半岛的导火索。

---

① 孙兴杰:《柏林会议与"东方问题"巴尔干化的起源》,《吉林大学社会科学学报》2019年第1期,第211页。
② Barbara Jelavich, *History of the Balkans*, Volume 1: *Eighteenth and Nineteenth Centuries*, Cambridge: Cambridge University Press, 1983, p. 171.

如果说欧洲内部的革命浪潮和国际干预还能由维也纳体系的王朝关系来协调,那么身处欧洲基督教文明外部的奥斯曼帝国就没那么幸运了。佩里·安德森(Perry Anderson)指出:

> 尽管奥斯曼帝国在地理上深入东南欧,但它既没有被邀请赴会,会议更没有讨论它,最终被维也纳会议排除在外。即便奥斯曼帝国是一个君主制国家,但它又怎么能够被自我定位为基督教国家之间所缔结之盟约的大国协调机制所兼容呢?①

奥斯曼帝国既在文明形态上外于欧洲,又在地理疆域上深入欧洲,既受到欧洲革命的波及,又不受欧洲体系的协调。安德森接着指出:

> 尽管奥斯曼帝国在欧洲占据了大片地区,但它既不被视为欧洲的一部分,也不被视作可供殖民入侵或吞并的外围世界的一部分。②

换句话说,奥斯曼土耳其统治下的欧洲部分,既关乎维也纳体系的安危,又不受维也纳体系的制约。巴尔干半岛同样是欧洲的边缘

---

① 〔英〕佩里·安德森:《大国协调及其反抗者——佩里·安德森访华讲演录》,章永乐、魏磊杰主编,北京:北京大学出版社,2018年,第10页。
② 〔英〕佩里·安德森:《大国协调及其反抗者——佩里·安德森访华讲演录》,第18页。

地带,东方问题的爆发同样是欧洲近代史上的边缘突破。

王朝协调机制终止的地方,就是国力均衡原则开始的地方。首先运用于巴尔干地区的民族国家实力均衡原则,又反过来主导了19世纪后半期的欧洲大陆。率先打破巴尔干地区均势状态的是俄国,在波兰等地到处镇压民族主义反抗的"欧洲宪兵",却摇身一变成为巴尔干地区东正教民族的庇护者,把手伸进了奥斯曼帝国的属地。巴尔干地区的民族革命迅速转变为俄罗斯、土耳其两大帝国的地缘政治矛盾,马克思说道:

> 因此通过世俗的解放来废除他们对《古兰经》的从属,也就是同时消除他们对神职人员的从属,并引起他们在社会、政治和宗教关系等方面的革命,这场革命首先不可避免地会把他们推入俄国的怀抱。①

或者援用前引马里奥特的概括,东方问题当事人之间的打斗,很快引发了周边参与者之间的混战,而参与者的混战又促使外部围观者介入。恩格斯便这样评论英国站在土耳其一边,介入东方问题:

> 历史和当前的事实都指明,必须在欧洲穆斯林帝国的废墟上建立一个自由的、独立的基督教国家。下一步的革命一定会使这样的事成为不可避免,因为它一定会引发俄国专制

---

① 〔德〕马克思:《宣战。——关于东方问题的历史》,《马克思恩格斯全集》(第二版)第13卷,第182页。

和欧洲民主之间久已成熟的冲突。英国势必卷入这个冲突,不管那时碰上什么人执政。它永远不会容许俄国占有君士坦丁堡。它势必会站在沙皇的敌人一方,竭力在虚弱衰败的、被推翻的土耳其政府的遗址上促使建立一个独立的斯拉夫人的政府。①

在恩格斯看来,巴尔干的民族独立运动无疑是进步的,相较于信奉伊斯兰教的土耳其,东正教俄罗斯也无疑是进步的。讽刺的是,相较于东正教俄罗斯,资本主义领头羊英国是更进步的力量,如今最进步的力量反而站在了最落后的力量一边,反对巴尔干人民追求进步。巴尔干内部的资产阶级革命会不会引发资产阶级英国内部的无产阶级革命呢?

尤有进者,英俄这两个维也纳体系内部的合作者,到了维也纳体系之外就变成了对抗者。欧洲的合作与亚洲的竞争互为表里,东方问题就是欧洲和亚洲的接缝处。恩格斯指出:

> 君士坦丁堡,特别是在亚洲土耳其的特拉佩宗特,是同亚洲内地,同幼发拉底河和底格里斯河流域,同波斯和突厥斯坦进行商队贸易的主要中心。……
> 特拉佩宗特的贸易也正成为极其重大的政治性问题,因

---

① 〔德〕恩格斯:《欧洲土耳其前途如何》,《马克思恩格斯全集》(第二版)第12卷,第43页。

为它是俄国和英国在亚洲内地的新的利害冲突之源。①

马克思也说:

> 谁掌握多瑙河口,谁就掌握了多瑙河,控制了通往亚洲的大道,同时也就在很大程度上控制了瑞士、德国、匈牙利、土耳其的贸易,首先是摩尔多瓦和瓦拉几亚的贸易。如果他还掌握了高加索,黑海就成了他的囊中之物;而要关闭黑海的门户,只要把君士坦丁堡和达达尼尔海峡拿过来就行了。占有了高加索山脉就可以直接控制特拉佩宗特,并通过在里海的统治地位直接控制波斯的北方沿海地带。②

这预示了,东方问题将会进一步扩大为欧亚大陆两侧的问题。前述问题,即巴尔干内部的资产阶级革命会不会引发资产阶级英国内部的无产阶级革命,也许可以扩展为,亚洲内部的资产阶级革命会不会引发资本主义欧洲内部的无产阶级革命?

三、马克思的"革命大循环"

但凡了解近代国际关系史的人都不会否认罗斯托夫斯基(La-

---

① 〔德〕恩格斯:《土耳其问题的真正症结》,《马克思恩格斯全集》(第二版)第12卷,第17页。
② 〔德〕马克思:《帕麦斯顿勋爵》"第七篇",《马克思恩格斯全集》(第二版)第12卷,第458页。

banov Rostovsky)的一个概括：

> 在俄国的历史上几乎已经成为一条规律，即每当俄国在欧洲受到挫折，它就加快在亚洲的挺近。①

马克思、恩格斯当然不会无视这点。比如恩格斯在一篇题为《俄国在中亚细亚的进展》的时评中指出：

> 关于两个亚洲大国俄国和英国可能在西伯利亚和印度之间的某处发生冲突的问题，关于哥萨克和西帕依在奥克苏斯河两岸发生冲突的问题，自从1839年英国和俄国同时出兵中亚细亚以来，常常被人们谈论着。……当最近一次战争开始的时候，俄国有可能进攻印度的问题，又重新提出来了；但是那时大家几乎一点也不知道俄国的先遣部队已推进到什么地方以及他们在哪一个方向进行侦查。印度报纸偶尔登载一些关于俄国在中亚细亚的征服地的报道，但是人们没有注意它们。最后，在1856年英国—波斯战争时期，整个问题又重新引起了讨论。②

引文中提到了"1839年英国和俄国同时出兵中亚细亚"，分别指当

---

① Prince A. Lobanov-Rostovsky: *Russia and Asia*, New York: the Macmillan Company, 1933, p.147. 转引自许建英《近代英国和中国新疆(1840—1911)》，哈尔滨：黑龙江教育出版社，2014年，第191页。
② 〔德〕恩格斯：《俄国在中亚细亚的进展》，《马克思恩格斯全集》（第一版）第12卷，中共中央编译局译，北京：人民出版社，1962年，第636—637页。

年英国第一次入侵阿富汗和俄国首次出兵攻打希瓦汗国;而"当最近一次战争开始的时候"则指1856—1857年英国与波斯卡扎尔王朝(Qajar Dynasty, 1779—1925)之间的战争。关于这几次战争,限于篇幅,无法展开。

这里需要注意的是,恩格斯明确称俄国和英国为"两个亚洲大国"。这相当于说,英国和俄国从欧洲边缘到亚洲深处的对抗,使得欧洲革命往往会在亚洲产生连锁反应。至少在克里米亚战争中失败的俄国,会把矛头转向印度,以分散英国在土耳其的注意力。以"英俄问题"(The Anglo-Russia Question)为中介,"东方问题"演变成了"中亚问题"(Central Asian Question)。①

1858年,克里米亚战争结束刚刚两年,俄国人就派出了年轻的外交官尼古拉·伊格纳季耶夫(Никола́й Па́влович Игна́тьев, 1832—1908)出使浩罕、布哈拉两个中亚汗国,并达成目的,取得了在中亚阿姆河上的自由航行权。这位在历史上享有"撒谎之父"之"美誉"的俄国外交官刚刚诈骗完中亚汗国的埃米尔,就来到中国,利用协调第二次鸦片战争之机,不费一枪一弹,刮走了中国东北100多万平方千米的领土,并获得了黑龙江的航行权和新疆喀什噶尔的通商权等大量特权。马克思对此评论道:

---

① "Central Asian Question"(中亚问题)在19世纪后半叶就频繁出现于英国政治家、军事家和地理学家的表述之中,如前皇家地理学会主席罗灵逊(Henry Rawlinson)、印度总督寇松(George N. Curzon)、前进政策派政论家马尔文(Charles Marvin)等人都经常使用。"The Anglo-Russia Question"(英俄问题)则引自寇松1889年出版的著作《俄国在中亚》(Russia in Central Asia)第九章标题。详见George N. Curzon: *Russia in Central Asia*, London: Longmans, Green and Co., 1889, pp.313-381。

> 约翰牛由于进行了第一次鸦片战争,使俄国得以签订一个允许俄国沿黑龙江航行并在两国接壤地区自由经商的条约;又由于进行了第二次鸦片战争,帮助俄国获得了鞑靼海峡和贝加尔湖之间最富庶的地域,俄国过去是极想把这个地域弄到手的,从沙皇阿列克塞·米哈伊洛维奇到尼古拉,一直都企图占有这个地域。①

恩格斯说得则更加直白,也更加具有国际关系上的意义:

> 俄国由于自己在塞瓦斯托波尔城外遭到军事失败而要对法国和英国进行的报复,现在刚刚实现。
> ……俄国正在迅速地成为亚洲的头等强国,它很快就会在这个大陆上压倒英国。②

于是我们看到,英俄争霸使得欧洲内部的革命运动,转嫁为亚洲深处的政治问题。这就形成了一根完整的因果反应链条:欧洲革命—东方问题—英俄对抗—中亚问题—中国问题。欧洲是这根链条的开端,中国是链条的末端,英俄在欧亚大陆的对抗则充当了整条反应链的中介。

---

① 〔德〕马克思:《中国和英国的条约》,《马克思恩格斯全集》(第一版)第12卷,第625—626页。
② 〔德〕恩格斯:《俄国在远东的成功》,《马克思恩格斯论中国》,中共中央编译局编,北京:人民出版社,1997年,第81、85页。

用马克思本人的话说,作为开端的欧洲和作为末端的中国,就体现为黑格尔的所谓"两极相联":

> 有一位思想极其深刻但又怪诞的研究人类发展原理的思辨哲学家,常常把他所说的两极相联规律赞誉为自然界的基本奥秘之一。在他看来,"两极相联"这个朴素的谚语是一个伟大而不可移易的适用于生活一切方面的真理,是哲学家所离不开的定理,就像天文学家离不开开普勒的定律或牛顿的伟大发现一样。①

须知当时的中国也在爆发革命,即太平天国运动。欧洲革命最终演变成了亚洲革命、中国革命。关于这场运动的原因,马克思以不容置疑的口吻指出:

> 中国的连绵不断的起义已经延续了约十年之久,现在汇合成了一场惊心动魄的革命;不管引起这些起义的社会原因是什么,也不管这些原因是通过宗教的、王朝的还是民族的形式表现出来,推动了这次大爆发的毫无疑问是英国的大炮,英国用大炮强迫中国输入名叫鸦片的麻醉剂。满族王朝的声威一遇到英国的枪炮就扫地以尽,天朝帝国万世长存的迷信破了产,野蛮的、闭关自守的、与文明世界隔绝的状态被打破,开始同外界发生联系,这种联系从那时起就在加利福尼亚和澳

---

① 〔德〕马克思:《中国革命和欧洲革命》,《马克思恩格斯论中国》,第1页。按,旧版《马克思恩格斯全集》把"两极相联"翻译成"对立统一",不甚妥当。

大利亚黄金吸引之下迅速地发展起来。同时,这个帝国的银币——它的血液——也开始流向英属东印度。①

按照马克思的逻辑,疯狂追求剩余价值造成了资本主义世界内部的生产过剩,因而引发了资本主义经济危机和无产阶级革命,资产阶级为了缓解内部危机则不得不开辟更广阔的外部市场以倾销过剩商品。资产阶级倾销过剩商品又会震动外部市场固有的封建关系,从而引发外部市场所处地区的革命。

这条原理落实到具体的国际关系当中,就是欧洲资本主义生产过剩引发了1848年革命,为了缓解1848年革命造成的危机,英俄两国不得不加紧海外扩张,以倾销过剩商品。第二次鸦片战争的实质就是欧洲资本主义的生产过剩,其结果则是大量中国白银进一步流向印度,刺激了印度资本主义的萌芽,同时中国破产的农民和小手工业者起来革命。

问题是,中国新一轮的革命会产生什么样的连锁反应?它的影响力难道只局限于中国内部吗?

须知这篇社论的标题不是"欧洲革命和中国革命",而是"中国革命和欧洲革命","中国革命"在前,"欧洲革命"在后,"中国革命"为因,"欧洲革命"为果。令人震惊的是,马克思不只认为欧洲革命会通过资产阶级商品倾销,引发中国革命,更设想中国革命会反过来促成欧洲革命。如他所言:

---

① 〔德〕马克思:《中国革命和欧洲革命》,《马克思恩格斯论中国》,第1—2页。

> 欧洲人民下一次的起义,他们下一阶段争取共和自由、争取廉洁政府的斗争,在更大的程度上恐怕要决定于天朝帝国(欧洲的直接对立面)目前所发生的事件,而不是决定于现存其他任何政治原因,甚至不是决定于俄国的威胁及其带来的可能发生全欧战争的后果。①

在马克思看来,1848年革命先由一点爆发,再迅速扩散至全欧洲的现象,也会在亚洲重演。持续的中国革命会使中国市场萎缩,这将逼迫走投无路的清政府宣布种植鸦片合法,以解决自身的财政危机。届时,高度依赖中国市场的印度种植园经济将会大面积破产,这又会导致印度市场的萎缩。中国和印度市场的萎缩则会进一步扩大欧洲的商品滞销,引发新一轮的欧洲革命。

因此,马克思甚至称赞主张弛禁鸦片的太常寺少卿许乃济是"中国最有名的政治家之一",林则徐、黄爵滋之类的禁烟派则是"天朝的野蛮人"。如他所言:

> 中国最有名的政治家之一许乃济,曾提议使鸦片贸易合法化,并从中取利。但是,经过帝国全体高级官吏一年多的全面讨论,中国政府决定:"这种万恶贸易毒害人民,不得开禁。"早在1830年,如果征收25%的关税,就会带来385万美元的收入,到1837年,就会双倍于此。可是,天朝的野蛮人当时拒绝征收一项随着人民堕落的程度而必定会增大的税收。②

---

① 〔德〕马克思:《中国革命和欧洲革命》,《马克思恩格斯论中国》,第1页。
② 〔德〕马克思:《鸦片贸易史》,《马克思恩格斯论中国》,第66页。

如果说经历了第一次鸦片战争的清政府还在勉力维系禁烟政策,那么第二次鸦片战争和太平天国运动势必迫使它最终弛禁鸦片,印度种植园经济的破产指日可待,欧洲新一轮革命的破产同样指日可待。马克思自信地评论道:

> 当西方列强用英法美等国的军舰把"秩序"送到上海、南京和运河口的时候,中国却把动乱送往西方世界。①

这是一个巨大的圆圈:欧洲革命引发了东方问题,东方问题最终引发了中国革命,但中国革命又会转过头来引发印度革命,再传回欧洲,引发新一轮的欧洲革命。尽管马克思本人十分不屑于野蛮低俗的亚洲革命,曾嘲笑太平天国有如"凶神恶煞下凡"②,但这一点都不妨碍他肯定太平天国运动的世界史意义:这将是欧洲文明世界走向真正彻底文明状态的媒介。

欧亚大陆东西两端的旧世界就在类似击鼓传花的游戏中,同时走向衰退。欧洲的旧世界是资本主义,它的新世界是共产主义;亚洲的旧世界是封建主义,它的新世界则是资本主义。马克思乐观地说道:

> 但是有一个事实毕竟是令人欣慰的,即世界上最古老最巩固的帝国八年来被英国资产者的印花布带到了一场必将对

---

① 〔德〕马克思:《中国革命和欧洲革命》,《马克思恩格斯论中国》,第6页。
② 例如〔德〕马克思:《中国纪事》,《马克思恩格斯论中国》,第116—117页。

文明产生极其重要结果的社会变革的前夕。当我们的欧洲反动分子不久的将来在亚洲逃难,最后到达万里长城,到达最反动最保守的堡垒的大门的时候,他们说不定会看见上面写着"中华共和国——自由,平等,博爱"。①

被无产阶级革命推翻的欧洲资本家,逃难到中国时,迎接他们的不正是处于鼎盛时期的资本主义社会吗?

然而马克思的理论只对了一半,欧洲革命确实迅速地推动了亚洲地区的殖民地化,却没能转而传回欧洲,引发下一轮欧洲革命。其中因素当然很多,但有个事实显而易见,即欧洲革命之所以能引发亚洲新一轮的殖民地化,有赖于英俄两个庞大的政治实体作为中介。但中国革命要反过来推动新一轮的欧洲革命,只能依靠殖民主义贸易的细线。这根线确实太细了,还不足以充当传导革命的链条。马克思的失误也许给我们提了个醒:今天西方左翼思潮一再鼓吹"去国家化""去中心化",这会不会像当年的马克思一样太乐观了?

必须强调,承不承认资本与政权的高度结合,承不承认资本扩张必须以民族国家的方式进行,乃是列宁与考茨基,也是列宁与马克思本人的重要区别。

---

① 〔德〕马克思:《农民起义和太平天国革命》,《马克思恩格斯论中国》,第6页。按,马克思原文标题为《国际述评(一)》,该标题为《马克思恩格斯论中国》一书的编者所加。

四、欧亚天平的转动

应当承认,马克思"革命大循环"的理论基石是黑格尔的《历史哲学》。不同之处只在于,马克思用"亚细亚生产方式"为黑格尔的"东方专制主义"打底。比如他在著名的《不列颠在印度的统治》中就指出:

> 气候和土地条件,特别是从撒哈拉经过阿拉伯、波斯、印度和鞑靼区直至最高的亚洲高原的一片广大的沙漠地带,使利用水渠和水利工程的人工灌溉设施成了东方农业的基础。无论在埃及和印度,或是在美索不达米亚、波斯以及其他地区,都利用河水的泛滥来肥田,利用河流的涨水来充注灌溉水渠。节省用水和共同用水是基本的要求,这种要求,在西方,例如在佛兰德和意大利,曾促使私人企业结成自愿的联合;但是在东方,由于文明程度太低,幅员太大,不能产生自愿的联合,因而需要中央集权的政府进行干预。所以亚洲的一切政府都不能不执行一种经济职能,即举办公共工程的职能。①

一言以蔽之,分散的社会生产使得亚洲只能由中央集权的政府去推行水利公共工程,而产生不了欧洲高度自治的市民社会,当然也就无法孕育出现代资产阶级国家。因此亚洲只能有黑格尔所说的

---

① 〔德〕马克思:《不列颠在印度的统治》,《马克思恩格斯全集》(第二版)第12卷,第139—140页。

"皇帝一个人的理性与自由",欧洲则能产生"一部分人的理性与自由"。亚洲的资本主义只能靠欧洲输入,太平天国运动就是欧洲输入资本主义的直接结果。

不论其他,马克思的亚细亚生产方式显然与中国的实情相去不可以道里计。所谓"水利专制"完全无法解释为什么自唐末以来的农民战争总是打出"均田地"的旗号。如果没有相当程度的社会资本和足够发达的市民社会,怎么可能会出现大规模的土地兼并和贫富差距?农民起义又怎么会提出平均土地的要求?

中国"已经延续了约十年之久"的起义,主要原因到底是"英国的大炮"还是中国传统的历史周期律?一场根植于中国传统的社会危机,又怎么可能传播到欧洲去呢?马克思病态的欧洲中心观甚至遭到了马克思主义史学家佩里·安德森的尖锐批评。① 不过我们不必苛责马克思、恩格斯,"亚洲的觉醒"确实需要西方世界的变局,打破欧洲中心观也与欧洲政治的推动密不可分。

1871年巴黎公社失败,1877年4月,第十次俄土战争爆发。英国的保守党政府很快把军舰派到了伊斯坦布尔附近,俄国也随即加快了它在中亚的扩张。为了回应俄国人在中亚的举动,次年,即1878年,英印政府就发动了第二次入侵阿富汗的战争。

相较于上次"欧洲革命—东方问题—亚洲殖民地化",这次的传递速度更快。1869年11月17日,苏伊士运河开通,英军从朴茨茅斯港出发不用一个月就可以到达印度。不久以后,从彼得堡到奥伦堡的铁路修通,俄军从欧洲到中亚,用时还不到一个月。同

---

① 参见〔英〕佩里·安德森:《绝对主义国家的系谱》,刘北成、龚晓庄译,上海:上海人民出版社,2001年,第507页。

样,由于苏伊士运河与俄国铁路,中国的西北、西南边疆危机在1870—1880年代大大加深。

用英国经济学家霍布森(John Atkinson Hobson)的概括来说,1870年代西方实现了从近代殖民主义到现代帝国主义的跨越。① 欧洲内部依旧艰难地维持着和平,但它的代价是欧洲以外的世界竞争越来越激烈,任何欧洲大国都希望通过在欧洲以外扩张,在欧洲内部的竞争中获得优势。

这样看,亚洲的分量确实在增加,至少英俄两国除了加紧在亚洲的扩张,还都希望得到一个强有力的盟友,以遏制对方的脚步。1894年7月16日《日英通商航海条约》签订,九天以后,甲午战争爆发。随着第二次布尔战争的爆发,英国对于远东盟友的要求更加迫切。1902年1月30日《英日同盟条约》签订,两年以后,日俄战争爆发。对中国而言,危机的重心迅速从西部、南部边疆地区移向东部核心地区,日俄对抗迅速取代英俄对抗,成为20世纪初最大的周边地缘政治矛盾。借着日俄战争的东风,英日两国于1905年8月12日缔结《第二次同盟条约》,把条约的适用范围扩大到了英属印度。换言之,英国终于通过日本的崛起,得到了它梦寐以求的东西:如果俄国进攻印度,日本将负有条约义务,出兵保卫印度。

如果说日本的崛起是20世纪东亚地缘政治的第一个变局,那么美国的介入则是另一个变局。1898年,美国从西班牙手里夺取了菲律宾。1899年美国国务卿海约翰就抛出了"门户开放"政策。美国从门罗主义迈向世界主义的第一步,不是踏在了欧洲,而是踏

---

① 参见〔英〕约·阿·霍布森:《帝国主义》,纪明译,上海:上海人民出版社,1960年,第37页。

在了亚洲。或者说,美国首先成为一个亚洲国家,其次才成为一个世界性帝国。

1900年,马汉(Alfred Thayer Mahan)发表《亚洲问题》,尚且提出美国应该扶持日本,以推动亚洲国家实现西方文明。① 但随着1905年日俄战争的结束,尤其是1907年以后英俄、日俄之间的和解,美日之间的分歧越来越不可避免了。

五、余论:20世纪的开端

在马克思、恩格斯那里,19世纪中期的"亚洲革命风暴"只是欧洲革命的被动反应物。但到了列宁这里,20世纪初的亚洲革命成了欧洲革命的先声。可以说,1905年的"亚洲觉醒"是一个开端,它预示了本世纪亚洲将在世界革命的反应链条上,从被动变为主动。我们不禁要问,亚洲地位改变的国际政治背景是什么?或者说,是什么样的地缘政治变局使得亚洲在马克思主义理论体系中的位置越来越重要?

如果说,在马克思、恩格斯那里,欧洲政治变革的逻辑线索应该是"欧洲革命—东方问题—列强对抗",那么到了第一次世界大战,逻辑关系就发生了改变。不是欧洲革命经由东方问题再引发列强对抗,而是经由东方问题这一导火索引爆的帝国主义战争,引发了欧洲的无产阶级革命,即"东方问题—列强对抗—欧洲革命"。这个转变对于亚洲革命地位的抬升,又造成了什么样的影响?

---

① 参见〔美〕艾尔弗雷德·塞耶·马汉:《亚洲问题》,《海权对历史的影响(1660—1783年)》附录,李少彦等译,北京:海洋出版社,2013年,第515页。

1918年1月4日,威尔逊(Thomas Woodrow Wilson,1856—1924)总统在国会发表演讲,抛出了著名的"十四点计划",宣扬公开外交、全面裁军、民族自决、公海航行自由、贸易自由及建立国际联盟。这是美国第一次正式试图建立由它主导的世界秩序。为了在中国推销其主义,1918年8月,美国务院设立了由卡尔·克罗(Carl Crow)领衔的公共信息委员会(Committee on Public Information)中国分部。中国分部的主要职责就是在华推广威尔逊主义。①

此举迅速得到了北洋政府内部的失意政客和新文化派知识分子的热烈拥护和积极响应,威尔逊陡然成为中国进步青年心目中的"第一大好人"。威尔逊主义在中国的传播也很快引发了国民外交运动,并为随后发生的"五四运动"奠定了基础。"五四运动"又反过来让美国人意识到,在欧洲列强中受到冷遇的"十四点原则",在中国和东亚具有广阔的市场。

得出同样结论的还有共产国际。1919年3月初,共产国际第一次代表大会在莫斯科召开。根据此次会议的决议,亚洲殖民地解放仍然只是欧洲无产阶级革命的副产品。正如大会通过的《共产国际对全世界无产者的宣言》所说:"要解放殖民地,必先解放宗主国的工人阶级。"②

---

① 参见任一:《"寰世独美":五四前夕美国在华宣传与中国对新国家身份的追求》,《史学集刊》2016年第1期,第48页。今天学界对一战期间美国在华宣传的研究尚且不多,仅就笔者所知的其他相关研究,参见高莹莹:《一战前后美日在华舆论战》,《史学月刊》2017年第4期;马建标:《塑造救世主:"一战"后期"威尔逊主义"在中国的传播》,《学术月刊》2017年第6期。
② 戴隆斌主编:《国际共产主义运动历史文献》第29卷,北京:中央编译出版社,2012年,第278页。

也正在会议召开之时,朝鲜爆发"三一运动";两个月后,中国爆发"五四运动";次年,苏俄国内革命战争在远东地区取得决定性胜利,打退了协约国自亚洲方向对俄国革命的干涉。与之形成鲜明对比,1920年8月,华沙战役失败,欧洲无产阶级革命的大门被彻底堵死。欧洲革命的失败和亚洲革命的兴起,迫使共产国际不得不认清现实,逐步把工作的重心从欧洲转向亚洲。

1920年7—8月,在共产国际第二次代表大会上,罗易(M. N. Roy)就特别提出了转向亚洲的问题。虽然他关于亚洲革命将对世界无产阶级革命起到决定性作用的观点并没有被写进大会决议,但是大会仍然决定在9月组织召开东方各民族代表大会。也就是9月的会议,把马克思、恩格斯的口号"全世界无产者,联合起来",改为"全世界无产者和全世界被压迫民族,联合起来!"①"可以看到,消灭殖民统治和争取欧洲无产阶级革命并列成为共产国际世界革命战略的基本路径。"到了共产国际四大以后,亚洲殖民地的解放反而一跃成为欧洲无产阶级解放的前提,"以东方国家民族革命的火种引发欧洲无产阶级革命之燎原已在其考虑之中"。②

美、苏(俄)两个巨大的政治实体都在封闭僵死的欧洲列强面前打不开局面,也都不约而同地选择在亚洲寻求突破,这就是20世纪最深刻的国际地缘政治变局!

国际共产主义运动具有鲜明的"理论先行"特征,当重大政策

---

① 黄修荣:《共产国际与中国革命关系史》上册,北京:中共中央党校出版社,1989年,第63—64页。
② 李永春、罗雄:《东方革命在共产国际世界革命战略中的地位演变(1919—1924)》,《当代世界社会主义问题》2018年第4期,第33页。

转向时,如果没有相应的理论说明,新政策就没有合法性。在马克思、恩格斯那里,俄国率先爆发革命都是难以想象的。比如恩格斯就直言不讳地指出:"欧洲大陆实际上只存在着两种势力:一种是俄国和专制,一种是革命和民主。"如果任由俄国占领土耳其,"对革命事业将是一种莫大的灾难"。① 在具体讨论巴尔干民族解放问题时,恩格斯又相信,代表进步的巴尔干东正教民族一经解放,就会与代表专制的沙皇俄国走上对立的道路。"尽管俄国的斯拉夫人和土耳其的斯拉夫人相同的血缘关系和宗教信仰会使他们联结起来,但一旦后者获得解放,他们的利益将截然对立。"②总之,俄国作为欧洲的反革命堡垒,不可能成为革命的"领头羊"。俄国尚且如此,何况更加专制的亚洲国家呢?

为此,列宁提出过"帝国主义薄弱环节"的理论,通过更新马克思主义理论,来指导新的革命实践。后来托洛茨基在《俄国革命史》中进一步提升了列宁的理论,其直到今天仍影响着西方学界。③ 托氏指出:

> 历史的规律性与学究迂腐的公式之间毫无共同之处。不平衡性即历史发展进程最普遍的规律在后起国家的命运中显

---

① 〔德〕恩格斯:《土耳其问题的真正症结》,《马克思恩格斯全集》(第二版)第12卷,第20页。
② 〔德〕恩格斯:《欧洲土耳其前途如何》,《马克思恩格斯全集》(第二版)第12卷,第42页。
③ Susan Dianne Brophy, "The Explanatory Value of the Theory of Uneven and Combined Development", Feb.26, 2018, see the website of Historical Materialism, http://www.historicalmaterialism.org the-explanatory-value-of-the-theory-uneven-and-combined-development.

得更加显眼和复杂。在外部必然性的鞭策下,落后国家被迫实现了跨越。于是,从不平衡性这个包罗万象的规律中派生出另一个规律,由于它还没有比较合适的名称,不妨称之为叠合规律,其含义是发展道路上各个时期的相似,某些阶段的相互结合,古老的形式与最现代的形式的混合。没有这个当然是在其全部物质内容中体现出来的规律,就不能理解俄国的历史,以及所有总的来说属于第二、第三乃至第十层次的文明国家的历史。①

概而言之,世界资本主义体系呈现出两个特点:第一,发展的不平衡性;第二,发展的叠合性。这两个特点既解释了"帝国主义链条的薄弱环节",也解释了亚洲革命的无产阶级意义。

"不平衡且叠合的发展"英文对应为"the uneven and combined development",由"the uneven development"和"the combined development"两部分构成。"the uneven development"不用再解释。"the combined development"是指随着殖民主义、帝国主义把资产阶级生产方式带到世界各地,那些地方出现了多个历史阶段并存的局面。资本主义、封建主义本来是两个历史阶段,却被压缩到了一个过程里面。

这样就形成了两种关于殖民地半殖民地革命性质的判断:马克思显然认为亚洲只有先通过资产阶级革命建立资本主义,才能进而产生无产阶级革命,但是"the combined development"观点认为

---

① 〔苏〕列夫·托洛茨基:《俄国革命史》,丁笃本译,北京:商务印书馆,2017年,第17页。

亚洲革命很可能同时具备"无产阶级革命"与"资产阶级革命"两重特性。这引发了中国革命史上的重大理论问题：究竟应该在共产国际的基础上多向马克思本人倾斜一些，承认中国革命分"无产阶级领导的新民主主义革命"和"社会主义革命"两步走呢，还是像托洛茨基本人演绎的那样，宣称直接进行"社会主义革命"？

但不论如何，"不平衡且叠合的发展"指出了即便是最偏远地区爆发的革命，也完全可能具有反抗资本主义的世界意义。"东方问题"是欧洲的薄弱环节，中国又是欧亚大陆的薄弱环节，中国的偏远农村则是中国的薄弱环节。这双重甚至多重的薄弱环节，恰恰可能孕育新的变革。于是我们看到，20世纪的马克思主义革命理论颠倒了马克思本人的因果链条，"亚洲的觉醒"既是西方帝国主义竞争的结果，又成为撬动帝国主义平衡的杠杆。

倘若近代欧洲的崛起源自"边缘突破"，那么"亚洲的觉醒"是不是标志着世界历史新的一次"边缘突破"呢？如果是，那么这次"边缘突破"造成的革命性影响将会持续到什么时候？

参考文献

理论经典:

马克思、恩格斯:《马克思恩格斯全集》(第一版)第 12 卷,中共中央编译局译,北京:人民出版社,1962 年。

马克思、恩格斯:《马克思恩格斯全集》(第一版)第 16 卷,中共中央编译局译,北京:人民出版社,1964 年。

马克思、恩格斯:《马克思恩格斯全集》(第二版)第 12 卷,中共中央编译局编译,北京:人民出版社,1998 年。

马克思、恩格斯:《马克思恩格斯全集》(第二版)第 13 卷,中共中央编译局编译,北京:人民出版社,1998 年。

马克思、恩格斯:《马克思恩格斯全集》(第二版)第 16 卷,中共中央编译局编译,北京:人民出版社,2007 年。

马克思、恩格斯:《马克思恩格斯论中国》,中共中央编译局编,北京:人民出版社,1997 年。

官方材料汇编与官修史书：

《清季各国照会目录》,张德泽编,《近代中国史料丛刊》续编,第 80 号,沈云龙主编,台北:文海出版社,1974 年。

《清季外交史料》第 1 册,王彦威纂辑,王亮编,王敬立校,北京:书目文献出版社,1987 年。

中文专著：

北京大学历史系《沙皇俄国侵略扩张史》编写组:《沙皇俄国侵略扩张史》上册,北京:人民出版社,1979 年。

戴隆斌主编:《国际共产主义运动历史文献》第 29 卷,北京:中央编译出版社,2012 年。

郭嵩焘:《郭嵩焘日记》第 3 卷,本社校点,长沙:湖南人民出版社,1982 年。

郭嵩焘:《郭嵩焘奏稿》,杨坚校补,长沙:岳麓书社,1983 年。

郭嵩焘:《郭嵩焘诗文集》,杨坚点校,长沙:岳麓书社,1984 年。

贺允宜:《俄国史》,台北:三民书局,2004 年。

黄修荣:《共产国际与中国革命关系史》上册,北京:中共中央党校出版社,1989 年。

康有为:《康有为全集》第 4 集、第 6 集、第 8 集,姜义华、张荣华编校,北京:中国人民大学出版社,2007 年。

黎庶昌:《英国汉文照会》,《西洋杂志》,谭用中点校,贵阳:贵州人民出版社,1992 年。

李鸿章:《李鸿章全集》第 8 册《奏议八》、第 31 册《信函三》,顾廷龙、戴逸主编,合肥:安徽教育出版社,2008年。

李志茗:《晚清四大幕府》,上海:上海人民出版社,2002年。

梁启超:《李鸿章传》,何卓恩评注,武汉:湖北人民出版社,2004年。

梁启超:《梁启超全集》第1集,汤志钧、汤仁泽编,北京:中国人民大学出版社,2018年。

卢汉超:《中国第一客卿:鹭宾·赫德传》,上海:上海社会科学院出版社,2009年。

吕昭义:《英属印度与中国西南边疆:1774—1911》,昆明:云南大学出版社,2016年。

罗荣渠:《现代化新论续篇——东亚与中国的现代化进程》,北京:北京大学出版社,1997年。

马忠文、任青编:《中国近代思想家文库·薛福成卷》,北京:中国人民大学出版社,2014年。

米庆余:《日本近现代外交史》,北京:世界知识出版社,2010年。

穆景元、毛敏修、白俊山编著:《日俄战争史》,沈阳:辽宁大学出版社,1993年。

谭嗣同:《仁学——谭嗣同集》,加润国选注,沈阳:辽宁人民出版社,1994年。

汪敬虞:《赫德与近代中西关系》,北京:人民出版社,1987年。

王绳祖:《中英关系史论丛》,北京:人民出版社,1981年。

王治来:《中亚通史·近代卷》,乌鲁木齐:新疆人民出版社,2004年。

吴筑星:《沙俄征服中亚史考叙》,贵阳:贵州教育出版社,1996年。

新疆社会科学院民族研究所编著:《新疆简史》第1册、第2册,乌鲁木齐:新疆人民出版社,1980年。

许建英:《近代英国和中国新疆(1840—1911)》,哈尔滨:黑龙江教育出版社,2014年。

杨灏城:《埃及近代史》,北京:中国社会科学出版社,1985年。

张敏:《阿富汗文化和社会》,北京:昆仑出版社,2007年。

章太炎:《章太炎全集》第3册,本社编,朱维铮点校,上海:上海人民出版社,1984年。

章永乐:《万国竞争——康有为与维也纳体系的衰变》,北京:商务印书馆,2017年。

张志勇:《赫德与晚清中英外交》,上海:上海书店出版社,2012年。

赵军秀:《英国对土耳其海峡政策的演变:18世纪末至20世纪初》,北京:中国社会科学出版社,2007年。

赵恺:《罗曼诺夫王朝衰亡史》(修订版),长春:吉林文史出版社,2018年。

朱新光:《英帝国对中亚外交史研究》,南京:江苏人民出版社,2002年。

朱瀛泉:《近东危机与柏林会议》,南京:南京大学出版社,1995年。

朱昭华:《中缅边界问题研究》,哈尔滨:黑龙江教育出版社,2013年。

左宗棠:《左宗棠全集》(奏稿六)(奏稿七)(奏稿八)(书信二)(书信三),刘泱泱等校点,长沙:岳麓书社,2009年。

中文学位论文:

孙兴杰:《帝国·霸权·区域:权力边界与东方问题的演进》,长春:吉林大学博士学位论文,2011年5月。

张庶:《英俄大博弈中的赫拉特问题》,西安:西北大学硕士学位论文,2016年6月。

赵军秀:《英国对土耳其海峡政策的演变:1875—1915年》,北京:首都师范大学博士学位论文,2001年5月。

中文专题论文:

陈鹏:《近代中国人土耳其观的再认识》,《近代史研究》2018年第1期。

陈文桂:《中法战争期间赫德"业余外交"研究》,《近代史研究》1996年第6期。

楚全:《印度:饥荒与粮食过剩为何并存?》,《国外理论动态》2003年第4期。

杜哲元:《反思英俄中亚"大博弈"——进程、实质、特点及历史镜鉴意义》,《俄罗斯研究》2018年第4期。

高莹莹:《一战前后美日在华舆论战》,《史学月刊》2017年第4期。

洪邮生:《东方问题和坎宁的"外交革命"》,《南京大学学报(哲学社会科学版)》1994年第2期。

黄淑桢:《"东方问题"产生的浅析》,《史学月刊》1984年第5期。

李永春、罗雄:《东方革命在共产国际世界革命战略中的地位演变(1919—1924)》,《当代世界社会主义问题》2018年第4期。

刘锦涛:《克里米亚战前俄英在东方问题上的冷战》,《贵州师范大学学报(社会科学版)》2002年第2期。

刘增合:《"舆论干政":〈申报〉与同光之际的西征新疆举债》,《新闻与传播研究》2015年第7期。

马建标:《塑造救世主:"一战"后期"威尔逊主义"在中国的传播》,《学术月刊》2017年第6期。

潘光:《试论"东方问题"的后遗症及其对中东的影响》,《史林》1989年第4期。

任一:《"寰世独美":五四前夕美国在华宣传与中国对新国家身份的追求》,《史学集刊》2016年第1期。

任羽中、陈斌:《试析19世纪上半期围绕"东方问题"所产生的大国关系模式》,《四川师范大学学报(社会科学版)》2001年第4期。

孙炳辉、赵星铁:《俾斯麦在东方问题上的"现实政策"》,《世界历史》1986年第1期。

孙兴杰:《柏林会议与"东方问题"巴尔干化的起源》,《吉林大学社会科学学报》2019年第1期。

汪晖:《十月的预言与危机——为纪念1917年俄国革命100周年而作》,《文艺理论与批评》2018年第1期。

汪晖:《作为思想对象的二十世纪中国(上)——薄弱环节的革

命与二十世纪的诞生》,《开放时代》2018 年第 5 期。

王三义:《"东方问题"的延续与终结》,《南京师大学报(社会科学版)》2006 年第 2 期。

王新:《"东方问题"的产生与俄国的黑海-巴尔干政策》,《历史研究》1980 年第 2 期。

王在邦:《维也纳会议后 50 年间的东方问题与欧陆政治》,《齐鲁学刊》1990 年第 3 期。

徐国琦:《第一次世界大战在中国历史上的地位及影响》,载金光耀、王建朗主编:《北洋时期的中国外交》,上海:复旦大学出版社,2006 年。

袁剑、刘玺鸿:《"科学边疆"及其实践——19 世纪后期英国围绕印度西北边疆的治理策略及其影响》,《世界历史》2018 年第 6 期。

恽文捷:《英国干涉左宗棠西征考论》,《社会科学》2016 年第 12 期。

詹庆华:《略论英人贺璧理与"门户开放"政策的形成》,《历史教学》1996 年第 2 期。

赵爱伦:《俄国与"东方问题"的形成》,《西伯利亚研究》2001 年第 5 期。

赵明杰:《克里米亚战前英俄在东方问题上的政策》,《长江大学学报(社会科学版)》2004 年第 6 期。

赵萱、刘炳林、刘玺鸿:《"英俄大博弈"时期的中亚变局——基于亨利·罗林森的人生史考察》,载孙晓萌主编:《亚非研究》2018 年第 1 辑(总第 13 辑),北京:社会科学文献出版社,2018 年。

周东辰、王黎:《再论十六世纪法国—奥斯曼同盟外交的特点》,载南开大学世界近现代史研究中心编:《世界近现代史研究》第 10 辑,北京:社会科学文献出版社,2013 年。

译著:

安德森,佩里:《绝对主义国家的系谱》,刘北成、龚晓庄译,上海:上海人民出版社,2001 年。

安德森,佩里:《大国协调及其反抗者——佩里·安德森访华讲演录》,章永乐、魏磊杰主编,北京:北京大学出版社,2018 年。

奥尼尔,马克:《赫德传——大清爱尔兰重臣步上位高权重之路》,程翰译,香港:三联书店(香港)有限公司,2017 年。

奥希梯扬尼,阿宝斯·艾克巴尔:《伊朗通史》下册,叶奕良译,北京:经济日报出版社,1997 年。

包罗杰:《阿古柏伯克传》,本馆翻译组译,北京:商务印书馆,1976 年。

贝尔福,帕特里克:《奥斯曼帝国六百年:土耳其帝国的兴衰》,栾力夫译,北京:中信出版社,2018 年。

贝利,C. A.:《新编剑桥印度史:印度社会与英帝国的形成》,段金生、蒋正虎译,昆明:云南人民出版社,2015 年。

彼得罗夫,瓦列里·列昂尼多维奇:《俄罗斯地缘政治——复兴还是灭亡》,于宝林、杨冰皓译,北京:中国社会科学出版社,2008 年。

俾斯麦,奥托·冯:《思考与回忆——俾斯麦回忆录》第 2 卷,杨德友、同鸿印等译,北京:生活·读书·新知三联书店,2006 年。

伯顿,约翰·W.:《全球冲突:国际危机的国内根源》,马学印、谭朝洁译,北京:中国人民公安大学出版社,1991年。

陈霞飞主编:《中国海关密档——赫德、金登干函电汇编:1874—1907》第1卷《信件·1874—1877》、第2卷《信件·1878—1881》、第8卷《电报·1874—1895》,北京:中华书局,1990年、1990年、1995年。

达尔林普尔,威廉:《王的归程:阿富汗战记(1839—1842)》,何畅炜、李飚译,北京:社会科学文献出版社,2019年。

丹尼尔,埃尔顿:《伊朗史》,李铁匠译,上海:东方出版中心,2016年。

蒂利,查尔斯:《强制、资本和欧洲国家(公元990—1992年)》,魏洪钟译,上海:上海人民出版社,2007年。

杜比,乔治主编:《法国史》上、中册,吕一民、沈坚、黄艳红等译,北京:商务印书馆,2010年。

福柯,米歇尔:《性经验史》(增订版),佘碧平译,上海:上海人民出版社,2005年。

格雷,彼得:《爱尔兰大饥荒》,邵明、刘宇宁译,上海:上海人民出版社,2005。

韩百里主编:《中亚史》(节选),张文德、兰琪译,项英杰、兰琪校,载项英杰主编:《中亚史丛刊》第6期,贵阳:《贵州师范大学学报》增刊,1988年。

黑格尔:《法哲学原理》,范扬、张企泰译,北京:商务印书馆,1961年。

霍布森,约·阿:《帝国主义》,纪明译,上海:上海人民出版社,

1960年。

霍普柯克,彼得:《大博弈:英俄帝国中亚争霸战》,张望、岸青译,北京:中国青年出版社,2015年。

加迪斯,约翰·刘易斯:《长和平——冷战史考察》,潘亚玲译,上海:上海人民出版社,2011年。

捷连季耶夫,M. A.:《征服中亚史》第1卷,武汉大学外文系译,北京:商务印书馆,1980年;第2卷,新疆大学外语系译,北京:商务印书馆,1983年;第3卷,西北师范学院外语系译,北京:商务印书馆,1986年。

凯南,乔治·F.:《美国大外交》(60周年增订版),雷建锋译,北京:社会科学文献出版社,2013年。

克劳利,罗杰:《1453:君士坦丁堡的陷落》,陆大鹏译,台北:马可孛罗文化,2017年。

克劳塞维茨,卡尔·冯:《战争论》下册,时殷弘译,北京:商务印书馆,2016年。

肯尼迪,保罗:《英国海上主导权的兴衰》,沈志雄译,北京:人民出版社,2014年。

拉费伯尔,沃尔特:《美国、俄国和冷战》(修订第10版),牛可等译,北京:世界图书出版公司,2014年。

理查兹,约翰·F.:《新编剑桥印度史:莫卧儿帝国》,王立新译,昆明:云南人民出版社,2014年。

卢梭:《论人与人之间不平等的起因和基础》,李平沤译,北京:商务印书馆,2007年。

罗曼诺夫,鲍·亚:《日俄战争外交史纲(1895—1907)》上、下册,上海:上海人民出版社,1976年。

马汉:《海权论》,萧伟中、梅然译,北京:中国言实出版社,1997年。

马汉,艾尔弗雷德·塞耶:《海权对历史的影响(1660—1783年)》,李少彦等译,北京:海洋出版社,2013年。

马士:《中华帝国对外关系史》第2卷《一八六一——一八九三年屈从时期》,张汇文等译,北京:商务印书馆,1963年。

麦金德,哈:《历史的地理枢纽》,林尔蔚、陈江译,北京:商务印书馆,1985年。

麦金德,哈福德:《民主的理想与现实:重建的政治学之研究》,王鼎杰译,上海:上海人民出版社,2016年。

曼,迈克尔:《社会权力的来源》第3卷《全球诸帝国与革命(1890—1945)》上册,郭台辉、茅根红、余宜斌译,上海:上海人民出版社,2019年。

梅特卡夫,托马斯·R.:《新编剑桥印度史:英国统治者的意识形态》,李东云译,昆明:云南人民出版社,2015年。

蒙蒂菲奥里,西蒙·塞巴格:《罗曼诺夫皇朝:1613—1918》上、下册,陆大鹏译,北京:社会科学文献出版社,2018年。

若米尼:《战争艺术概论》,唐恭权译,武汉:华中科技大学出版社,2016年。

塞克斯,珀西:《阿富汗史》第2卷上册,张家麟译,北京:商务印书馆,1972年。

沙玛,西蒙:《英国史》第2卷《不列颠的战争:1603—1776》,彭灵译;第3卷《帝国的命运:1776—2000》,刘巍、翁家若译。北京:

中信出版社,2018年。

圣西门,克劳德:《圣西门选集》第1卷,王燕生等译,董果良校,北京:商务印书馆,1979年。

施米特,C.:《陆地与海洋——古今之"法"变》,林国基、周敏译,上海:华东师范大学出版社,2006年。

施米特,卡尔:《论断与概念:在与魏玛、日内瓦、凡尔赛的斗争中(1923—1939)》,朱雁冰译,上海:上海人民出版社,2006年。

托洛茨基,列夫:《俄国革命史》,丁笃本译,北京:商务印书馆,2017年。

瓦哈卜,沙伊斯塔;扬格曼,巴里:《阿富汗史》,杨军、马旭俊译,北京:中国大百科全书出版社,2010年。

维特:《维特伯爵回忆录》,亚尔莫林斯基编,傅正译,北京:商务印书馆,1976年。

魏勒尔,贾夫里:《中亚近现代史》(节选),项焱译,载项英杰主编:《中亚史丛刊》第6期,贵阳:《贵州师范大学学报》增刊,1988年。

吴征宇编译:《〈克劳备忘录〉与英德对抗》,桂林:广西师范大学出版社,2014年。

西姆斯,布伦丹:《欧洲:1453年以来的争霸之途》,孟维瞻译,北京:中信出版社,2016年。

欣斯利,F. H.编:《新编剑桥世界近代史》第11卷《物质进步与世界范围的问题:1870—1898年》,中国社会科学院世界历史研究所组译,北京:中国社会科学出版社,1999年。

盐野七生编:《马基雅维利语录》,万翔译,北京:中信出版社,

2016年。

耶拉维奇,查尔斯;耶拉维奇,巴巴拉合编:《俄国在东方(1876—1880):从阿·约·若米尼给尼·克·吉尔斯的信中看俄土战争和伊犁危机》,北京编译社译,郑永泰校,北京:商务印书馆,1974年。

詹姆斯,劳伦斯:《大英帝国的崛起与衰落》,张子悦、解永春译,北京:中国友谊出版公司,2018年。

译文:

德里克,阿里夫:《革命之后的史学:中国近代史研究中的当代危机》,《中国社会科学季刊》(香港)1995年春季卷,总第10期。

汉密尔顿,乔治;寇松,乔治:《汉密尔顿和寇松之间的九封通信》,王士录译,《世界历史》1982年第6期。

施米特,卡尔:《禁止外国势力干涉的国际法大空间秩序》,方旭译,林凡校,载娄林主编:《经典与解释(51):地缘政治学的历史片段》,北京:华夏出版社,2018年。

外文专著:

Alder, G. J.: *British India's Northern Frontier, 1865 – 1895: A Study in Imperial Policy*, London: Longmans Green and Co. Ltd, 1963.

Avery, Peter and Hambly, Gavin and Melville, Charles: *The Cambridge History of Iran*, Volume 7: *From Nadir Shah to the Islamic Republic*, Cambridge: Cambridge University Press, 1991.

Bloxham, Donald: *The Great Game of Genocide: Imperialism, Na-*

tionalism , and the Destruction of the Ottoman Armenians , Oxford: Oxford University Press, 2005.

Buxton, Noel and Leese, C. Leonard: *Balkan Problems and European Peace* , New York: Charles Scribner's Sons, 1919.

Canny, Nicholas: *The Oxford History of the British Empire* , Volume I: *The Origins of Empire* , Oxford: Oxford University Press, 1988.

Crossley, Pamela Kyle: *A Translucent Mirror: History and Identity in Qing Imperial Ideology* , Oakland: University of California Press, 1999.

Cunningham, Allan and Ingram, Edward: *Anglo-Ottoman Encounters in the Age of Revolution* , London: Frank Cass Publishers, 1993.

Curzon, George N.: *Russia in Central Asia* , London: Longmans, Green and Co., 1889.

Curzon, George N.: *Persia and the Persian Question* , London: Frank Cass & Co. Ltd, 1892.

Curzon, George N.: *The Problem of Far East: Japan, Korea, China* , London: Longmans, Green and Co., 1894.

Daly, John: *Russian Seapower and "the Eastern Question" , 1827–1841* , London: Macmillan Academic and Professional Ltd, 1991.

Edwardes, Michael: *Playing the Great Game, A Victorian Cold War* , London: Hamish Hamilton Ltd, 1975.

Elliot, Mark C.: *The Manchu Way: The Eight Banners and Ethnic Identity in Late Imperial China* , Stanford University Press, 2001.

Faroqhi, Suraiya N. and Fleet, Kate eds.: *The Cambridge History of Turkey*, Volume 2: *The Ottoman Empire as a World Power, 1453 – 1603*, Cambridge: Cambridge University Press, 2009.

Faroqhi, Suraiya N. ed.: *The Cambridge History of Turkey*, Volume 3: *The Later Ottoman Empire, 1603 – 1839*, Cambridge: Cambridge University Press, 2009.

Frary, Lucien J. and Kozelsky, Mara eds.: *Russian-Ottoman Borderlands: The Eastern Question Reconsidered*, Madison: The University of Wisconsin Press, 2014.

Gilmour, David: *Curzon: Imperial Statesman*, New York: Farrar, Straus and Giroux, 2003.

Hartshorne, Richard: *The Nature of Geography and Perspective on the Nature of Geography*, Lancaster, Pa.: Association of American Geographer, 1939.

Hensman, Howard: *The Afghan War of 1879 – 1880*, New York: Nova Science Publishers, Inc., 2018.

Hurewitz, J. C.: *Diplomacy in the Near and Middle East*, Volume Ⅰ: *A Documentary Record: 1535 – 1914*, Princeton: D. van Nostrand Co., Inc., 1956.

Jelavich, Barbara, *History of the Balkans*, Volume 1: *Eighteenth and Nineteenth Centuries*, Cambridge: Cambridge University Press, 1983.

Kearns, Gerry: *Geopolitics and Empire: The Legacy of Halford Mackinder*, Oxford: Oxford University Press, 2009.

Lamb, Alastair: *Britain and Chinese Central Asia: The Road to*

Lhasa 1767-1905, London: Routledge and Kegan Paul, 1960.

Lobanov-Rostovsky, Prince A.: *Russia and Asia*, New York: the Macmillan Company, 1933.

Lattimore, Owen: *Pivot of Asia, Sinkiang and the Inner Asian Frontier of China and Russia*, Boston: Little, Brown and Company, 1950.

Lieven, Dominic ed.: *The Cambridge History of Russia*, Volume II: *Imperial Russia, 1689 - 1917*, Cambridge: Cambridge University Press, 2006.

Macdonald, John: *Turkey and the Eastern Question*, New York: Dodge Publishing Co., 1912.

Marriott, J. A.: *The Eastern Question: An Historical Study in European Diplomacy*, Oxford: Oxford University Press, 1947.

Marshall, P. J.: *The Oxford History of the British Empire*, Volume II: *The Eighteenth Century*, Oxford: Oxford University Press, 1998.

Marshall, Alex: *The Russian General Staff and Asia, 1800-1917*, London and New York: Routledge, 2006.

Marvin, Charles: *The Russians at Merv and Herat, and Their Power of Invading India*, London: W. H. Allen & Co., 1883.

Marvin, Charles: *The Russians at the Gates of Herat*, New York: Charles Scribner's Sons, 1885.

Mitchel, John: *The Last Conquest of Ireland (Perhaps)*, Dublin: University College Dublin Press, 2005.

Quataert, Donald: *The Ottoman Empire, 1700-1922*, Cambridge: Cambridge University Press, 2005.

Rawlinson, Henry: *England and Russia in the East: A Series of Papers on the Political and Geographical Condition of Central Asia*, London: John Murray, 1875.

Schonfield, Hugh Joseph: *The Suez Canal in World Affairs*, New York: Philosophical Library, 1953.

Sergeev, Evgeny: *The Great Game 1856–1907: Russo-British Relations in Central and East Asia*, Washington, DC: Woodrow Wilson Center Press, 2013.

Temperley, Harold: *England and the Near East: The Crimea*, New York: Longmans, Green and Company, 1936.

外文文章：

Brophy, Susan Dianne, "The Explanatory Value of the Theory of Uneven and Combined Development", Feb. 26, 2018, see the website of *Historical Materialism*, http://www.historicalmaterialism.org/the-explanatory-value-of-the-theory-uneven-and-combined-development.

后　记

两年前,我初入清华大学从事博士后的科研工作。某天晚上,偶尔与好友张子青微信聊天。子青是我在北师大读博时的班长,原本从事古希腊罗马史研究,作风正派,勤奋好学,深得本院老师的欣赏和同学的尊重。他早我一年毕业,回到家乡克拉玛依工作,后又调往新疆大学从事教学和科研。

按照子青的说法,这段不长的工作经历让他对新疆的民族问题忧心忡忡。他向我提及少时的同学,其中既有基层的扶贫工作者,也有一线的公安干警。他们闲谈时总不免聊起极端宗教分子和分裂主义对新疆民生的危害,对方总向他感慨:"工作苦点累点无所谓,只要新疆始终是中国的一部分,我们这辈人哪怕牺牲掉也是值得的。"

说到这里,子青反问我:"当基层工作者为了维护民族团结而流血流汗,忘我工作时,高高在上的知识分子又在干什么?"他接着问道:"今天大多数人对于新疆的印象还停留在想象当中,其实近代新疆与内地有过许多交流,我们为什么不去宣传?抗战时期新疆对于前线有过许多支援,你们近代史专业为什么不去研究?"

这一番话即令我哑口无言。我随手转发给他新一期的《抗日战争研究》目录,里面没有关于新疆、西藏、内蒙、青海的只言片语,却不惜版面刊登对于几位西南联大教授日记的细致解读;没有关于抗战时边疆人民支援内地的讨论,却不吝篇幅地申说"高级知识分子的生活贫困化"。子青默然良久,道:"几位教授的日记真的这么重要吗?高级知识分子偶尔吃不上大鱼大肉竟能惨过千千万万劳苦大众?"……无可否认,文人士大夫的日记当然不是不值得研究,但我们似乎还有更重要的事情值得去做。

后来子青出差返京,借着这个机会,我们几位当初的好友如李光迪、郜锋、孙虎、何思源等聚到一起,开怀畅谈。子青为我们带来了他在新疆基层的直观感受,尤其是那些鲜血淋漓的现实案例,不经意间再次感慨国内知识分子喜欢套用西方人类学、民族学的时髦观点,做纸面文章。这些观点不唯不能解释实际工作,甚至还与其背道而驰。这不啻坐实了另一好友吕学良在中央民族大学读博时说的话:"民族学往往不是在解决问题,而是在制造问题。"

尤令我等嗟叹的是,中国向为文化大国,历史上只要国家统一、政治稳定,就能做到思想输出,然而今之中国还停留在思想输入阶段,我们总满足于套用西方现成的框架批量生产论文,既不追问这些框架合不合于国情,更不反思它们成不成立。以至于我们花大力气去熟背西方理论术语,而忽略了本国丰富的实践、斗争经验;以至于我们总把目光集中在少数发达国家,而忘掉了广大第三世界。这个局面不改,则中国的经济指标再高,都难称真正意义上的"崛起"。

这些言谈与其说是在批评学术界,倒不如说是在反省我们自己。我一直从事中国和西方近代思想史研究,如果不是时势使然,恐怕永远不会关注新疆、西藏那共近290万平方千米的土地和2800多万人民。虽然那里是中国领土不可分割的一部分,但扪心自问,我对它的了解形同异邦,甚至不如异邦。

合作导师汪晖教授曾是天山学者,边疆问题自然是他关注的领域。记得我刚到清华时,汪老师就提醒我,不要总在思想史内部打转,应该多去关注政治史。我十分明白他的用意:如果不去关注思想家所直面的根本政治处境,思想史研究就容易流于吹捧文士墨客多么有风骨,毕竟真正的思想史研究不是追星活动。

师长友朋的提醒,多少都成了我尝试新方向的动力。我所在的单位既名为"人文与社会科学高等研究所",就意在打破横亘于各个学科、各个方向之间的条条框框。所内的学者如崔之元教授、沈卫荣教授、冯象教授、王中忱教授等,皆学养深厚,见闻广博。从名义上看,他们分属于行政管理、法学、文学、历史学等不同学科,但事实上他们的研究领域往往不可分类。这些学者平日的点点滴滴都在无形之中提醒我,纷繁复杂的人类现象不会局限于某学科某方向之内,真正的研究要对人类现象做出全局性的把握,而不是流于本学科本方向的门户之见。

此外,随着"一带一路"的开展、深化,政治地理学、地缘政治学受到了我国学者的高度重视。例如,刘小枫教授就曾专门指正过我对该领域的错误理解,极大地提升了我的相关知识储备。强世功教授更对我信任有加,让我承担"法与地理""帝国与全球治理"

等课程的部分教学工作,极大地强化了我对相关知识的理解。

值得一提,强世功老师给我布置的教学任务,促使我重新思考当代国际政治,尤其是当下中美关系。我出生于1986年,儿时开始看国际新闻,映入眼帘的就是波黑战争、台海危机、科索沃战争等,它们构成了我对国际政治最原初的印象。2001年初,小布什就任美国总统,各种"与中国打一场新冷战"的论调就在美国精英阶层之中此起彼伏。十几载匆匆而过,时值我进入清华从事博士后工作,中美"新冷战"的阴霾再次飘荡在世界上空。

针对美国保守派的狂妄叫嚣,国内许多学者都在论证中美关系不可能复制美苏冷战的历史。他们的理由是美苏冷战的经济基础是"马歇尔计划"和"莫洛托夫计划",中美之间非但不存在类似的经济隔离,而且经济往来十分密切。诚然,中美之间不存在像美苏冷战时期那样两大经济体系对立的状况;诚然,中美两国不可能复制美苏冷战的模式。但我们不要忘了,盎格鲁-撒克逊民族和俄罗斯东斯拉夫民族间的冷战不只有20世纪后半叶的美苏冷战,还有19世纪的英俄冷战。英俄之间同样没有"马歇尔计划"或"莫洛托夫计划",两者在19世纪的经济往来同样日趋频繁,但这还是丝毫不妨碍两者打一场长达近一个世纪的冷战。

1984年,乔治·凯南在格林内尔学院(Grinnell College)发表了两次演讲,抱怨当初美国政界、军界曲解了他的"遏制战略"。按照凯南的说法,美国政客总喜欢把苏联打造成"邪恶之源",对苏联采取全球遏制、全方位遏制,但凡苏联反对的,美国都要支持。但凯南心目中的"遏制"是"均势遏制",不是简单地将苏联归入跟自己完全对立的阵营,不是一味地将跟苏联有染的政权都排斥出去,而是既拉又打,时拉时打,一边合作一边对抗,这边合作那边对抗。

显然,凯南对于"遏制"的理解来自19世纪的英俄冷战。英俄双方都把对方视为最大的假想敌,却不妨碍它们随时联手对付法国或者德国的可能,不妨碍英国在自己的盟友日本击败俄国后,又去拉俄国人一把。倘若中美爆发冷战,会不会是这样的模式?对我们而言,19世纪的英俄冷战会不会比20世纪的美苏冷战更有现实意义?

一则新疆,一则中美,成为本研究的现实关怀。在研究中我逐渐认识到,马汉也好麦金德也罢,"海权论"也好"枢纽论"也罢,都根植于近代帝国主义武力扩张的基本现实。美国不完成西进运动,就不会有马汉的学说;英国不在中亚与俄国划分势力范围,就没有麦金德什么事。这些理论家之所以值得我们重视,不是因为他们的观点值得我们效法,而是因为他们毫不隐晦地道出了帝国主义的本质。今天的中国需要认识他们,但不应去学习他们,因为这些既学不来,也无须学。

上述因素叠加,促使我抛开曾经的积淀,去另起炉灶撰写博士后出站报告。这份出站报告既是一本国际关系史的著作,也是一本中国边疆史的著作。也许这么说更合适:中国近代边疆史最能直白地展现出西方殖民主义者和亚洲封建主义者的底色。我相信,我们但凡认真了解英俄之间是怎么斗争的,近代中国边疆发生了一些什么事情,都绝不会再认为西方帝国主义具有"契约精神"或体现"文明仁慈",也绝不会同情封建宗教势力,认为体现"人类多元价值"或代表"历史另一种可能"。

更重要的是,这份出站报告是一部通史,时间跨度长达两个甲子,地域范围横跨欧亚大陆。为此我曾心理斗争了好久,犹豫选择这个论题是否真的合适。毕竟在今天的学术评价体制下,最好的办法是把出站报告或学位论文编成一本论文集,以方便拆开发表核心期刊。用出站报告去修一部通史,费时费力且不讨巧。

念及于此,我总能想起蒙文通先生的一番话:"浩浩长江,波涛万里,须能把握住它的几个大转折处,就能把长江说个大概;读史也须能把握历史的变化处,才能把历史发展说个大概。"又说:"做学问要敢抓、能抓大问题、中心问题,不要去搞那些枝枝节节无关大体的东西,谨防误入洄水沱。"彼时没有核心期刊,没有量化考核,但蒙先生已经在担忧"那些枝枝节节无关大体的东西"会打着"史学就是史料学"的旗号蒙蔽学者双眼。时至今日,抓几篇地契就说地主阶级多么仁慈,找几例善行就说殖民统治多么现代,这类一叶障目、以偏概全的做法已经通过破碎化的研究甚嚣尘上了。梁启超"邻猫生子"之讥犹然在耳,吾辈能不三复斯言?

这份出站报告没有发掘新史料,没有考证出新史实,甚至没有对历史事件做出什么独到的解释,它只是想把我们已经知道的许多零碎的事情拼成一个整体。工作诚然粗鄙浅陋,但对我而言,好歹是一次新的尝试。

除去上述师友,这里还要感谢杨涛、汪沛、李培艳、袁先欣、李梦妍等本所同仁及谢俊、石岸书、本杰明、何青翰、马逸凡等清华同窗,尤其是孔元和张艳秋。没有孔元促我一起承担中央社会主义学院"清帝国与英帝国治理模式比较研究"的委托课题,我很难下定决心写作本出站报告;没有艳秋为我们揽下许许多多日常工作,我也无法集中精力安心写作。

特别感谢章永乐老师及北京大学法学院的师弟师妹如常伟、吴双、叶开儒、曹文姣、张圣泽、刘典、任希鹏等,他们在法学院读书会上的真知灼见对我启发良多。感谢王锐和盛差偲时常为我提供有益的历史材料和理论思路。感谢唐杰、萧武、陈顾、殷之光、方旭、王烈琦等重庆大学经略研究院的同志。感谢冯庆、罗雅琳、吕明烜等先进辑刊的朋友。

感谢社科院外文所的梁展老师和外交学院的杨晖老师。感谢房小捷、高思达、郑睿、梁山、杨静婷、周琪凯、唐宇、闫晟哲、程鹏宇、王利利、李思闽、王琳琳、王云燕、张黎歆等好友。这两三年来给我帮助的师友为数不知凡几,虽然此处无法一一例举,但感激之情殊无二致。

最后,本研究从构思到写作全部由我本人独立完成,所有责任应由我个人承担。

作者谨识

2020 年 5 月 26 日,于清华园

本书由我的博士后出站报告《从东方问题到中亚问题:英俄冷战与晚清中国的边疆改革(1790—1911)》删节而来。

我撰写这部出站报告的初衷是为考察近代中国与世界勾勒一个新的框架,尝试在西方帝国主义争霸中重新理解晚清史。出站报告是由两条主线交织而成的:一、英俄两大帝国从巴尔干半岛到中亚的长期冷战;二、清政府在英俄冷战的压力下进行的边疆改革。很显然,英俄之间的冷战造成了中国近代深重的边疆危机,也

促使中国逐步完成了从传统王朝向现代民族国家的变革。如何宏观地把握这一过程,对于我们树立正确的史观而言尤为重要。

我是研究思想史出身,国际关系史和边疆史本非我所擅长,之所以下定决心冒此风险,在博士后期间转向一个全新的课题,无疑是受现实关怀的感召。大至西方国家借口新疆问题蛮横干涉我国内政,小至"新清史"等欧美流行学术范式挤占、破坏我国传统史学叙事,所有这一切都促使我放下以往的研究,转而关心这一更有现实意义的领域。

跨界操刀的代价是很大的,以至于我在求职过程中常被质疑没有明确的研究方向。也许这也注定了该出站报告命途多舛。

首先,报告写作进入最关键时期时,正赶上新冠疫情肆虐华夏,这导致我没有办法前往中国国家图书馆查阅许多重要的外文资料。

其次,由于时间跨度很大,整篇报告共有四十几万字,但清华大学博士后出站报告的格式要求完全是按照工科标准设计的,完全不适合这样的篇幅。为了满足格式要求,我在最终提交时,不得不删掉所有的世界史部分,本书仅保留晚清边疆史的内容。

再次,及本次整理出版,本书仅保留世界史的内容。也就是说,一篇博士后出站报告,提交学校图书馆的是其中一半,而出版问世的是另一半。

总之,这份出站报告从写作,到提交,再到出版,无不充斥着各种遗憾,只能留待以后再行弥补了。但我仍然是幸运的,一则得到了诸位老师的耐心指导,再则得到了许多友人的真诚鼓励。除去参加答辩的沈卫荣教授、汪晖教授、崔之元教授,尤其要感谢的是社科院哲学所的张志强研究员。他们不嫌这份出站报告粗鄙,耐心地指出了其中的不足,并就我未来的研究方向提供了许多宝贵的建议。

感谢华东师范大学王锐教授,感谢广西师范大学出版社的刘隆进兄,没有他们的帮助,本书不可能问世。

需要指出,本书的附论《马克思、恩格斯论"东方问题"与中国革命》曾发表于《区域》第8辑(汪晖、王中忱主编,社会科学文献出版社,2021年),因该文构成了我思考东方问题和中亚问题的起点,故将其收录在册。除此之外,所有文字均为首次刊出。其中产生的一切责任,完全由本人独自承担。

作者补记
2021年8月12日,于社科院科研楼